KB267532

벌거벗은 세계사

벌거벗은 세계사 - 라이벌편

초판 1쇄 발행 2026년 3월 17일

지은이 tvN 〈벌거벗은 세계사〉 제작팀
　　　　구지훈, 김봉중, 박정규, 박현도, 우정아, 임석재, 임승휘, 하상응
펴낸이 허정도
편집장 임세미
책임편집 정혜림　**디자인** 박지은
마케팅 신대섭 김수연 배태욱 김하은 이영조　**제작** 조화연

펴낸곳 주식회사 교보문고
등록 제406-2008-000090호(2008년 12월 5일)
주소 경기도 파주시 문발로 249(10881)
대표전화 1544-1900　**주문** 02)3156-3665　**팩스** 0502)987-5725
ISBN 979-11-7061-365-7 (03900)

벗겼다, 서로를 불타오르게 한 사건들

벌거벗은 세계사

라이벌편

tvN 〈벌거벗은 세계사〉 제작팀 지음

교보문고

목차 ───

벌거벗은 천재 예술가

레오나르도 vs 미켈란젤로

구지훈

● 르네상스renaissance라는 말을 들어본 적이 있을 것입니다. '르네상스'란 대체 무엇일까요? 이는 19세기 프랑스 역사학자 쥘 미슐레Jules Michelet가 처음 사용한 말로, 14~16세기 전후 이탈리아에서 서유럽까지 확대된 문화 운동입니다.

중세는 종교가 모든 것의 기준이 될 만큼 종교에 심취한 시대였습니다. 그런데 이탈리아에서 막강했던 종교 문화에 맞서 인간 중심의 그리스·로마 문화를 다시 부활시키자는 움직임이 나타났습니다. 교회가 가르치던 내용을 비판적으로 받아들이고 스스로 생각하는 힘을 기르자는 것이었죠. 이 같은 사상은 인쇄술이 발달하면서 이탈리아를 넘어 서유럽까지 폭발적으로 전파됐습니다. 그러면서 예술가와 사상가, 과학자들은 신이 아닌 인간에 관심을 쏟기 시작했고, 르네상스라는 새로운 인간 중심의 시대가 열렸습니다.

문화예술의 황금기라 불린 르네상스의 중심에는 그 시기 활약한 두 명의 천재 예술가 레오나르도 다 빈치Leonardo da Vinci와 미켈란젤로 부오나로티Michelangelo Buonarroti가 존재합니다. 1994년, 세계적 기업가 빌 게이츠Bill Gates는 《코덱스 레스터(Codex Leicester)》라는 책을 약 3,000만 달러(2026년 기준 약 470억 원)에 사들였습니다. 이 책은 〈모나리자〉, 〈최후의 만찬〉 등의 작품을 남긴 레오나르도 다 빈치의 72쪽짜리 아이디어 노트 필사본입니다. 빌 게이츠는 레오나르도를 존경하는 영웅이자 가장 혁신적이고 매력적인 사람 중 하나라고 칭송했습니다. 그리고 그의 위대함을 공유하겠다며 거액을 주고 산 노트를 공개했습니다. 프랑스의 초대 황제였던 나폴레옹Napoléon마저 이 노트를 탐냈을 만큼 레오나르도는 르네상스에서 큰 의미를 가진 인물입니다.

그리고 2022년 5월, 파리의 어느 경매장에서 한 누드 스케치가 약 307억 원에 낙찰됐습니다. 스케치의 주인공은 〈피에타〉, 〈최후의 심판〉 등의 대작을 완성한 미켈란젤로 부오나로티입니다. 이 누드 스케치는 완성작이 아님에도 전 세계에 10점도 남지 않은 미켈란젤로의 개인 소장품이라는 희귀성 때문에 경매에 나온 그의 작품 중 최고가를 달성했습니다. 미술 역사상 완성작도 아닌 스케치나 아이디어 노트가 엄청난 가격을 받은 것은 매우 이례적입니다. 레오나르도와 미켈란젤로이기에 가능한 일이죠.

두 사람은 활동 시기와 지역이 겹쳐서 서로를 잘 알고 있었습니다. 그렇다면 두 사람의 관계는 어땠을까요? 수려한 외모와 쾌활한 성격의 레오나르도는 따르는 사람이 많았습니다. 반면 삐뚤어진 코에 왜소한 체격의 미켈란젤로는 성격이 괴팍하고 고집이 셌다고 합니다. 이렇게 상반되는 성격만큼이나 두 사람은 작품도 전혀 달랐습니다. 친해질 수 없는 사이였던 이들은 서로에 대한 경쟁심도 엄청났는데, 한 번은 예술적 결투 때문에 도시가 논쟁에 휩싸이기도 했습니다.

지금부터 르네상스를 이끈 세기의 라이벌 레오나르도와 미켈란젤로의 이야기를 나눠보려 합니다. 두 사람이 남긴 위대한 유산을 통해 이들의 진짜 모습을 파헤쳐보고, 왜 르네상스 최고 예술가의 반열에 올랐는지 벌거벗겨 보겠습니다.

피렌체는 어떻게 르네상스의 중심지가 되었나?

이탈리아 피렌체는 르네상스의 중심지였습니다. 그 이유를 알기 위해서

는 먼저 당시 이탈리아의 상황을 살펴
봐야 합니다. 로마 제국이 동·서로 분할
된 이후 5세기 말에 이르러 서로마 제국
이 멸망하자 이탈리아는 크게 북부와
중부, 남부로 나뉘었습니다. 15세기에는
북부의 독립국가들과 중부의 로마 교
황령, 그리고 남부의 나폴리 왕국이 자
리 잡았습니다. 그중 북부 지방에는 피
렌체 공화국과 베네치아 공화국, 밀라노
공국과 같은 비교적 큰 세력이 공존하
고 있있습니다.

15세기 이탈리아 도시 국가

　이 시기 순례자들이 로마로 향하는 길목에서는 양모 무역과 금융업 등
이 활발했는데, 피렌체는 그 중심에 있는 도시였습니다. 특히 피렌체에는
무역과 상업으로 부를 축적한 중산층 계급들이 대거 등장했는데, 대표적
인 신흥 세력이 바로 메디치 가문입니다. 당시 메디치 가문의 위세는 대단
했습니다. 한 기사에 따르면 메디치 가문의 자산은 인류사에서 역대 17번
째 부자 수준의 규모였다고 합니다. 이 같은 부의 권력으로 메디치 가문은
피렌체를 실질적으로 지배했습니다.

　10쪽의 사진은 메디치 가문이 1581년에 집무실로 건설한 우피치 궁전의
내부입니다. 예술품을 수집하는 방이 따로 있을 정도로 크고 화려한 이곳
은 가문의 마지막 상속자가 궁전과 미술품들을 피렌체시에 기증하면서 미
술관으로 재탄생했습니다. 우피치 미술관은 세계에서 가장 많은 미술품을
소장한 곳 중 하나입니다. 특히 산드로 보티첼리Sandro Botticelli의 〈비너스

우피치 미술관

의 탄생〉, 라파엘로 산치오Raffaello Sanzio의 〈자화상〉, 미켈란젤로의 〈톤도
도니〉 등 르네상스를 대표하는 작품이 많아 '르네상스 예술의 집결지'로 평
가받습니다.

메디치 가문은 저택이나 전용 예배당 등을 조각이나 회화로 장식하는
데 돈을 아끼지 않았습니다. 막대한 돈을 들여 다양한 예술가들을 후원하
기도 했죠. 여기에는 예술을 사랑하는 마음 외에도 다른 목적이 있었습니
다. 예술 작품에 가문 사람들을 등장인물로 새겨넣음으로써 정치적인 광고
효과를 얻으려 한 것입니다. 또 화가들을 다른 도시 국가로 파견해 왕이나
공작들의 초상화를 그리게 하는 등 예술을 외교 목적으로도 활용했습니
다. 아이러니하게도 메디치 가문의 이 같은 정치적 전략 덕분에 경제적 후

원을 받은 예술가들은 자유롭게 작품을 제작할 수 있었고, 피렌체는 르네상스의 중심지가 되었습니다.

레오나르도 다 빈치는 누구인가?

메디치 가문을 필두로 신흥 부유층과 귀족들이 예술가를 활발히 후원하면서 15세기에 이르러 개성 있고 다채로운 작품들이 꽃피기 시작했습니다. 이때 독보적인 행보로 자신만의 세계를 창조한 천재 예술가 레오나르도 다빈치가 등장했습니다. 그는 실력만큼이나 수려한 외모의 소유자로, 르네상스 시기의 화가이자 미술사학자인 조르조 바사리Giorgio Vasari는 레오나르도의 외모에 대해 이러한 기록을 남겼습니다.

"그는 눈에 띄는 아름다움과 무한한 우아함의 소유자였으며 빼어난 미남이었고, 그의 남다른 존재는 고통받은 영혼들에게 위안을 선사했다."

레오나르도는 평범한 옷 대신 무릎까지 내려오는 장밋빛 튜닉을 걸친 멋쟁이로 패션 감각도 남달랐다고 합니다. 기록에 따르면 그는 성격이 너그러웠고, 사람들과의 대화를 즐기며, 능숙하게 타인의 마음을 사로잡았다고 합니다.

레오나르도 다 빈치

어려서부터 천재로 주목받았을 것 같은 레오나르도지만 사실 그는 매우 불우한 유년기를 보냈습니다. 그의 아버지는 공인이 필요한 증서를 대신 작성하고 처리해 주는 공증인이었습니다. 그는 젊은 시절 고향에 방문했다가 고아인 처녀와 사랑에 빠졌습니다. 문제는 두 사람의 계급이 달랐다는 것입니다. 공증인 집안의 남자와 고아 처녀의 결혼은 쉽지 않았습니다. 결국 레오나르도는 1452년 4월 15일 피렌체 근처의 빈치라는 마을에서 사생아로 태어났습니다. 그의 이름 레오나르도 다 빈치는 '빈치' 마을 출신의 '레오나르도'라는 뜻으로, 우리는 간혹 '다 빈치'로 부르지만 '레오나르도'라고 부르는 것이 정확합니다.

그렇다면 레오나르도는 어린 시절을 어떻게 보냈을까요? 그가 태어난 지 2년 만에 아버지는 다른 여자와 정식으로 혼인했습니다. 당시 사생아는 학교에 다닐 수 없었고, 사회 진출에도 제한이 있었습니다. 때문에 레오나르도는 체계적인 학문을 배울 기회조차 얻지 못했습니다.

르네상스 시기에는 사생아가 매우 흔했습니다. '사생아들의 황금기'라고 부를 만큼 수많은 예술가가 사생아로 태어났습니다. 심지어 교황도 사생아를 낳았을 정도였죠. 이때 귀족이나 상류 계층의 사생아는 특별히 제한을 받지 않고 다양한 활동을 할 수 있었지만, 일반 계층의 사생아는 가문의 일원이 될 수 없었습니다.

사생아라는 이유로 학교에 다니지 못한 레오나르도는 대신 자연 속에서 다양한 경험을 쌓으며 그림에 대한 흥미를 키워나갔습니다. 넘치는 호기심으로 자연을 관찰하며 새로운 지식을 채웠고, 직접 도구를 만들기도 했습니다. 레오나르도의 그림을 본 아버지는 남다른 재능을 가진 아들을 예술가로 키워야겠다고 결심했고 그의 그림 몇 점을 가지고 곧장 피렌체로 향했습니다.

당시 예술가는 능력만 있다면 상당히 좋은 직업이었습니다. 귀족이나 군주로부터 물질적인 후원을 받을 수 있었고 그들과 인맥을 쌓으면 굶을 일은 없었기 때문입니다. 그래서 중간 계급의 남성들은 자녀가 조금만 그림에 솜씨를 보이면 예술가로 키우려고 했습니다. 예술가들의 처우는 상황과 조건이 모두 달라서 쉽게 정의하기 힘들지만, 명성 있는 화가들은 벽걸이 그림 한 폭의 대가로 집세를 제외하고도 2~3년 치 생활비를 작업료로 받았다고 합니다. 그러니 레오나르도의 아버지는 사생아인 아들이 가장 성공할 수 있는 길이 예술가라고 판단했던 것 같습니다.

피렌체에 도착한 레오나르도의 아버지가 향한 곳은 당시 회화와 조각 분야에서 실력을 인정받은 안드레아 델 베로키오Andrea del Verrocchio의 공방이었습니다. 레오나르도의 그림을 본 베로키오는 실력에 깜짝 놀라 자신이 그림을 가르쳐주겠다고 약속했습니다. 그렇게 레오나르도는 미술을 배우기 위해 피렌체에 입성했습니다. 공방에는 많은 사람이 있었기 때문에 처음에는 레오나르도도 별다른 주목을 받지 못했습니다. 하지만 베로키오는 자신의 그림 〈그리스도의 세례〉에 레오나르도를 조수로 참여시켰고, 그의 월등한 실력에 혀를 내둘렀습니다.

두 천사가 지켜보는 가운데 세례 요한John the Baptist이 예수Jesus Christus에게 세례를 주는 장면을 묘사한 이 작품에서 레오나르도는 천사 부분을 그렸습니다. 14쪽 그림의 두 천사 중 왼쪽 천사를 그렸으며, 오른쪽 천사는 베로키오의 다른 제자가 그린 것으로 추정합니다. 볼의 홍조나 표정 등 두 천사를 비교해 보면 레오나르도가 그린 천사가 훨씬 자연스럽고 평화로움을 느낄 수 있습니다. 옆의 천사는 어색한 시선에 표정이 다소 딱딱한 느낌

〈그리스도의 세례〉와 천사 부분 확대

을 줍니다. 가장 큰 차이는 고불거리는 머리카락과 얼굴의 윤곽선입니다. 오른쪽 천사는 머리카락과 얼굴을 구분하는 윤곽선이 선명하고 뚜렷합니다. 이는 베로키오 공방의 일반적인 제작 방식입니다. 그런데 레오나르도는 공방의 기법이 아닌 자신만의 스타일로 천사를 표현했습니다. 그렇게 그린 부드러운 머리카락과 옅은 얼굴 윤곽선은 훨씬 자연스러운 모습입니다.

레오나르도는 실제를 주의 깊게 관찰한 끝에 이론과 현실에는 차이가 있음을 깨닫고, 선으로 형태를 구분했던 당시의 기법과 다르게 그림을 그렸습니다. 수십 번의 덧칠로 경계선을 부드럽게 표현해 현실감을 더한 일명 '스푸마토 기법'입니다. 이때부터 시작된 그의 독창적인 스푸마토 기법은 차츰 발전을 거듭했고, 이후 희대의 명작 〈모나리자〉에서 완전히 꽃피웠습니다. 한편 베로키오는 제자인 레오나르도의 실력이 자신보다 뛰어나다는 사실을 인정했습니다. 그리고 "다시는 붓을 잡지 않겠다"라고 다짐하며 더는 그림을 그리지 않고 조각에만 매진했다는 이야기가 전해집니다.

시간이 흘러 1477년, 25세가 된 레오나르도는 공방에서 독립해 첫 번째 작업실을 열었습니다. 하지만 천재의 시작은 생각처럼 화려하지 않았습니다. 신인 화가에 주목하는 사람은 별로 없었고 점차 잊혀가기 시작했습니다. 결국 작업실은 실패했고 5년 만에 완전히 문을 닫았습니다. 레오나르도의 작업실이 망한 이유는 5년 동안 완성한 작품이 단 하나도 없었기 때문입니다. 천재성보다 미완성 작가로 알려지면서 작품 의뢰가 들어오지 않았던 것이죠.

그러던 중 1481년 3월에 레오나르도는 피렌체 외곽의 한 수도원으로부터 〈동방박사의 경배〉라는 작품을 의뢰받았습니다. 전해져 오는 설에 따르면, 그의 아버지가 수도원과의 계약에 공증까지 서서 아들을 도왔다고 합니다. 계약서에는 '그림이 완성될 경우 작품 대금 명목으로 수도원에 기증된 땅의 3분의 1을 받을 수 있다. 하지만 안료, 금, 기타 비용이 발생하는 모든 재료는 자신이 부담해야 하며, 늦어도 30개월 이내에 전달되어야 한다'라는 내용이 담겨 있었습니다.

당시에는 그림을 의뢰받을 때 재료비는 그림을 제안한 사람이 부담하거나 계약금으로 우선 지급했습니다. 그런데 레오나르도는 그가 재료비를 전부 부담하는 조건으로 계약을 맺었습니다. 미완성 화가라는 딱지 때문에 좋지 않은 조건으로 계약한 것입니다. 아마도 이런 불공정한 계약을 받아들일 만큼 절박한 상황이었던 것 같습니다. 그렇다면 레오나르도는 그림을 완성했을까요?

〈동방박사의 경배〉는 세 명의 동방박사가 별을 본 후, 아기 예수가 태어난 베들레헴에 찾아와서 황금과 몰약, 유향을 바치는 순간을 묘사한 작품입니다. 이는 완성작일까요? 미완성작일까요? 16쪽 그림을 보면 알 수 있듯이 안타깝게도 채색을 마치지 못한 미완성 작품입니다. 아버지까지 나섰으

〈동방박사의 경배〉

나 레오나르도는 이번에도 작품을 끝내지 못했습니다. 이에 관해 다양한 의견이 있지만 예술에 대한 그의 완벽한 이상 때문이라는 데 가장 힘이 실리고 있습니다. 남들이 볼 때는 훌륭한 작품이어도 레오나르도가 보면 결점이 발견되는 것이죠. 그래서인지 그는 많은 미완성 작품을 남겼습니다. 67년 생애에서 직접 그리거나 주도적으로 참여한 그림 중 다수의 전문가가 인정한 레오나르도의 작품은 20점도 채 되지 않습니다.

그림만으로는 생계를 유지할 수 없었던 레오나르도는 다른 일들을 찾아

나섰습니다. 이때 그는 친구와 함께 '세 마리 개구리 깃발'이라는 식당을 열었습니다. 공방에서 그림을 배우던 시기 돈을 벌기 위해 술집에서 일했는데 손님들에게 직접 메뉴를 선보일 만큼 요리에 빠졌고, 직접 식당까지 열게 된 것입니다. 하지만 안타깝게도 식당은 금방 문을 닫고 말았습니다. 일설에 따르면 당시 이탈리아 사람들은 접시 한가득 음식을 담아 먹었는데, 레오나르도는 매우 소박한 음식을 내놨다고 합니다. 멸치류의 작은 물고기인 안초비 한 마리와 당근 네 쪽만 있는 메뉴도 있었다고 하죠.

레오나르도가 이렇게 황당한 메뉴를 내놓은 데는 그가 채식주의자였던 영향이 크다는 설이 있습니다. 그는 동물이 고통을 느낀다는 이유로 육식을 할 수 없었다고 합니다. 그래서 주로 채소를 활용해 메뉴를 개발했습니다. 또한 가죽을 몸에 걸치지 않았고 리넨 소재의 옷을 선호했습니다. 동물에 대한 사랑도 커서 새 판매장을 지날 때면 돈을 내고 새들을 하늘로 날려 보냈을 정도였다고 합니다.

가장 많은 직업을 가진 르네상스 자유인

20대의 레오나르도는 다양한 호기심과 뛰어난 천재성을 가졌음에도 르네상스의 중심지인 피렌체에서 제대로 실력을 발휘하지 못했습니다. 그런 그에게 일생일대의 기회가 찾아왔습니다. 이 시기 메디치 가문은 도시 국가들과의 동맹을 위해 피렌체의 예술가들을 각국의 외교사절단으로 파견했습니다. 레오나르도 역시 사절단의 일원으로 참여했는데 그가 향한 곳은 밀라노였습니다.

이때 메디치 가문은 레오나르도를 화가가 아닌 음악가로서 파견했습니다. 그는 음악에도 일가견이 있었는데, 악기 연주 솜씨가 피렌체에서 소문날 만큼 훌륭했습니다. 미술사학자 바사리의 기록에 따르면, 레오나르도가 현악기 리라를 연주할 때면 어떤 악사보다 아름다운 음악이 퍼졌다고 합니다. 레오나르도는 밀라노로 떠나면서 자신의 모든 짐을 챙겨갔습니다. 피렌체에서의 궁핍했던 생활을 접고 밀라노에서 새롭게 시작할 결심을 세운 것입니다.

레오나르도의 고질적 문제는 그림을 완성하지 못하는 것입니다. 따라서 그에게는 반드시 후원자가 필요했습니다. 때마침 그는 밀라노에서 엄청난 후원자를 발견했습니다. 피렌체보다 세 배나 넓은 밀라노를 다스리는 스포르차 가문의 수장 루도비코 마리아 스포르차Ludovico Maria Sforza입니다.

밀라노 최고 권력을 자랑하는 스포르차 가문에는 궁정이 있었는데, 그곳은 예술가뿐만 아니라 공연 제작사, 사냥꾼, 조련사 등 가문이 후원하는 인재들로 가득했습니다. 평소 다양한 분야에 호기심을 갖고 도전하는 레오나르도에게 그 궁정은 자신의 천재성을 발휘할 기회의 장소였습니다. 하물며 그 수장이 레오나르도의 천재성을 한눈에 알아봤으니, 피렌체를 떠난 그의 선택은 그야말로 신의 한 수였던 셈입니다.

레오나르도는 밀라노에 도착하자

루도비코 마리아 스포르차

마자 스포르차 가문에 이력서를 보냈습니다. 그는 자신을 군사 공학자라고 소개하며 군사 기계와 대포 만드는 방법을 설명했고, 땅굴을 파서 비밀 도로까지 만들 수 있다고 강조했습니다. 당시 군사 기계에 관심이 많았던 루도비코는 레오나르도의 아이디어에서 그의 천재성을 알아봤습니다. 이렇게 레오나르도는 아이디어를 담은 이력서로 밀라노 최고 권력자의 지원을 얻는 데 성공했습니다.

아래는 그가 남긴 아이디어 노트 속 그림입니다. 첫 번째 그림은 무시무시한 낫이 회전하는 전차입니다. 두 번째 그림은 석궁으로, 사람보다 훨씬

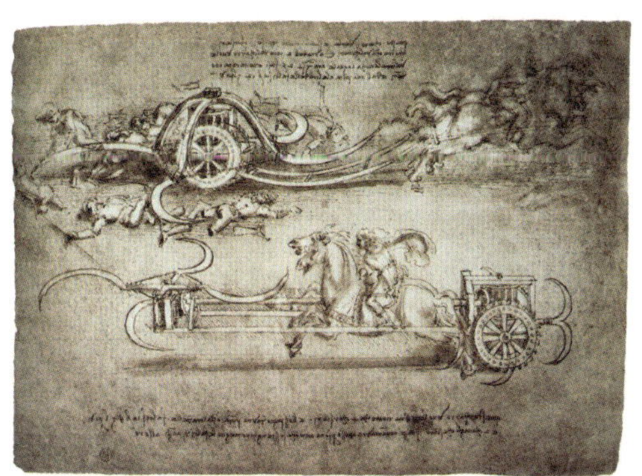

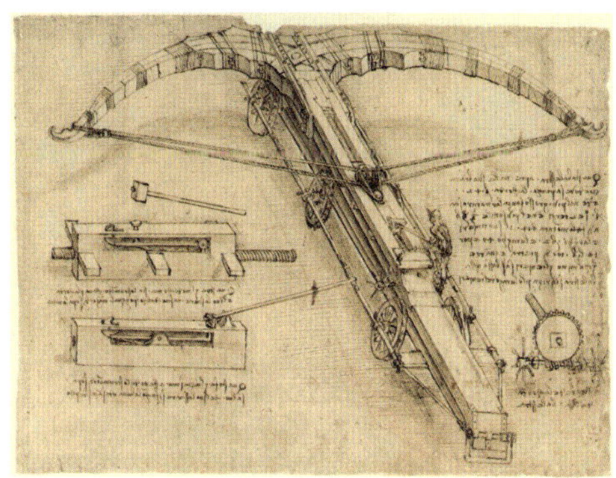

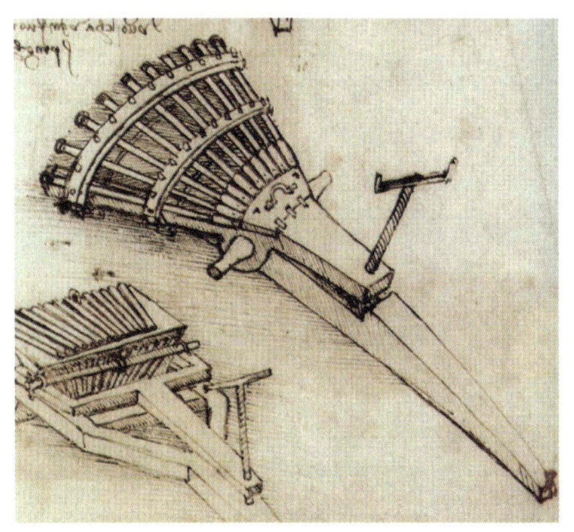

레오나르도의 아이디어 노트 속 그림들

큰 초대형 석궁입니다. 모두 레오나르도가 군사 기계로 도안한 것입니다. 세 번째 그림은 기관총입니다. 미국의 한 과학 교육 프로그램은 레오나르도의 아이디어 노트 속 기관총을 직접 만들어 재현해 보기도 했습니다. 네 번째 그림은 자전거인데, 당시에는 자전거가 없었다는 것을 생각하면 시대를 앞선 놀라운 아이디어라고 할 수 있습니다. 이들 그림은 노트 속 일부에 불과하며 그의 기발한 호기심과 상상력이 가득한 노트를 보면 그의 천재성에 감탄할 수밖에 없습니다.

노트에는 특히 레오나르도가 인간을 탐구한 흔적이 역력하게 남아 있습니다. 아래 그림은 인체 비례도라 불리는 〈비트루비우스적 인간〉입니다. 흔히 8등신을 황금비율이라고 하는데, 그 시작이 이 그림입니다. 레오나르도는 인간이 누워서 팔다리를 뻗으면 배꼽을 중심으로 두 팔의 손가락 끝과 두 발의 발가락 끝을 지나는 원을 그릴 수 있다는 점을 이용해 작품을 그렸습니다. 정사각형의 틀 안에도 사람이 딱 들어맞는 모습은 두 팔을 벌린 길이와 그 사람의 키가 비슷하다는 사실을 인체 비례로 증명한 것입니다. 노트 속 수많은 그림 가운데 정확한 용도를 알 수 없는 것들이 많습니다. 하지만 그가 얼마나 독창적인 생각을 하는지는 확실히 알 수 있습니다.

훗날 레오나르도는 프랑스로 가는데, 프랑스 왕의 지원으로 요리 도구를 만

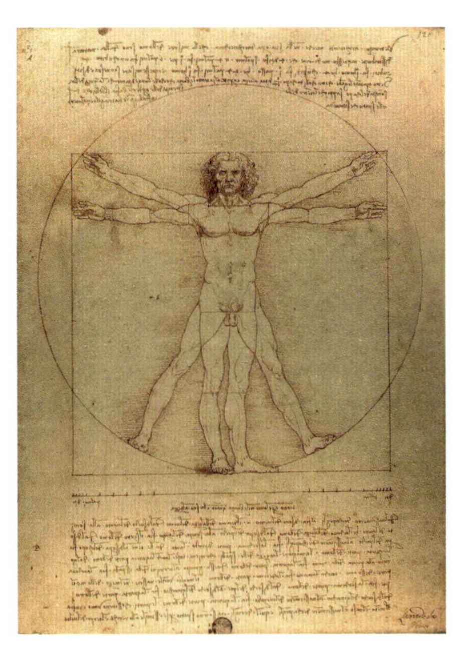

〈비트루비우스적 인간〉

드는 연구를 했다는 설이 있습니다. 그때 스파게티 면을 만드는 기계를 발명했다고 합니다. 반죽을 실처럼 뽑아서 끓는 물에 삶는 방식이었죠. 그는 이 기계에 '스파고 만지아빌레Spago Mangiabile'라는 이름을 붙였는데, 먹을 수 있는 끈이라는 뜻입니다.

레오나르도는 재능만큼 직업도 많았습니다. 화가, 공학자, 발명가, 건축가, 철학자, 천문학자, 수학자, 해부학자, 식물학자 등 그가 가졌던 직업만 10개가 넘습니다. 그는 관심 있는 모든 것을 탐구하면서 하고 싶은 연구도 멈추지 않았습니다. 아마도 최초의 N잡러가 아니었을까요?

피렌체를 떠난 지 3년, 스포르차 가문의 전폭적인 지원을 받던 레오나르도에게 드디어 예술가로서 능력을 발휘할 기회가 찾아왔습니다. 루도비코

청동 기마상 초기 스케치

의 후원으로 대규모 청동 기마상을 제작하게 된 것입니다. 당시 밀라노에서는 청동 기마상이 초미의 관심사였는데, 레오나르도는 오래전부터 이것을 매우 특별하게 만들어내고 싶어 했습니다. 그는 당시 기술로는 실현 불가할 만큼 커다란 기마상을 제작하겠다는 계획을 세웠습니다. 높이가 무려 8m였죠.

레오나르도는 기마상 모형을 초기 스케치에 맞춰 점토로 만들었습니다. 당시 사람들은 이보다 더 아름다운 작품을 본 적이 없다고 칭찬을 아끼지 않았다고 합니다. 그러나 작업 시간이 너무 긴 데다 밀라노 공국에 사정이 생기면서 끝내 청동 기마상을 완성하지 못했습니다.

그러던 중 1494년에 루도비코가 공식적으로 밀라노 공작에 올랐습니다. 그는 레오나르도에게 다시 한번 특별한 주문을 했습니다. 밀라노 시내에 자리한 산타 마리아 델레 그라치에 수도원에 벽화를 그려달라는 것이었죠. 이곳에서 레오나르도의 완성작이자 르네상스를 빛낸 역작 〈최후의 만찬〉이 탄생했습니다.

〈최후의 만찬〉은 《성경》의 내용 중 "너희 가운데 하나가 나를 팔아넘길 것이다"라는 예수의 말을 듣고 깜짝 놀라는 열두 제자의 표정을 생생하게 표현한 작품입니다. 그림에서 예수를 배반할 유다(왼쪽에서 5번째)를 보면 당혹스러움을 감추려 애쓰는 게 느껴집니다.

수도원의 주방과 식당 사이에 그린 〈최후의 만찬〉은 일반적인 벽화 제작 기간보다 두 배나 더 걸렸습니다. 기록에 따르면 레오나르도의 작업을 지켜본 수도원장은 불만이 많았다고 합니다. 작업이 늦어지는데도 레오나르도가 아무 일도 하지 않고 멍하니 있을 때가 많았기 때문이었죠. 어느 날은 벽화를 그리기 위해 제작한 받침대에 올라가서 온종일 아무것도 하지 않고

〈최후의 만찬〉

벽을 바라보면서 생각만 했다고 합니다. 좀처럼 완성되지 않는 그림에 조바심이 난 수도원장은 레오나르도에게 작품을 빨리 완성할 것을 독촉했습니다. 하지만 레오나르도는 여전히 느긋해 보였습니다.

그 모습을 본 수도원장은 급기야 레오나르도에게 벽화를 맡긴 루도비코를 찾아가 심한 불평을 늘어놓았습니다. 수도원장의 말을 무시할 수 없었던 루도비코는 레오나르도에게 "왜 아무 일도 하지 않고 가만히 있느냐?"라고 물었습니다. 그러자 레오나르도는 "거장들은 실제로 아무 일도 하지 않을 때 도리어 많은 일을 하고 있습니다"라고 대답했습니다. 이는 아무 일도 하지 않는 것처럼 보여도 머릿속으로는 계속 생각하고 있으니 방해하지 말고 가만히 두라는 의미였죠. 이후 그는 3년이라는 시간을 투자해 작품을 완성했습니다.

〈최후의 만찬〉의 작업 시간이 길어진 데는 고민이 많았던 것 외에 또 다른 이유가 있었습니다. 전통적으로 벽화는 벽에 회반죽을 바르고 반죽이 마르기 전에 안료를 사용해 그림을 그리는 프레스코 기법을 사용합니다. 레오나르도는 벽화에 실제 같은 효과를 주고 싶었습니다. 그래서 작은 그림에 사용하는 템페라 기법을 시도했습니다. 달걀노른자, 혹은 흰자만을 사용해 안료를 녹여 그리는 방식입니다. 그런데 생각처럼 잘 그려지지 않아서 오랜 시간이 걸린 것입니다.

이 외에도 레오나르도가 그림 속 식탁 위의 음식을 직접 만들어서 배치해 보느라 많은 시간을 썼다는 설이 있습니다. 수도원장이 보낸 편지에는 레오나르도가 그림 속 음식을 요리하려고 해서 자신들이 배가 고프다는 내용이 있습니다. 아마도 완벽함을 추구하는 레오나르도의 성격 때문에 이런 이야기가 생긴 것은 아닐까 합니다.

〈최후의 만찬〉이 대단한 이유는 바로 레오나르도의 타고난 연출력과 예술적 기교 때문입니다. 완전히 새로운 관점으로 작품을 표현한 그의 연출력은 무엇보다 돋보입니다. '최후의 만찬'을 주제로 한 기존의 그림들은 대부분 예수의 경건하고 성스러운 모습을 담고 있습니다. 하지만 레오나르도의 〈최후의 만찬〉은 예수가 제자들 가운데 한 사람의 배신을 예언하는 일종의 폭탄선언 장면을 담았습니다. 또 레오나르도는 '배신'이라는 극적인 순간을 그림으로 표현했습니다. 예수의 말을 들은 제자들이 놀라거나 화를 내며 다양한 감정을 표출한 것입니다. 때문에 그림을 보는 사람들은 자연스레 몰입할 수밖에 없었죠.

동시대에 다른 화가가 그린 〈최후의 만찬〉과 레오나르도의 그림을 비교해 보면 확연히 다름을 알 수 있습니다. 오른쪽 아래 그림은 1446년경에 완

레오나르도의 〈최후의 만찬〉(위) vs 프라 안젤리코의 〈최후의 만찬〉(아래)

성한 프라 안젤리코Fra Angelico의 작품입니다. 두 그림은 마치 다른 순간을 담고 있는 것 같습니다. 레오나르도가 그린 〈최후의 만찬〉은 당시 유행하기 시작한 원근법을 적극적으로 활용해서 입체적인 데 반해 안젤리코의 그림은 평면적입니다. 당대 화가들은 제자들의 머리 뒤로 후광을 그려 넣어 신비감을 주었는데, 레오나르도는 만찬 자리의 사실성과 현장감을 주기 위해 인위적인 후광을 모두 걷어냈습니다. 대신 예수의 뒤에 큰 창을 배치했고 다른 인물들보다 예수를 살짝 더 크게 그려 넣었습니다. 그림을 보는 시선의 중심이 자연스럽게 주인공인 예수에게 집중하도록 만든 것입니다. 이처럼 원근법을 이용한 레오나르도의 구상이 매우 치밀하다는 것을 확인할 수 있습니다.

당시 이탈리아 전역에서는 레오나르도가 완성한 〈최후의 만찬〉을 본 사람들의 극찬이 쏟아졌습니다. "그전에 있던 모든 것을 쓸어버리는 홍수처럼 예술계를 완전히 바꿔 놓았다"라는 찬사였죠. 작품을 본 사람들에 따르면 실제 그림 속 식당과 같은 공간에 있는 것처럼 느꼈다고 합니다. 이 시기 프랑스 왕이었던 루이 12세Louis XII는 비용이 얼마가 들어도 상관없으니 이 작품을 프랑스로 가져가겠다고 했으나, 벽화였기에 끝내 가져가지 못했다고 합니다.

안타깝게도 〈최후의 만찬〉은 지난 수백 년간 몇 차례 훼손을 입었습니다. 가장 큰 훼손은 작품이 완성된 지 20년이 지난 무렵으로, 물감이 벗겨져서 그림이 희미해지자 수도승들이 아랫부분을 헐어서 출입구로 만들어 버린 것입니다. 이 과정에서 예수의 양쪽 발이 잘려 나갔는데 인위적으로 훼손했기에 복원할 수 없었습니다.

신예 예술가 미켈란젤로의 등장

미켈란젤로 부오나오로티

레오나르도가 밀라노에서 스포르차 가문의 후원을 받아 〈최후의 만찬〉으로 극찬받고 있을 때, 피렌체에서는 메디치 가문을 등에 업은 신인 조각가가 예술계의 떠오르는 별로 주목받기 시작했습니다. 훗날 레오나르도와 치열한 신경전을 벌이는 세기의 라이벌이자 르네상스 미술을 이끈 위대한 예술가 미켈란젤로 부오나로티입니다. 그는 레오나르도와 성격, 외모, 예술적 취향까지도 완전히 상반된 인물이었습니다.

그는 작은 키에 등이 살짝 굽었고, 동료에게 맞아서 삐뚤어진 코 때문에 평생 외모 콤플렉스에 시달렸습니다. 불평불만이 많은 데다 고집불통에 성격까지 까다로워서 주변 사람들과 다툼도 잦았다고 합니다. 하지만 예술에 대한 도전 정신만은 남달랐던 이상주의자였습니다. 이처럼 두 사람의 성격은 확연히 달랐습니다.

미켈란젤로는 레오나르도처럼 화려한 옷이 아닌 먼지 쌓인 옷을 며칠씩 입고 다녔습니다. 또 작업을 하다가 장화를 신은 채 잠을 자기도 했고, 작업에 집중하기 위해 빵 한 조각만 먹으면서 살았다고 합니다. 제멋대로인 것처럼 보여도 실은 신앙심이 독실한 금욕주의자였죠.

태생 때문에 어린 시절이 불우했던 레오나르도와 달리 미켈란젤로는 청소년기에 미술을 공부할 엄청난 기회를 얻었습니다. 사실 그의 아버지는 그림을 그리는 아들이 못마땅해 매질을 할 만큼 난폭했습니다. 하지만 미켈란젤로가 뛰어난 재능을 가졌다는 사실을 알게 되자 그가 13세가 되던 해에 피렌체의 공방으로 보냈습니다. 1년 후, 미켈란젤로의 인생을 뒤바꾼 일이 벌어졌습니다. 메디치 가문의 수장인 로렌초 데 메디치 Lorenzo de' Medici를 만난 것입니다.

당시 로렌초는 막대한 자금을 들여 예술가들을 후원했습니다. 그는 특히 고대 그리스와 로마의 조각을 수집할 만큼 조각 작품을 사랑했는데 이때 미켈란젤로의 조각 솜씨가 로렌초의 눈에 띈 것입니다. 로

로렌초 데 메디치

렌초는 어린 미켈란젤로를 아꼈고, 그는 메디치 가문의 특별 대우를 받았습니다. 메디치 가문의 저택에는 수많은 예술 작품과 화려한 고대 미술품들이 즐비했는데, 미켈란젤로는 작품들을 마음껏 구경하며 연구했습니다. 또 메디치 가문이 모아놓은 인문학과 철학, 천문학, 수학 등의 책을 마음껏 읽을 수 있는 파격적인 특권까지 누렸습니다.

르네상스 예술을 이끈 천재 조각가 미켈란젤로

메디치 가문의 전폭적인 후원을 받으며 미술에 대한 기초를 쌓은 미켈란젤로는 21세가 되던 해에 로마에 입성했습니다. 그는 이곳에서 자신의 명성을 널리 떨치게 한 작품을 완성했습니다. 르네상스 조각을 대표하는 〈피

에타〉입니다. 피에타(Pietà)는 이탈리아어로 '자비를 베푸소서'라는 뜻으로, 미켈란젤로는 성모가 십자가에서 내려진 예수의 시신을 안고 슬퍼하는 장면을 작품에 담았습니다. 현재 이탈리아 바티칸의 성 베드로 성당에서 소장 중입니다.

이 작품이 수백 년이 지난 지금까지도 르네상스 최고의 조각으로 손꼽히는 이유는 거대한 대리석을 깎아서 완성했다고 하기에는 너무도 섬세하기 때문입니다. 예수의 근육과 골격을 매우 사실적으로 표현해 축 늘어지고 뒤틀린 팔과 몸이 역동적으로 보이기까지 합니다. 또 성모의 옷 주름을 살펴보면 결이 하나하나 살아 있어 돌로 만들어진 작품이 맞는지 의심될 정도로 섬세합니다. 중세 시대에 만든 피에타와 비교해 보면 미켈란젤로의

목조 〈피에타〉(1300~1325)

미켈란젤로의 〈피에타〉(1498~1499)

〈피에타〉가 걸작인 이유를 알 수 있습니다.

29쪽의 왼쪽 사진은 나무로 조각된 중세 시대의 초기 〈피에타〉입니다. 이 작품은 인물의 슬픔과 고통이 그대로 표정에 드러나지만 미켈란젤로의 〈피에타〉는 고요하고 절제된 모습입니다. 또 나무보다 다루기 힘든 단단한 대리석으로 인체를 사실적으로 표현했을 뿐만 아니라, 감정의 절제까지 완벽하게 담아냈습니다. 이 작품을 완성했을 무렵의 미켈란젤로는 고작 24세였습니다.

그가 대리석으로 근육이나 힘줄까지 디테일하게 표현할 수 있었던 비결은 해부입니다. 미켈란젤로는 일찍이 메디치 가문의 저택에 거주하며 황금 같은 기회를 누린 덕분에 인체의 아름다움에 대한 철학과 미학을 형성했는데, 이때 심취한 것이 해부학이었습니다. 근육과 뼈, 정맥은 물론 신경의 미세한 연결까지 인체의 구성 원리를 직접 살펴보고, 완벽하게 표현하고 싶었기 때문입니다.

〈피에타〉를 작업하기 전에 잠시 볼로냐에 거주했던 미켈란젤로는 직접 해부를 할 기회를 얻었습니다. 이 시대에는 방부제가 없어서 시신을 받으면 부패하기 전에 이삼일을 꼬박 해부에 매달려야 했습니다. 하지만 미켈란젤로는 개의치 않았습니다. 그는 해부를 통해 몸이 움직일 때 신체의 표면과 윤곽이 어떻게 변하는지 파악할 수 있었고, 그 지식을 바탕으로 뛰어난 조각 작품을 만들어냈습니다.

미켈란젤로의 작품이 남다른 이유는 조각 방식에서도 찾을 수 있습니다. 당대의 조각가들은 끌과 쇠망치를 이용해 대리석을 사방에서 쪼아가면서 작품을 완성했습니다. 그런데 미켈란젤로는 대리석 한쪽 면을 파내면서 완전한 형태의 조각으로 만드는 까다로운 방식으로 작업했습니다. 그는 조

각할 형상이 대리석 안에 갇혀 있으며, 그 형상을 구속하는 부분을 떼어내
면 조각할 형상이 나온다고 생각했습니다. 다른 조각가들과는 완전히 다
른 시각에서 작품을 구상한 것입니다.

〈피에타〉를 공개했을 때 한편에서는 마리아보다 예수를 작게 표현했다
는 논란이 생겼습니다. 논란은 곧 잠잠해졌는데 피에타를 바라보는 위치
에 따라 크기가 달랐기 때문입니다. 정면이 아닌 위에서 작품을 내려다보
면 예수의 몸이 거대하게 보였습니다. 이와 관련해 미켈란젤로가 정면에서
보는 인간들을 위해서가 아니라, 하늘에서 지켜보는 하나님을 위해 일부러
이 같은 구조로 만들었다는 설이 있습니다.

〈피에타〉를 완성한 미켈란젤로에게는 특이한 버릇이 생겼습니다. 작품
을 감상하는 군중 속에서 자신의 조각상을 감상하는 것입니다. 그러던 어
느 날 미켈란젤로는 〈피에타〉를 보러온 사람들이 밀라노의 화가 안드레
아 솔라리Andrea Solari가 이 작품을 만들었다고 대화하는 것을 들었습니

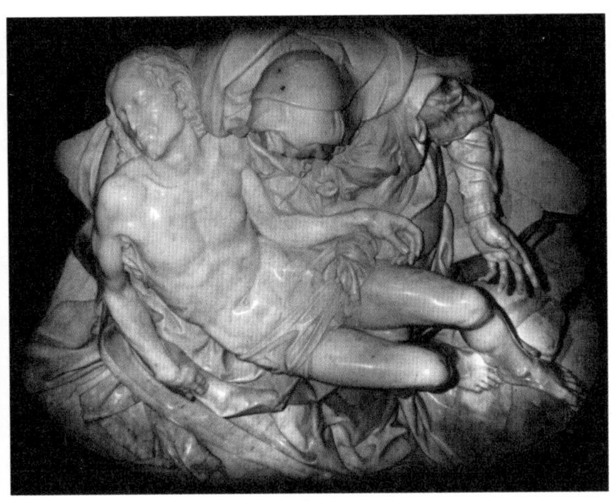

위에서 내려다본 〈피에타〉

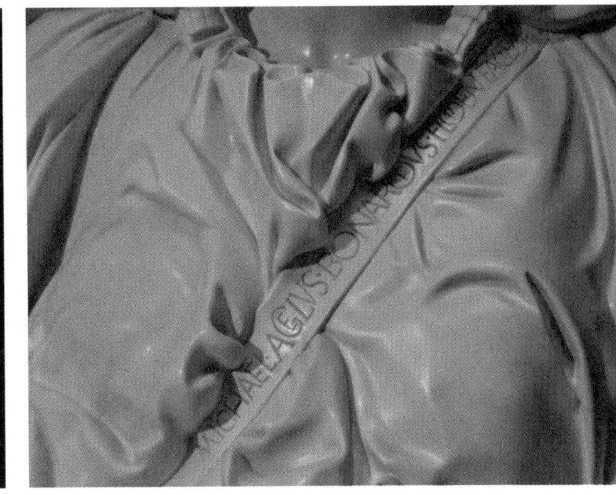

〈피에타〉에 새긴 미켈란젤로의 이름

다. 화가 난 미켈란젤로는 그날 밤 촛불과 끌을 가지고 성당에 몰래 들어가 성모 마리아가 두른 띠에 글을 새겨 넣었습니다. 'MICHAEL. ANGELUS. BONAROTUS. FLORENT. FACIEBAT'라는 문장으로 '피렌체 사람 미켈란젤로 부오나로티 작'이라는 뜻입니다. 하지만 이후로 그는 어떤 작품에도 자신의 이름을 남기지 않았습니다. 다음은 그에 관해 미켈란젤로가 남긴 말입니다.

"이 놀라운 천지를 창조하신 하나님께서는 어느 곳에도 이름 하나 새기지 않으셨는데, 나는 이 하찮은 작품을 만들고 부끄럽게도 내 이름을 새겼구나."

이 같은 이유로 〈피에타〉는 미켈란젤로가 유일하게 이름을 새긴 조각으로 남았습니다.

레오나르도와 미켈란젤로의 첫 대결, 다비드상

〈피에타〉로 유명 조각가가 된 미켈란젤로는 거대한 대리석이 있다는 소식에 급히 피렌체로 돌아갔습니다. 때마침 레오나르도도 17년간의 밀라노 생활을 정리하고 피렌체로 돌아온 참이었죠. 두 사람의 운명적인 대결이 시작된 것입니다.

미술사학자 조르조 바사리의 기록에 따르면 두 사람의 나이 차는 23세나 됐는데 서로를 싫어하고 얕보았다고 합니다. 레오나르도는 회화를 예술의 가장 높은 경지로 생각한 데 반해 미켈란젤로는 자신이 조각가라는 사실에 큰 자부심과 확신을 갖고 있었습니다. 이처럼 두 사람은 예술적 성향도 완전히 달랐습니다.

특히 미켈란젤로는 늘 레오나르도를 질투하며 혐오감을 드러냈는데, 이들의 첫 번째 신경전은 말싸움으로 시작됐습니다. 하루는 레오나르도가 장밋빛 튜닉 차림으로 친구와 함께 피렌체 광장을 걷고 있었습니다. 그곳에서 몇몇 사람이 단테Dante의 시구절을 논의하던 중 레오나르도에게 그 구절의 해석에 관한 의견을 청했습니다. 때마침 미켈란젤로가 그곳을 지나갔고 레오나르도는 "어쩌면 저 친구가 설명해 줄 수 있을 것이다"라고 말했습니다. 이를 들은 미켈란젤로는 레오나르도가 자신을 조롱한다고 생각해 신랄하게 대꾸했습니다.

"아뇨, 당신이 직접 설명하시죠. 청동 기마상을 만들려고 한 것도, 거기에 실패한 것도, 창피하게 그 작업을 중단해야 했던 것도, 모두 당신입니다."

이 말을 들은 레오나르도는 매우 황당해하며 얼굴을 붉혔습니다. 그저 단테의 시구절에 대한 해석을 물었을 뿐인데 밀라노에서 완성하지 못했던 청동 기마상을 들먹이며 비아냥거릴 줄은 몰랐기 때문이었죠.

이렇게 첫 번째 신경전이 끝나고 두 사람의 갈등이 더욱 깊어지는 일이 발생했습니다. 발단은 미켈란젤로의 〈다비드〉 조각상이었습니다. 미켈란젤로는 피렌체 시청으로부터 골리앗Goliath을 무찌른 《성경》 속 영웅 다비드David를 만들어달라는 의뢰를 받았습니다. 당시 피렌체에서 다비드상은 인기 높은 주제로, 대부분의 조각가가 골리앗의 머리를 밟고 서 있는 승

베로키오의 〈다비드〉

리를 거둔 소년으로 다비드를 묘사했습니다. 대표적인 작품이 레오나르도의 스승인 베로키오가 만든 〈다비드〉입니다.

그런데 3년 뒤인 1504년에 미켈란젤로가 공개한 〈다비드〉는 완전히 다른 모습이었습니다. 그는 다비드를 소년이 아닌 실오라기 하나 걸치지 않은 성인 남자로 묘사했습니다. 전쟁에 나갈 준비를 마친 다비드의 목을 왼쪽으로 틀어 몸의 움직임을 드러냈고, 목 근육과 오른손 위에 불거진 핏줄로 전투를 앞둔 남성의 생생한 긴장감까지 전했습니다. 이는 해부를 통한 끊

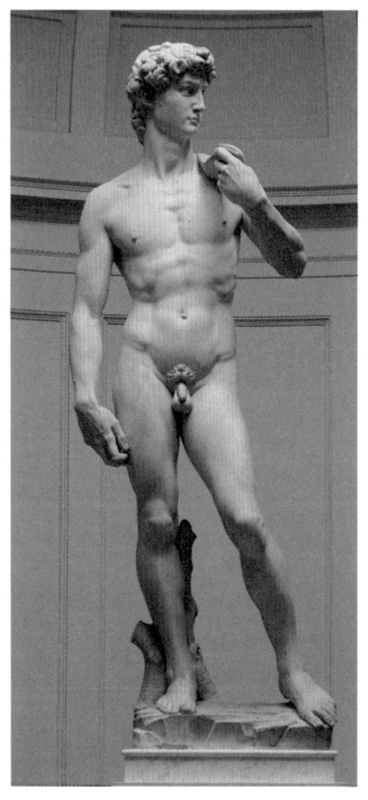

미켈란젤로의 〈다비드〉

임없는 자기 탐구의 결과라고 할 수 있습니다.

〈다비드〉의 두상은 일반적인 인체 비례보다 좀 더 크게 제작했는데, 조각상을 아래에서 위로 올려다볼 때의 원근법을 고려한 계산이었습니다. 또 미켈란젤로는 인간의 나체야말로 신의 가장 순수한 표현이라고 생각했기에 맨몸의 다비드를 조각했습니다. 르네상스 시대를 대표하는 미켈란젤로만의 표현법인 셈입니다. 미켈란젤로의 〈다비드〉를 처음 공개했을 때 일부 시민은 나체인 모습을 낯설어하기도 했지만 대부분은 위대한 걸작이라고 입을 모았습니다.

피렌체의 지도자들은 이 눈부신 작품을 어디에 전시해야 할지 고민에 빠졌습니다. 그래서 위원회를 결성해 문제를 논의했는데 위원 중에는 레오나르도도 있었습니다. 미켈란젤로는 이 작품이 피렌체의 시민적 상징이 되는 게 낫다고 판단해 시뇨리아 궁전 앞 광장에 전시해 달라고 요청했습니다. 그런데 레오나르도는 반대표를 던졌습니다. 기록에 따르면 레오나르도는 내심 미켈란젤로의 〈다비드〉가 눈에 덜 띄도록 내부에 전시되길 바랐는데, 다수의 위원이 작품 보호를 이유로 건물 안에 전시해야 비바람으로부터 손상되지 않는다고 주장하자 동조했다고 합니다.

장소 선정 싸움의 승자는 미켈란젤로였습니다. 위원회는 제작자의 의견을 받아들여 시뇨리아 궁전 앞 광장에 작품을 설치했습니다. 이로써 〈다비드〉는 고대 이후 공공장소에 전시된 최초의 나체상이 되었고, 오랜 세월 대중들에게 작품의 위대함을 뽐내다가 훗날 피렌체의 아카데미아 미술관으로 옮겨졌습니다.

레오나르도와 미켈란젤로의 두 번째 대결, 벽화

레오나르도와 미켈란젤로 사이에 팽팽한 긴장감이 이어지던 그때 두 사람이 정면으로 맞붙는 사건이 일어났습니다. 1503년, 피렌체 정부는 레오나르도에게 벽화를 의뢰했습니다. 1440년에 피렌체 지도자들이 밀라노를 상대로 승리한 '앙기아리 전투'를 자축하는 작품으로, 베키오 궁전 내에 있는 500인의 방에 그려달라고 한 것입니다. 이를 수락한 레오나르도는 곧바로 스케치를 시작했습니다.

이듬해에 피렌체 정부는 이제 막 다비드상을 완성한 미켈란젤로에게도 벽화를 의뢰했습니다. 문제는 벽화를 그릴 장소가 레오나르도의 앙기아리 전투 벽화의 맞은편이었다는 것입니다. 미켈란젤로가 그릴 벽화는 1364년 피렌체가 피사를 상대로 승리한 '카시나 전투'였습니다. 이로써 피렌체를 뜨겁게 달군 세기의 대결이 펼쳐졌습니다.

그런데 미켈란젤로는 조각가인데 왜 그에게 벽화를 의뢰했을까요? 전해지는 이야기에 따르면 미켈란젤로가 임금 차이 때문에 분노했기 때문이라고 합니다. 피렌체 정부는 레오나르도에게 벽화 작업비로 시청 공무원의 100년 치 연봉에 해당하는 1만 플로린을 주기로 했습니다. 그런데 미켈란젤로가 〈다비드〉를 조각하고 받은 돈은 고작 400플로린이었습니다. 무려 25배나 차이 나는 임금이었죠. 이 사실을 알게 된 미켈란젤로는 자신의 실력을 증명하겠다며 피렌체 정부에 벽화를 맡겨달라고 졸랐다고 합니다.

피할 수 없는 대결을 펼치게 된 두 사람은 작품 스타일부터 확연히 달랐습니다. 레오나르도는 군기를 두고 벌이는 전투의 클라이맥스를 그렸는데, 미켈란젤로는 전쟁과 딱히 상관없는 장면을 그렸습니다. 아쉽게도 두 사람의 그림은 소실되었고 지금은 다른 화가들이 모사한 작품이 남아 있습니다.

레오나르도의 〈앙기아리 전투〉는 분노한 네 명의 기병을 사실적으로 보여줍니다. 사람들과 말들이 뒤죽박죽 엉켜 있는 모습은 전투의 잔인함과 야만성, 광기를 여실히 드러내고 있습니다. 미켈란젤로의 〈카시나 전투〉는 근육질의 군인 열댓 명이 벌거벗은 모습으로 목욕하던 중 적군의 침략 소

레오나르도의 〈앙기아리 전투〉(위)와 미켈란젤로의 〈카시나 전투〉(아래)

식을 듣고 서둘러 강둑으로 올라오는 순간을 그린 작품입니다. 물에서 올라오려는 두 손과 바지를 입으려는 병사의 모습은 다급한 상황을 생생하게 보여줍니다.

각자의 스타일로 그림을 그리며 한창 경합을 벌이던 중 레오나르도가 갑자기 미켈란젤로의 작품을 비난하기 시작했습니다. 나체 인물들을 우아함이 결여된 나무토막처럼 그려서 인간의 형상이라기보다는 호두를 담은 자루처럼 보인다는 것이었죠. 게다가 회화가 조각보다 더 수준 높은 형태의 예술이라며 미켈란젤로의 주 종목인 조각을 폄하하기도 했습니다.

"회화는 모든 것의 색상과 그 색상의 감소를 보여주는 등 그 자체로 자연 속에서 인지 가능한 모든 것을 수용하고 포괄하지만, 빈곤한 조각은 그렇게 하지 못한다."

이는 미켈란젤로의 조각 작품을 비난한 동시에 그가 그린 〈카시나 전투〉의 스케치도 함께 저격한 것입니다. 레오나르도는 선을 명확하게 표현하지 않는 스푸마토 기법을 즐겨 썼는데 주로 조각을 했던 미켈란젤로는 조각의 특징인 날카로운 선을 그림에도 이용했기 때문입니다.

하지만 미켈란젤로는 레오나르도의 도발에 넘어가지 않았습니다. 게다가 레오나르도가 벽에 잘 밀착되는 유성 물감 혼합물을 만드는 데 난항을 겪으면서 미켈란젤로를 향한 도발도 시들해졌습니다. 그러던 중 레오나르도는 채색도 중단한 채 피렌체를 떠나버렸습니다. 이렇게 그의 미완성작 목록이 하나 더 늘어났습니다. 때마침 미켈란젤로도 교황의 부름을 받아 로마로 떠났습니다. 두 거장의 대결은 탐색전만 하다가 싱겁게 끝나버리고 말았습니다.

르네상스 최고의 작품, 레오나르도의 〈모나리자〉

〈모나리자〉

레오나르도와 미켈란젤로의 대결은 불발되었지만 두 사람은 세기의 라이벌로 불릴 수밖에 없는 르네상스 최고의 작품을 남겼습니다. 먼저 1503년, 51세의 레오나르도는 한 귀족 부인을 그려달라는 작품을 의뢰받았습니다. 전 세계에서 가장 유명한 미술품이자 가장 가치 있는 작품 중 하나로 평가받는 〈모나리자〉가 탄생하는 순간이었죠.

레오나르도의 〈모나리자〉는 왜 르네상스를 대표하는 그림이자 수백 년간 명작으로 불리는 것일까요? 결정적 이유는 미술계에 엄청난 변화를 가져온 르네상스 시절의 회화 기법이 이 그림 하나에 모두 압축되어 있기 때문입니다. 이 시기에 탄생한 모든 회화 기법은 〈모나리자〉만 보면 알 수 있습니다. 유화 물감을 이용한 것, 뚜렷하지 않은 외곽선으로 사실적인 표현력을 높인 스푸마토 기법을 사용한 것, 눈과 입 주변을 어둡게 표현하는 명암의 활용, 배경을 주인공 좌우에 대칭으로 배치하고 중심점은 여인의 머리에 두는 피라미드 구도로 초상화를 안정감 있게 표현한 점 등입니다. 이런 이유로 〈모나리자〉는 세상에서 가장 완벽한 그림으로 평가받습니다.

레오나르도가 이토록 완벽한 그림을 그릴 수 있었던 비결은 바로 해부입니다. 레오나르도는 30여 구가 넘는 시신을 해부하고 30페이지에 걸친 기록을 남겼을 만큼 해부에 진심이었습니다. 그는 겉으로 보이는 근육부터 신경과 내부 장기까지 모두 꼼꼼히 노트에 기록했는데, 해부학 초기에는 인간의 두개골에 집중했습니다. 오른쪽 그림은 레오나르도가 그린 인체 해부도 가운데 두개골 부분입니다. 해부도 왼쪽에는 인간이 가진 네 가지 형태의 치아를 그려놓았고, 인간의 치아가 보통 32개라는 사실도 적었습니다. 그는 완벽에 가깝게 묘사한 치아 뿌리를 비롯해 치아의 모든 요소를 구체적으로 기록한 역사상 최초의 인물이었습니다.

이 노트에는 〈모나리자〉의 오묘하고도 신비한 미소가 어떻게 탄생했는지 짐작할 수 있는 자료가 있는데, 바로 입술의 근육을 스케치한 것입니다. 레오나르도는 뇌의 신경과 뇌실, 근육과 뼈, 얼굴과 심장 등을 해부하면서 표정 연구를 위해 입의 근육과 신경도 연구했습니다. 심지어는 얼굴 방향에 따른 코 모양의 종류까지도 구분했습니다. 그는 "화가는 해부학에 무지해서는 안 된다"라며 오로지 사람을 잘 표현하고 싶다는 그림에 대한 열망으로 인체를 연구해 〈모나리자〉라는 르네상스 최고의 작품을 탄생시켰습니다.

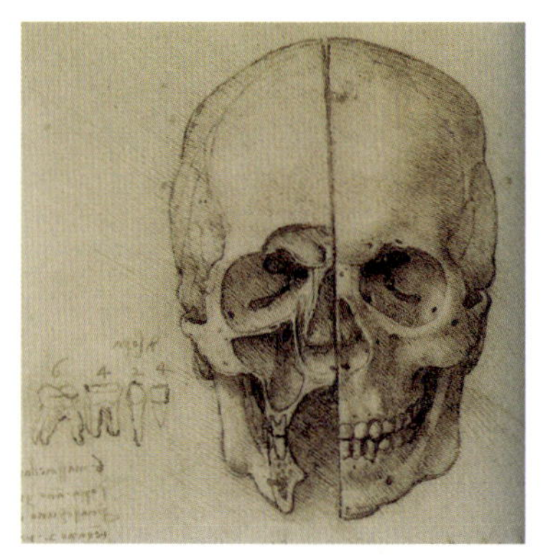

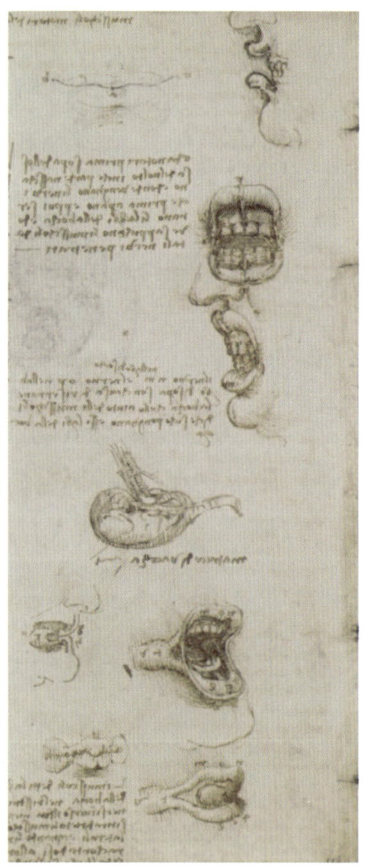

레오나르도의 해부 기록

하지만 〈모나리자〉 역시 미완성작으로 알려져 있습니다. 기록에 따르면 레오나르도는 1503년에 〈모나리자〉를 그리기 시작한 후 거처를 옮길 때마다 그림을 가지고 다니면서 계속 덧칠했다고 합니다. 1519년에 임종을 맞이할 때도 이 그림이 함께 있었습니다. 마지막까지 손에서 〈모나리자〉를 놓지 않았던 것입니다. 이에 근거해 미완성작으로 평가받았습니다. 이 외에도 작품 속 리자 부인의 눈썹이 없다는 이유로 미완성이라는 견해와 왼손으로는 글씨를, 오른손으로는 채색을 하던 레오나르도가 말년에 오른손 마비로 작품을 완성하지 못했다는 주장도 있습니다.

〈모나리자〉는 작품 자체로도 유명했지만 1911년에 벌어진 도난 사건으로 엄청난 인기를 얻었습니다. 재미있는 것은 도난 사건의 용의자 가운데 화가인 파블로 피카소Pablo Picasso가 있었다는 사실입니다. 그의 조수가 루브르 박물관에서 조각을 훔쳐서 판매한 전력이 있어 피카소도 조사를 받은 것이죠. 다행히 2년 후에 루브르 박물관에서 일했던 이탈리아인이 진범으로 밝혀졌습니다. 이 사건 이후 〈모나리자〉는 세계적 관심을 받으며 점차 가치가 올라갔습니다.

르네상스 최고의 작품,
미켈란젤로의 시스티나 성당 천장화와 〈최후의 심판〉

그렇다면 레오나르도와의 경합 도중 로마로 향한 미켈란젤로는 어떤 행보를 이어갔을까요? 그는 교황으로부터 바티칸 시스티나 성당에 대형 천장화를 그려달라는 큰 임무를 받았습니다. 르네상스 시대, 교황에게는 매우 중요한 사명이 있었습니다. 그리스도교 수장으로서 로마를 그리스도교의 수도답게 재정비하는 것입니다. 그 중심에 교황청이 있었습니다. 시스티나 성당은 교황 전용 성소로 매우 특별한 장소였습니다. 이곳에 대형 천장화를 그려 넣는 일을 미켈란젤로가 맡게 된 것입니다.

본래 미켈란젤로에게는 교황을 안치할 무덤을 조각하는 일이 주어졌습니다. 그런데 갑자기 마음을 바꾼 교황이 대형 천장화를 그려달라고 요청한 것입니다. 천장화 경험이 없었던 미켈란젤로는 거절했습니다. 하지만 교황은 끝까지 뜻을 꺾지 않았고, 거절을 거듭한 미켈란젤로는 하는 수 없이 작업을 수락했습니다.

까다롭고 고집불통인 두 사람이 만났으니 천장화를 그리는 과정이 순탄할 리 없었습니다. 작업은 늦어지고 미켈란젤로는 완성 전까지 그림을 보여주려 하지 않자 교황의 불만이 쌓였습니다. 미켈란젤로 역시 정산이 자주 미뤄져서 늘 화가 난 상태였습니다. 그러던 어느 날 두 사람의 감정이 폭발했습니다. 교황이 미켈란젤로에게 천장화가 언제 완성되느냐고 묻자 미켈란젤로가 "때가 오면 완성됩니다"라고 대답한 것입니다. 성의 없는 태도에 폭발한 교황은 손에 든 지팡이로 미켈란젤로의 머리를 내려쳤습니다. 가뜩이나 자존심이 센 미켈란젤로는 머리를 맞자 곧장 로마를 떠날 채비를 했습니다. 그러자 걱정이 된 교황은 급히 하인을 보내 일반 도시민의 14년 생활비에 달하는 500두카트를 전했다고 합니다.

이후에도 교황과 미켈란젤로 사이에는 문제가 끊이지 않았습니다. 미켈란젤로는 작업을 방해받는 것을 싫어하고 완성 전까지 누구에게도 보여주지 않았다고 합니다. 그런데 너무도 궁금했던 교황은 변장까지 하고 미켈란젤로의 작업실에 몰래 들어갔습니다. 이 사실을 안 미켈란젤로는 머리끝까지 화가 나 나중에 교황이 들어올 때 위에서 무거운 목재를 던졌고, 교황은 놀라서 도망쳤습니다. 이때 미켈란젤로는 교황이 화를 낼 것이 무서워 잠시 로마를 떠났다고 전해집니다.

비록 교황과 갈등을 겪긴 했으나 미켈란젤로는 시스티나 성당의 천장화 작업을 게을리하지 않았습니다. 그런데 20m나 되는 높이의 천장에 어떻게 그림을 그렸을까요? 많은 사람이 발판을 높이 세우고 그곳에 누워서 그렸을 거로 생각하지만 사실은 선 자세로 고개를 뒤로 젖힌 상태에서 그림을 그렸습니다. 당시 미켈란젤로가 친구에게 보낸 편지에는 천장화를 그리는 그의 고통이 잘 드러납니다.

'비참한 작업이 내게 남긴 것은 퉁퉁 부어오른 목. 나는 지저분한 물을 마신 롬바르디아 고양이들에게 생긴 피부병과 같은 종기를 얻었네. 그 종기가 내 배를 점령하더니 마침내 턱 부분까지 번졌다네. (…) 내 턱수염은 하늘을 향하고 목덜미가 뒤통수에 달라붙는 것을 느끼네. (…) 허리는 창자 속으로 파고들었네. (…) 너무도 비참해진 나는 이제 예술가도 아니라네.'

육체의 아름다움을 표현하는 예술가로서 자신의 육체가 흉하게 변해가는 모습에 괴로웠던 듯합니다.

미켈란젤로가 이렇게까지 열심히 그림을 그린 이유는 그림에 대한 열정과 가족의 생계를 혼자 책임져왔기 때문입니다. 천장화를 그릴 때 아버지는 돈 문제를 일으켰고, 세 명의 동생은 그의 재산을 마음대로 썼습니다. 미켈란젤로는 가족들이 자신을 돈벌이로 이용한다는 사실을 알면서도 가

시스티나 성당 천장화

족을 위해 더 많은 일을 했습니다. 그는 조각가에서 화가로 발돋움해야 한다는 압박감과 신체적, 경제적 고통을 이겨내고 4년 만에 천장화를 완성했습니다.

천장화는 폭 14m, 길이 40m에 달하는 초대형 작품입니다. 4층 건물 높이 위에 이 정도 크기의 그림이 펼쳐져 있어, 실제로 천장화를 본 사람들은 순간 할 말을 잃곤 합니다. 천장화를 자세히 들여다보면 인물 사이사이에

조각상이 보이는데, 천장화 공개 당시 이 부분이 진짜 조각인지 아니면 그림인지를 두고 논란이 벌어지기도 했습니다. 실제는 모두 그림입니다. 천장은 약간의 곡선으로 이루어진 평면이지만, 기둥처럼 보이는 그림 때문에 천장이 더 높게 느껴집니다. 이처럼 미켈란젤로는 그림 속에 건축적인 구조물을 그려 넣어 입체적으로 보이는 기법을 창안했습니다. 그래서 2차원 그림임에도 3D처럼 보이는 것입니다.

〈아담의 창조〉

천장화는 《구약 성서》에 있는 천지창조부터 아담과 이브의 낙원 추방, 노아의 홍수에 이르기까지 총 9개 장면으로 이루어져 있습니다. 이 중 가장 유명한 작품은 〈아담의 창조〉입니다. 천장 한가운데 있는 이 그림은 하나님이 아담을 창조하는 결정적 장면을 묘사했습니다. 최초의 인간인 아담은 형상만 갖췄을 뿐 아직 생명을 얻지 못해 움직일 수 없는데, 하나님이 오른손을 뻗어 집게손가락으로 아담에게 생명의 기운을 넣어주려고 하는 모습입니다.

천장화를 완성한 미켈란젤로는 몸이 쇠약해졌지만 쉬지 않고 작품 활동을 이어갔습니다. 그러던 중 새 교황이 오면서 또다시 르네상스 최고의 역작을 탄생시켰습니다. 그가 61세 때의 일입니다. 이 시기 미켈란젤로가 교황청에서 맡은 일은 시스티나 성당의 벽화를 그리는 일로 높이 약 14m, 폭

〈최후의 심판〉

약 13m에 달하는 대형 벽화 작업이었습니다. 오랜 노력 끝에 완성한 이 벽화는 그의 대표작인 〈최후의 심판〉입니다.

〈최후의 심판〉은 세계에 종말이 오면 예수가 인간을 심판해 천국과 지옥으로 보낸다는 내용으로, 가운데 위치한 주인공인 예수를 중심으로 천국을 묘사한 작품입니다. 그림의 아랫부분은 어두운 분위기를 풍기며 지옥임을 짐작케 합니다. 죄를 지은 인간들을 지옥으로 실어 나르는 뱃사공 카론Charon의 모습도 볼 수 있습니다. 그림에는 천국과 지옥 사이의 중간계인 연옥도 있는데, 영혼이 심판받기 위해 대기하는 곳입니다. 죄의 정도에 따라 천국과 지옥행으로 갈리는 영역으로 표현했습니다.

미켈란젤로가 무려 6년이나 이 작품에 매진하는 사이 수많은 일이 일어났습니다. 그림에는 지옥의 사신 미노스Minos가 등장하는데, 이 인물에는 재미있는 이야기가 얽혀 있습니다. 작품이 70%가량 진행되었을 무렵 교황은 몇몇 사람들을 데리고 그림을 보러 갔습니다. 그리고 그들에게 작품에 대한 감상을 물었습니다. 그 자리에 있던 의정 담당자 비아조 다 체세나 Biagio da Cesena는 이렇게 말했습니다.

"나체 군상이 교황의 경당 같은 신성한 장소에 그려져 있는 것은 지극히 못마땅하며 목욕탕이나 술 파는 곳이라면 조화가 될 것입니다."

이 말을 들은 미켈란젤로는 비아조의 혹평에 복수하고자 지옥의 사신 미노스의 얼굴에 그의 얼굴을 그려 넣고 뱀에 성기를 물린 채 고통받는 모습을 묘사했습니다. 이 사실을 안 비아조는 교황에게 탄원해 지우도록 애원했으나 교황은 "그곳은 지옥이기 때문에 교황인 내가 건드릴 수 없는 부분이다"라며 거절했습니다. 그래서 지금까지도 영원히 벌 받는 꼴이 되었습니다.

작품을 공개했을 당시 가장 큰 논란은 예수의 모습이었습니다. 이전까지 예수를 묘사한 대부분의 작품은 수염이 있는 근엄한 모습에 마른 체형으로 표현했는데, 〈최후의 심판〉 속 예수는 수염이 없는 근육질의 청년이었기 때문입니다. 사람들은 이를 이교도의 모습이며 신성 모독이라고 생각했습니다. 게다가 그림 속 등장인물은 모두 나체였습니다. 당대 사람들은 헐벗은 인물들을 음란하다고 여겨 용납하지 못했습니다. 이탈리아 가톨릭 공의회는 고민 끝에 이 그림을 파괴하려다가 중요 부위를 덧칠하기로 했습니다. 결국 미켈란젤로의 제자 다니엘레 다

〈최후의 심판〉 속 미노스

볼테라Daniele da Voltera가 가리개를 그려 덧칠했습니다. 이후 그림을 원래대로 복원했으나 일부는 여전히 변형된 모습으로 남아 있습니다.

미켈란젤로는 〈최후의 심판〉에 자화상을 그려 넣기도 했습니다. 50쪽의 그림에서 덥수룩한 수염의 남자가 왼손에 든 사람 가죽이 바로 미켈란젤로입니다. 그는 하나님이 준 특별한 재능을 인간적인 욕심으로 채우는 데 낭비했다고 생각했습니다. 그래서 예수 앞에 서게 될 최후의 날에 자신이 어떤 심판을 받을 것인가에 대한 공포를 느꼈습니다. 미켈란젤로는 스스로

신의 영광을 증명하는 진정한 임무를 다하지 못한 삶이라고 생각해 그림을 통해 자신을 성자의 껍질 같은 존재라고 말하고 싶었던 것이 아닐까 합니다. 또 이미 쇠약해질 대로 쇠약해진 본인의 실제 모습을 표현했다는 의견도 있습니다.

이후 그는 교황의 영묘를 비롯해 훌륭한 조각 작품을 만들었고, 71세에 이르러 성 베드로 대성당을 건축하는 일까지 맡았습니다. 하지만 악성 열병과 담석, 통풍 등 갖가지 병이 그를 괴롭혔습니다. 그러다 시력까지 약해져 앞이 보이지 않게 되었음에도 불구하고 촉각에 의지한 채 죽기 3일 전까지 조각을 하다가 89세에 세상을 떠났습니다.

〈최후의 심판〉 속 미켈란젤로 자화상

이탈리아 르네상스 미술사를 공부하다 보면 자주 반복되는 단어가 있습니다. '레오나르데스코(Leonardesco)'와 '미켈란졸레스코(Michelangiolesco)'입니다. '레오나르도 풍', '미켈란젤로 풍'이라는 뜻의 형용사죠. 이 말은 동시대 거장들의 스타일을 따라 하려던 많은 예술가가 레오나르도와 미켈란젤로 스타일을 거듭 연구하면서 생겨난 것입니다. 근세 이후 가장 많이 반복되고 가장 많이 연구된 것이 레오나르도와 미켈란젤로 풍의 예술이었던 셈입니다. 이는 기존의 예술 형태를 익혀 자신에 맞게 소화하는 것에 그치지 않고 자신이 만든 고유한 브랜드를 그 시대의 대표작으로 승화시킬 수 있었던 두 천재의 노력과 열정을 상징하는 단어라고 생각합니다. 수많은 예술가 중에서 독보적으로 뛰어났던 레오나르도와 미켈란젤로가 지금까지도 르네상스의 대표적인 거장으로 기억되며 이름을 남긴 이유이기도 하죠.

벌거벗은 영국의 왕좌

메리 여왕 vs 엘리자베스 1세

박정규

● 영국은 한때 '해가 지지 않는 나라'로 군림하며 전 세계를 호령했습니다. 튜더 왕조의 마지막 군주이자 처녀 여왕인 엘리자베스 1세Elizabeth I는 잉글랜드가 대영제국으로 발돋움하는 기틀을 마련한 인물입니다. 영국 역사상 가장 위대한 여왕으로 불리는 그녀에게는 강력한 라이벌이 있었습니다. 출생부터 왕위 계승에 대한 정통성과 권력, 그리고 외모까지 한평생 모든 것을 비교당하며 엘리자베스 1세의 자존심을 건드렸던 인물이죠.

상대는 그녀의 5촌이었던 스코틀랜드의 메리 여왕Mary, Queen of Scots입니다. 스코틀랜드의 여왕이자 한때는 프랑스의 왕비까지 지내며 당대 유럽 권력의 최정점에 올랐던 인물이죠. 그녀는 권력뿐 아니라 시인들이 앞다퉈 태양이나 오로라보다 아름답다고 찬양하는 시를 바쳤을 정도로 우아한 미모까지 겸비했다고 합니다. 때문에 남성을 홀리는 미성의 여인으로도 유명했고 평생 숱한 염문을 뿌리며 세 번 결혼하기도 했습니다. 사진은 메리 여왕 사후에 만든 것으로 추정되는 데스마스크로, 그녀가 얼마나 아름다웠는지 추측해볼 수 있습니다.

메리 여왕은 스코틀랜드와 잉글랜드에서 상반된 평가를 받고 있습니다. 스코틀랜드에서 메리 여왕은 절대 권력을 가진 엘리자베스 1세 여왕에게 대적할만한 군주로 알려져 있습니다. 그녀는 문학과 스포츠 모두에서 두각을 보일 만큼 다재다능했습니다. 무엇보다 미모가 뛰어나 스코틀랜드 역사상 이보다 아름다운 인물은 없을 것이라고도 말합니다. 반면 잉글

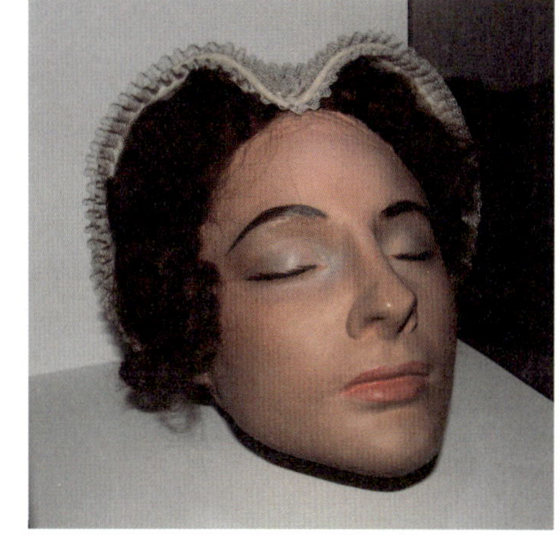

메리의 데스마스크

랜드에서 메리 여왕은 남자관계가 복잡하고 결혼으로 권력을 잡으려 한 인물로 평가받습니다. 때문에 결혼도 하지 않고 오직 혼자만의 힘으로 나라를 다스리고자 했던 엘리자베스 1세와 비교되곤 합니다.

스코틀랜드의 메리 여왕과 잉글랜드의 엘리자베스 1세 여왕, 이들은 한평생 치열한 라이벌전을 벌였습니다. 정적을 이용해 내란을 부추기는가 하면, 매혹적인 남자로 상대를 유혹해 권력에 흠집을 내려고도 했죠. 이처럼 권력과 암투, 질투로 점철된 이들의 전쟁은 엘리자베스 1세가 혈족인 메리를 도끼로 처형하며 끝났습니다. 두 사람은 왜 각자의 나라와 자존심을 걸고 일생일대의 대결을 펼쳤던 걸까요? 그리고 이들의 비극적인 라이벌전은 오늘날 영국에 어떤 영향을 주었을까요? 지금부터 오늘날의 영국이 만들어지는 데 중요한 계기가 된 두 여왕의 삶을 벌거벗겨 보겠습니다.

메리, 생후 9개월에 스코틀랜드 여왕이 되다

1542년 12월 8일, 스코틀랜드의 왕 제임스 5세James V의 막내딸 메리 스튜어트Mary Stewart가 태어났습니다. 제임스 5세와 그의 아내인 마리 드 기즈Marie de Guise 사이에는 두 명의 아들이 태어났지만 모두 어린 나이에 사망했습니다. 왕위를 계승할 후계자가 절실했던 제임스 5세는 후사를 갖기 위해 노력했고, 그 결실로 메리가 태어난 것입니다. 그녀는 탄생과 동시에 스코틀랜드의 왕위를 이을 유일한 혈통이 되었습니다.

그런데 장차 메리가 통치하게 될 스코틀랜드의 상황은 매우 위태로웠습니다. 그녀가 태어나기 한 달 전인 1542년 11월에 아버지인 제임스 5세가

메리 여왕의 탄생

잉글랜드의 침략에 대항해 전쟁에 나섰기 때문입니다. 이때 스코틀랜드를 침략한 인물은 당시 막강한 왕권을 휘둘렀던 잉글랜드의 헨리 8세Henry VIII 였습니다.

《벌거벗은 세계사: 권력자편》에서도 다뤘던 헨리 8세는 화려한 여성 편력을 자랑했던 왕입니다. 그는 이혼하기 위해 가톨릭을 버리고 스스로 잉글랜드 국교회의 수장이 되었습니다. 당시 그는 왕권 강화를 위해 스코틀랜드를 호시탐탐 노렸는데, 제임스 5세가 가톨릭교도로서 반(反)잉글랜드 정책을 펼치자 이를 명분 삼아 스코틀랜드를 침략한 것입니다.

사실 잉글랜드와 스코틀랜드의 대립 역사는 매우 뿌리 깊습니다. 영국은 현재 아일랜드 독립 이후 북쪽에 있는 북아일랜드와 스코틀랜드, 웨일스와 잉글랜드까지 4개의 연합 왕국으로 구성되어 있습니다. 하지만 메리

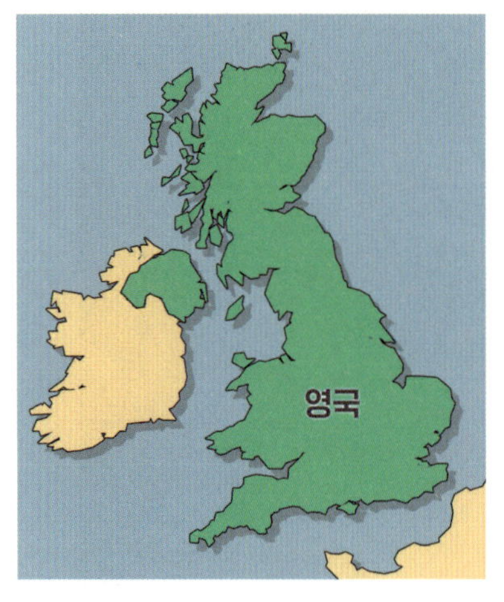

현재 영국 지도   16세기 영국 제도 지도

여왕이 태어날 즈음인 16세기 초의 영국은 달랐습니다. 당시 상황을 나타낸 오른쪽 지도를 보면 잉글랜드가 웨일스와 아일랜드 전체를 지배했고, 스코틀랜드만이 독립된 상태였음을 알 수 있습니다. 때문에 역대 잉글랜드 왕들은 끊임없이 스코틀랜드 점령에 나섰습니다. 두 나라는 전쟁과 휴전을 반복했는데, 이러한 역사가 헨리 8세와 제임스 5세의 대결까지 300년이 넘도록 이어진 것입니다.

이처럼 영토를 차지하려는 잉글랜드와 이에 맞선 스코틀랜드의 오랜 전쟁은 헨리 8세에 이르자 막바지로 향했습니다. 제임스 5세가 전쟁 중 병에 걸려서 사망했기 때문입니다. 상황이 이렇게 되자 태어난 지 6일밖에 되지 않은 메리가 스코틀랜드의 다음 왕위에 올랐습니다. 이제 스코틀랜드와 잉글랜드의 전쟁은 막강한 군사력을 가진 노련한 왕 헨리 8세와 생후 6일 된 메리의 대결이 되었습니다.

싸울 상대가 태어난 지 며칠밖에 되지 않은 갓난아이로 바뀌었으나, 전쟁을 계속하는 것이 부담스러웠던 헨리 8세는 고민에 빠졌습니다. 그는 생각 끝에 어린 메리를 이용하기로 했습니다. 당시 4세였던 자신의 아들 에드워드 왕자(후일 에드워드 6세)와 메리를 결혼시켜 손쉽게 스코틀랜드를 차지하려 한 것입니다.

헨리 8세와 마찬가지로 전쟁을 지속하는 것이 부담이었던 스코틀랜드는 메리가 태어난 지 7개월이 지난 1543년 7월 1일에 잉글랜드와 '그리니치 조약'을 맺었습니다. 두 나라 사이에 평화를 구축할 것과 메리가 성인이 되면 에드워드 6세Edward VI와 결혼한다는 내용이었죠. 이 조약으로 두 나라는 잠시 평화를 갖게 되었습니다. 그리고 두 달 뒤, 메리는 대관식을 치르고 공식적으로 스코틀랜드의 여왕이 되었습니다. 당시 그녀의 나이는 생후 9개월에 불과했습니다.

어린 메리가 여왕이 되면서 스코틀랜드를 차지하려는 헨리 8세의 계획은 성공에 가까워졌습니다. 이때 메리의 어머니 마리는 에드워드 6세와 메리의 결혼을 격렬하게 반대했습니다. 프랑스 최고의 귀족 가문 출신인 마리는 메리를 잉글랜드로 시집 보내면 목숨이 위험해질 수도 있다고 생각했습니다. 자신의 이익을 위해서라면 아내도 처형시켜버리는 헨리 8세에게 딸을 맡길 수 없었던 것이죠.

메리 여왕의 대관식

그녀가 이 결혼을 반대하는 또 다른 이유는 종교였습니다. 당시 스코틀랜드는 유럽에 들이닥친 종교 개혁의 영향으로 개신교와 가톨릭 세력이 대립하는 중이었습니다. 이에 독실한 가톨릭 신자였던 메리의 어머니는 수시로 왕실의 위기를 느껴야 했습니다. 게다가 헨리 8세는 결혼을 위해 가톨릭을 버리고 국교를 바꾼 인물이니 더더욱 가톨릭에 반대하는 잉글랜드와의 통합을 원치 않았죠.

하지만 헨리 8세는 자신의 계획을 거침없이 밀어붙였습니다. 자신이 어린 여왕을 데리고 있겠다면서 스코틀랜드 왕실의 지분까지 넘기라고 요구했습니다. 그러자 메리의 어머니는 결혼을 취소하겠다고 통보했습니다. 이에 분노한 헨리 8세는 무력을 동원해 결혼을 성사시키려 했습니다. 결국 메리가 여왕이 된 지 3개월 만에 잉글랜드와 스코틀랜드는 또다시 전쟁을 벌였습니다. '난폭한 구애'라 불리는 이 전쟁으로 스코틀랜드는 무자비하게 파괴됐습니다.

스코틀랜드는 한 번의 전투에서만 1만 명 이상이 사망할 만큼 큰 피해를 입었습니다. 어린아이들은 잔인하게 학살됐고 주택과 상점, 상선까지 전부 불타버려 굶어 죽는 사람도 많았습니다. 그뿐 아니라 스코틀랜드 왕족을 짓밟기 위해 메리의 아버지인 제임스 5세의 무덤을 파헤쳐 시신을 욕보였다는 이야기도 있습니다.

잉글랜드의 공격으로 스코틀랜드가 쑥대밭이 되자, 메리와 에드워드 6세의 결혼에 찬성했던 스코틀랜드의 개신교 신자들까지 잉글랜드에 등을 돌렸습니다. 그리고 잉글랜드를 절대적인 적으로 간주하면서 두 나라의 갈등은 더욱 깊어졌습니다. 끝나지 않을 것 같던 이 전쟁은 1547년에 헨리 8세가 건강 악화로 갑자기 사망하며 새로운 국면을 맞이했습니다. 그러나 이후에도 잉글랜드는 스코틀랜드를 포기하지 않았고, 메리의 어머니는 전쟁을 끝내기 위해 모국인 프랑스에 도움을 청했습니다. 프랑스 왕 앙리 2세 Henri II의 아들인 프랑수아 왕자(후일 프랑수아 2세)와 메리의 결혼을 전제로 군사적 원조를 요청한 것입니다.

앙리 2세는 이 제안을 혼쾌히 받아들였습니다. 프랑스는 가톨릭 수호국으로 잉글랜드와는 적대적 관계였습니다. 그런데 이 결혼이 성사되면 스코틀랜드를 얻어 잉글랜드 견제가 수월해지리라 판단한 것입니다. 앙리 2세는 1548년 6월에 6,000여 명의 군사를 스코틀랜드로 보냈습니다. 한 달 뒤에는 메리와 프랑수아 2세François II의 혼인 조약도 맺었죠. 이때 스코틀랜드와 잉글랜드는 계속 전쟁 중이었기에 메리의 안전을 위해 그녀가 성인이 될 때까지 프랑스에서 지내기로 했습니다. 이렇게 메리는 6세의 나이에 태어날 때부터 전쟁이 끊이지 않았던 모국 스코틀랜드를 떠나게 됐습니다.

시어머니의 질투를 부른 메리 여왕의 미모

안전을 위해서라고는 하지만 볼모와 다름없는 상황이었으나, 어린 메리는 우려와 달리 프랑스 궁정 문화를 배우며 성장해 나갔습니다. 매우 영특했던 그녀는 영어는 물론 프랑스어, 라틴어, 이탈리아어에 능통했고 그리스어까지 할 줄 알았죠. 게다가 자랄수록 미모가 빛을 발했습니다. 메리가 13세 무렵에 그린 초상화에는 백옥같은 피부, 넓은 이마, 밤색 눈동자, 순수한 얼굴을 가진 소녀가 있습니다. 그녀는 황홀할 정도로 아름다웠고 당시 시인들은 메리의 미모를 경쟁하듯 찬양했습니다. 프랑스 시인 피에르

드 브랑톰Pierre de Brantômed은 "열다섯의 나이지만 그
녀의 아름다움은 밝은 정오의 태양처럼 빛나기 시작하
였다"라고 노래했으며, 스페인 시인 로페 데 베가Lope
de Vega는 "별들은 가장 아름다운 광채를 그녀의 눈에
서 빌어오고, 그녀의 모습에서 색채를 빌어와서 그토
록 아름답게 빛난다"라고 예찬했습니다. 어느 날 퍼레
이드에 참석한 메리를 본 프랑스인은 그녀의 미모에 깜
짝 놀라며 천사가 아니냐고 물었다고도 합니다. 또 그
녀가 현악기 중 하나인 류트를 연주하자 그녀의 고운
두 손이 오로라보다 아름답다고 극찬하기도 했죠.

13세 무렵의 메리 여왕

　메리의 아름다움에 반한 건 그들만이 아니었습니다.
예비 시아버지인 프랑스 왕 앙리 2세도 메리를 가리켜
"스코틀랜드의 어린 여왕은 짐이 지금껏 본 아이들 중에서 가장 완벽하다"
라고 말하며 예뻐했습니다. 그는 메리와 대화하는 시간을 무척 즐겼다고
합니다. 자신의 딸인 공주들이 메리보다 앞서서 걷지 못하게 하며 메리를
존중하라고도 명령했죠. 또 비록 조약으로 맺어진 인연이었지만 남편이 될
프랑수아 2세도 메리를 좋아했습니다. 허약하고 소심한 성격이었던 그는
사람들과 어울리기를 꺼렸는데, 그런 그조차 아름다운 외모와 상냥한 성
격을 가진 메리에 끌렸던 것입니다.

　물론 메리를 시기하고 질투하는 사람들도 있었습니다. 대표적 인물이 프
랑스 왕비이자 예비 시어머니인 카테리나 데 메디치Caterina de Medici입니
다. 카테리나 왕비는 이탈리아 피렌체 지방에서 막대한 부를 쌓았던 메디
치 가문 출신으로, 이탈리아 최고의 명문가였음에도 상인의 딸이라는 비

판을 받기도 했습니다. 자신의 출신에 열등감을 가졌던 그녀로서는 혈통 좋은 왕족인 메리가 며느리로 들어온 게 못마땅했습니다. 남편이 친딸들보다 메리를 더 예뻐한 것도 한몫했죠.

그런데 카테리나 왕비 외에도 메리에게 불만을 가진 이들이 또 있었습니다. 바로 스코틀랜드의 개신교 신자들입니다. 당시 스코틀랜드는 메리가 프랑스로 떠난 사이 개신교와 가톨릭이 세력 다툼을 벌였고, 개신교가 유리한 고지를 차지하고 있었습니다. 이런 상황에서 자신들의 여왕인 메리가 가톨릭 국가인 프랑스의 왕비가 되면 개신교의 위치가 불안해지니 달가워할 수 없었던 것입니다. 이에 스코틀랜드의 한 개신교도는 메리의 결혼을 막기 위해 그녀를 독살하기로 했습니다.

사건은 메리의 어머니 마리 왕비가 프랑스에 방문했을 때 벌어졌습니다. 그녀의 호위 병사 중 독실한 개신교 신자였던 한 병사가 메리를 독살하기 위해 몰래 왕실 주방에 들어가 메리가 먹을 디저트에 독을 뿌린 것입니다. 다행히 먹기 전에 이 사실이 적발돼 메리는 무사할 수 있었습니다. 사건이 발생한 후 프랑스 왕 앙리 2세는 메리와 아들의 결혼을 서둘러야겠다고 생각했습니다. 그래서 메리는 약속한 시기보다 빠른 1558년 4월에 15세의 나이로 프랑수아 2세와 결혼했습니다. 두 사람의 결혼식은 루브르궁에서 화려하게 거행되었

프랑수아 2세와 메리

습니다. 이로써 메리는 스코틀랜드 여왕이자, 가톨릭 수호국인 프랑스의 왕
세자빈 자리를 동시에 거머쥐었습니다.

결혼식에서도 메리의 미모는 눈길을 끌었습니다. 메리가 착용한 다이아
몬드 목걸이보다 그녀의 얼굴이 더 화려하고 아름답다는 말이 나올 정도였
죠. 또 드레스를 입은 그녀의 모습에 반한 사람들은 메리를 유럽 최고의 미
녀라고 칭송했습니다.

스코틀랜드 여왕, 프랑스 왕비가 되다

메리와 프랑수아 2세의 결혼으로 손쉽게 스코틀랜드를 차지하려 했던
잉글랜드의 계획은 완전히 무너졌습니다. 여느 때보다 강력한 왕이 필요했
던 잉글랜드에는 새로운 여왕 엘리자베스 1세가 즉위했습니다. 메리가 결
혼한 지 약 6개월 만의 일이었습니다.

엘리자베스 1세는 영국 역사상 가장 위대한 여왕으로 불리며 "짐은 국가
와 결혼했다"라는 말을 남긴 인물로 유명합니다. 하지만 위대한 업적과 달
리 여왕이 되는 과정은 순탄하지 않았습니다. 헨리 8세는 첫 번째 아내인
스페인 공주 카탈리나 데 아라곤Catalina de Aragón과 결혼한 후 시녀였던
앤 불린Anne Boleyn과 내연 관계를 맺었습니다. 그는 앤 불린과 재혼하기 위
해 가톨릭이었던 잉글랜드의 국교까지 바꾸면서 첫 번째 아내와의 결혼을
무효로 만들었습니다. 하지만 헨리 8세의 두 번째 부인인 앤 불린은 딸을
낳았다는 이유로 냉대받다가 간통과 반역죄라는 누명을 쓰고 참수형을 받
았습니다. 그러자 그녀가 낳은 딸은 공주 직위를 박탈당하고 사생아로 전

락하게 되는데, 그가 바로 엘리자베스 1세입니다.

반역자의 사생아로 낙인찍힌 그녀가 여왕이 될 확률은 매우 희박했습니다. 당시 잉글랜드와 스코틀랜드의 왕실 관계를 알 수 있는 64쪽의 가계도를 보면 잉글랜드의 적통자는 헨리 8세가 메리와 결혼시키려 했던 에드워드 6세였습니다. 그런데 그가 어린 나이에 갑작스럽게 병으로 세상을 떠나면서 다음 후계자였던 이복 언니이자 캐서린의 딸인 메리 1세Mary I가 왕위에 올랐습니다. 훗날 '피의 메리'라

엘리자베스 1세

고 불린 인물이죠. 메리 1세마저 여왕이 된 지 5년 만에 사망하면서 그녀가 후계자로 지명한 엘리자베스 1세가 여왕의 자리에 오른 것입니다.

사실 피의 메리 여왕과 엘리자베스 1세의 사이는 좋지 않았습니다. 특히 피의 메리는 헨리 8세의 첫째 딸로 태어나 사랑을 듬뿍 받고 자라던 중 앤 불린이 엘리자베스 1세를 낳으면서 어느 날 갑자기 하녀로 강등됐습니다. 심지어 엘리자베스 1세의 수발까지 들어야 했습니다. 그러니 사이가 좋을 리 없었죠. 그러다 피의 메리는 헨리 8세의 여섯 번째 부인에 의해 다시 공주가 되었고 이후 여왕 자리에 오르자 엘리자베스 1세를 감옥인 런던탑에 가두며 미워했습니다. 하지만 죽기 전에 후계자로 지목한 것을 보면 그래도 엘리자베스 1세를 혈육이라고 생각했던 것 같습니다.

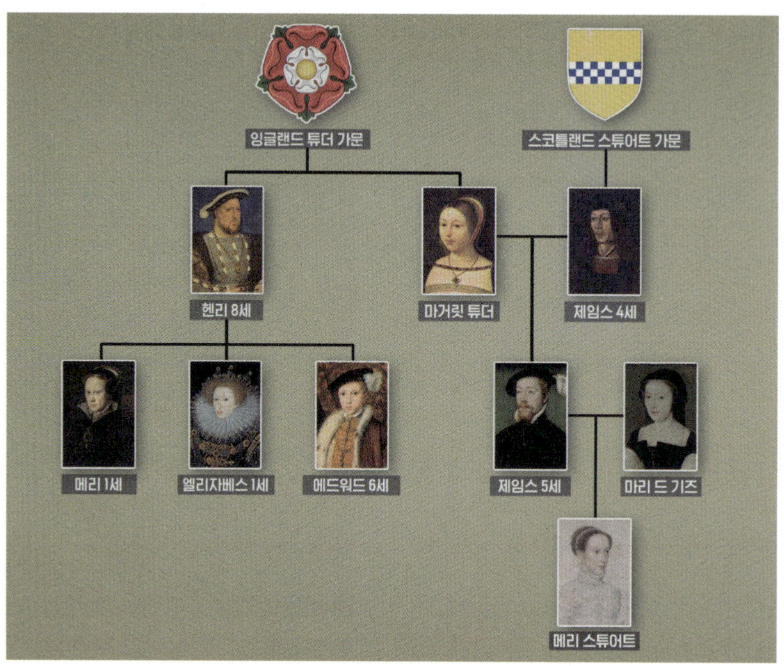

잉글랜드의 튜더 왕조와 스코틀랜드의 스튜어트 왕조 관계도

그런데 엘리자베스 1세가 즉위한 지 얼마 지나지 않았을 무렵 그녀는 여왕의 자격이 없으며 잉글랜드의 왕위를 계승할 사람은 따로 있다는 여론이 일기 시작했습니다. 이때 진짜 계승자로 지목된 사람이 스코틀랜드의 여왕이자 프랑스의 왕세자빈인 메리입니다. 잉글랜드 내 가톨릭 세력은 엘리자베스 1세가 시녀의 딸이자 사생아라며 왕위 계승권이 없다고 주장했습니다. 반면 메리는 헨리 8세의 누나 마거릿 튜더Margaret Tudor와 스코틀랜드의 왕 제임스 4세James IV의 후손으로 튜더 왕조와 스튜어트 왕조의 혈통을 모두 이어받았기 때문에 가장 정통성 있는 잉글랜드 왕위 계승자임을 강조했죠. 여기에는 가톨릭 신자들이 다시 세력을 키우는 데는 개신교를

대표하는 엘리자베스 1세보다 메리를 추대하는 것이 유리하다는 판단도 숨어 있었습니다. 이런 분위기 속에서 5촌 사이이자 혈육인 메리와 엘리자베스 1세의 라이벌전이 시작됐습니다.

메리 vs 엘리자베스, 사자 문장으로 엘리자베스를 도발하다

이때 메리를 적극적으로 지지하는 인물이 등장했습니다. 메리의 시아버지인 앙리 2세였죠. 그는 메리가 잉글랜드의 왕위를 계승해야 한다며 메리의 공식 왕실 문장까지 만들었습니다. 아래 문장에서 청색 바탕에 세 송이의 백합이 그려진 것은 프랑스 왕실의 문장이고, 노란색 바탕에 적사자가 한 마리 그려진 것은 스코틀랜드 왕실의 문장입니다. 앙리 2세는 여기에 잉글랜드 왕실을 대표하는 삼사자 문양까지 더해 문장을 완성했습니다. 메리의 왕실 문장에 프랑스와 스코틀랜드, 잉글랜드의 정체성을 모두 반영한 것입니다. 그리고 그녀를 '하나님의 은총으로 프랑스, 스코틀랜드, 잉글랜드, 아일랜드의 왕과 여왕인 메리'라고 공인했습니다. 이는 엘리자베스 1세의 권위에 대한 노골적인 모욕이자 메리의 잉글랜드 왕위 계승 자격을 기정사실화한 중요한 사건이었습니다.

이때 메리는 스스로를 잉글랜드 왕위 계승

프랑스 왕비 메리의 공식 문장

권자라고 주장하는 것을 즐겼다고 합니다. 메리가 왕실 문장으로 엘리자베스 1세를 도발하던 이때, 그녀가 더 큰 위기를 느끼는 사건이 발생했습니다. 시작은 프랑스의 유명 예언가 노스트라다무스Nostradamus의 《예언집》에 담긴 내용이었습니다.

> '젊은 사자가 늙은 사자를 이길 것이다. 단 한 번의 전투를 치르는 전장에서 젊은 사자는 황금빛 새장 너머 늙은 사자의 눈을 찌를 것이다. 두 상처가 하나 되어 참혹한 죽음을 맞으리.'

여기서 늙은 사자는 메리의 시아버지이자 프랑스의 왕인 앙리 2세를 뜻합니다. 예언 4년 후인 1559년, 프랑스에서는 기사들이 말을 타고 창과 칼로 겨루는 마장 시합이 열렸습니다. 그런데 시합에 출전한 앙리 2세는 안구와 관자놀이 사이에 부상을 입었고 끝내 사망했습니다. 이때 앙리 2세와 싸우던 젊은 백작의 방패에는 예언대로 사자 문양이 있었다고 합니다. 이 사건으로 메리의 남편인 프랑수아 2세는 16세의 나이에 프랑스 왕위에 올랐습니다. 이로써 메리는 스코틀랜드 여왕이자 프랑스 왕비에 등극하며 잉글랜드에 맞설 강한 동맹과 권력을 손에 쥐게 되었습니다.

이대로 가만히 있으면 여왕의 자리가 위태롭다고 판단한 엘레자베스 1세는 이에 맞서기 위해 스코틀랜드 내부 사정에 주목했습니다. 당시 스코틀랜드는 메리가 결혼하자 개신교 세력들이 반란을 일으켜 혼란한 상황이었습니다. 이때 존 녹스John Knox라는 사람이 엘리자베스 1세의 눈에 들어왔습니다. 그는 스코틀랜드 내 개신교 세력을 대표하는 인물로, 사람들을 선동해 가톨릭 성당과 수도원을 약탈하고 파괴했습니다. 이에 엘리자베스

1세는 존 녹스와 개신교 세력을 지원해 반란을 주도하도록 도왔습니다. 이를 위해 잉글랜드 군대를 스코틀랜드 변방 지대까지 깊숙이 투입했죠.

존 녹스는 유독 메리를 싫어한 것으로 알려졌습니다. 그는 여성 군주를 비판하는 《여성의 괴물적 통치에 반대하는 첫 번째 나팔》이라는 책을 출판하기도 했습니다. 여성은 약하고, 어리석고, 잔인하고, 남

존 녹스

성적 능력이 부족해서 통치할 능력이 없다고 주장하는 내용이었죠. 게다가 메리는 여왕이자 가톨릭 신자였기에 더 큰 반감을 산 것 같습니다. 그런데 여왕을 싫어하는 존 녹스는 왜 엘리자베스 1세의 도움을 받은 것일까요? 당시 잉글랜드 왕실에서 그의 책을 비난하자, 존 녹스는 엘리자베스 1세에게 당신을 표적 삼은 책이 아니라고 해명했습니다. 아마도 엘리자베스 1세가 스코틀랜드보다 국력이 강한 잉글랜드를 통치했기에 상대를 봐가며 비난한 듯합니다.

존 녹스와 개신교 세력을 지원한 엘리자베스 1세의 계획은 효과적이었습니다. 스코틀랜드의 내란이 심해지면서 그곳이 개신교와 가톨릭이 격렬하게 대립하는 종교 분쟁지의 중심지로 떠오른 것입니다. 게다가 1560년 6월, 전쟁의 한복판에서 메리 대신 섭정 중이던 메리의 어머니가 건강 악화로 사망했습니다. 그러자 드디어 프랑스와 잉글랜드, 스코틀랜드가 모여 전쟁

을 끝내기 위한 협상을 벌였습니다. '에든버러 조약'이라고 부르는 이 협상의 내용은 다음과 같습니다.

1. 양국의 군대를 스코틀랜드에서 철수한다.
2. 서로에 대한 적대적 행위를 중단한다.
3. 잉글랜드 여왕(엘리자베스 1세)은 잉글랜드와 아일랜드의 적법한 왕권을 행사할 수 있음을 인정한다.

한마디로 스코틀랜드의 내전을 끝내고 싶다면 메리가 잉글랜드 왕위 계승권자임을 포기하고 자신을 인정하라는 엘리자베스 1세의 협박이었죠. 조약 내용을 전해 들은 메리는 잉글랜드의 왕위를 포기할 생각이 없었기에 서명을 거부했습니다. 하지만 메리의 의사와 상관없이 조약은 체결됐고, 스코틀랜드의 내전은 끝났습니다.

가톨릭을 고수하며 스코틀랜드를 섭정하던 메리의 어머니가 사망하자, 개신교 귀족들은 메리의 이복 오빠이자 개신교도인 제임스 스튜어트James Stewart를 새로운 섭정인으로 세웠습니다. 그리고 존 녹스와 개신교 신자들을 선봉으로 1560년 7월부터 공식적인 개신교 국가로 탈바꿈했습니다. 이때부터 스코틀랜드 내에서는 세 번 이상 가

흰색 상복을 입은 메리 여왕

톨릭 미사를 하거나 참석하다가 적발되면 사형에 처하는 법이 생겼습니다.

그런데 메리의 불행은 여기서 끝나지 않았습니다. 어머니의 죽음에 이어 왕비가 된 지 17개월 만에 남편이자 프랑스 왕인 프랑수아 2세가 고열에 시달리다 끝내 회복하지 못하고 사망한 것입니다. 당시 메리는 남편의 장례에서 하얀 상복을 입었는데, 그 모습마저 너무도 아름다웠다고 전해집니다. 그래서 프랑스 국민은 그녀를 '백의 여왕'이라고 부르기도 했습니다.

메리는 빼어난 미모로 여전히 국민의 사랑을 받았으나 남편과 어머니의 죽음으로 왕비로서의 위치는 흔들릴 수밖에 없었습니다. 평소 그녀를 눈엣가시처럼 여겼던 시어머니 카테리나 왕비는 메리의 거처를 변방으로 옮겼습니다. 거기에 프랑스 궁전 내 메리의 지지 세력도 모두 쫓아내면서 메리의 입지는 불안해졌습니다. 비록 프랑스 왕의 미망인으로 혼자가 되었으나 메리는 아직 10대 후반의 젊은 나이에 당대 유럽에서 손꼽히는 미녀였습니다. 게다가 그녀와 결혼하면 스코틀랜드까지 손에 넣을 수 있었으니 유럽의 군주들이 앞다퉈 그녀와 재혼하고 싶어 했죠.

메리가 재혼할 수도 있다는 사실에 시어머니가 카테리나 왕비는 사사건건 간섭했습니다. 또 메리가 스페인의 돈 카를로스Don Carlos 왕자와 재혼하려 하자, 이번에는 존 녹스가 적극적으로 반대했습니다. 가톨릭 국가인 스페인 왕가와 결혼하면 스코틀랜드가 다시 가톨릭 국가가 될 가능성이 있었기 때문입니다. 존 녹스는 개신교 신자들을 선동해 메리의 결혼을 반대하자고 주장했습니다. 이처럼 주변의 반대로 인해 재혼이 어려워지자 메리는 프랑스에서 완전히 고립됐습니다. 그녀가 할 수 있는 선택은 모국인 스코틀랜드로 돌아가는 것뿐이었죠.

13년 만에 고향 땅을 밟은 메리 여왕

메리는 19세가 되던 1561년에 프랑스를 떠나 스코틀랜드로 귀환했습니다. 13년 만에 마주한 스코틀랜드를 보며 그녀는 울음을 터뜨렸습니다. 오랜 전쟁으로 황폐해진 스코틀랜드는 화려하고 여유로웠던 프랑스와 달리 회색빛으로 우울했고 땅도 척박했기 때문입니다. 그런데 스코틀랜드에서 세력을 잡은 개신교도들은 메리가 적응할 시간조차 주지 않았습니다. 돌아오자마자 개신교와 가톨릭 중 한 곳을 선택하라며 압박한 것입니다. 이때 메리는 국민이 원하는 신앙 활동을 막지 않겠다고 선언했습니다. 다만 자신은 계속 가톨릭교도로 남겠다며 귀국 후 첫 일요일에 궁전의 예배당에서 미사를 집전하라는 명령을 내렸죠.

과연 메리의 지시대로 미사가 진행됐을까요? 일요일이 되자 수많은 개신교도가 왕궁 주변에 모여 거세게 들고 일어났습니다. 결국 메리는 개신교 지도자 중 가장 영향력 있는 거물인 존 녹스를 불러 스코틀랜드의 평화를 위해 협조를 구했습니다. 하지만 존 녹스는 "로마 가톨릭교회는 하나님의 신부가 될 수 없는 매춘부"라며 폭언을 퍼부었습니다. 그동안 메리가 군주의 자격이 없다고 평가한 존 녹스는 메리와의 면담을 마치고 나서 "여왕은 교만하고, 악하며 하나님의 진리에 대해 까다롭고 고집이 세다"라고 평가했습니다. 이후로도 그의 생각은 변함없었습니다.

당시 존 녹스는 단순한 종교 지도자 이상의 권위를 가지고 있었습니다. 스코틀랜드 종교 개혁의 정신적 지주였던 그의 영향력은 메리조차 무시할 수 없었죠. 그림 속 장면에서 두 사람의 관계를 엿볼 수 있습니다. 검정 옷을 입은 인물이 존 녹스고 그 앞에 팔을 괴고 앉은 여인이 메리입니다. 당

메리에게 훈계하는 존 녹스

당한 태도로 말하는 존 녹스와 달리 메리는 불편한 표정으로 듣고 있습니다. 아마도 스코틀랜드로 돌아온 지 얼마 안 된 그녀는 정치적 입지가 약했기에 적극적으로 대항할 수 없는 모습을 나타낸 것 같습니다.

메리 vs 엘리자베스,
재혼으로 엘리자베스를 견제하다

　메리는 이대로 개신교 세력에 밀려 명분뿐인 여왕이 되고 싶지는 않았습니다. 스코틀랜드에서 불안한 자신의 입지를 공고히 하고 싶었던 메리는 재혼을 선택했습니다. 그녀가 재혼하려 한다는 소식은 곧 엘리자베스 1세의 귀에도 들어갔습니다. 만약 메리가 가톨릭 국가의 왕이나 혈통 좋은 왕족과 결혼하면 잉글랜드 내 엘리자베스 1세의 입지는 위태로워질 수도 있었습니다. 따라서 엘리자베스 1세는 메리에게 다른 나라의 왕과 재혼한다면 이를 적대행위로 간주하겠다며 강경한 입장을 전하는 동시에 직접 신랑감을 추천했습니다.

　엘리자베스가 추천한 이는 로버트 더들리 Robert Dudley라는 인물이었습니다. 그런데 더들리는 왕가의 피가 한 방울도 섞이지 않은 잉글랜드의 귀족이었습니다. 당시 여왕은 왕족과 결혼하는 것이 관례였기 때문에 귀족인 더들리와 결혼하라는 엘리자베스 1세의 제안은 메리에게 상당한 모욕감을 주었습니다. 게다가 메리가 더들리와 결혼하고 싶지 않았던 가장 치명적인 이유는 그가 엘리자베스 1세의 충신이자 침실까지 드나들었던 애인이었기 때문입니다. 더들리는 엘리자베스 1세의 단순한 정부가 아니었습니다. 그녀가 천연두

로버트 더들리

에 걸려 목숨이 위험했을 당시 더들리를 자신의 후계자로 지목할 만큼 믿고 아끼는 남자였죠. 엘리자베스 1세는 자신이 죽은 뒤 더들리가 잉글랜드를 섭정할 인물이라고 했으며, 섭정하게 되면 연금으로 2만 파운드를 지급하라고도 했습니다. 이는 오늘날 가치로 환산하면 약 75억 원에 달하는 금액입니다.

엘리자베스 1세가 이토록 사랑한 더들리를 메리와 결혼시키려 한 것은 그녀를 감시하기 위해서였습니다. 엘리자베스 1세는 더들리와 결혼하지 않으려는 메리를 설득하기 위해 편지를 썼습니다. 다음은 편지 내용의 일부입니다.

'로버드 디들리 경은 나의 가장 좋은 친구예요. 니는 그를 형제처럼 사랑하고, 내가 결혼하기로 결심한다면 그 사람 말고 다른 사람은 전혀 고려하지 않을 거예요. 그러나 나 자신은 결혼하지 않겠다는 생각을 바꿀 수 없기 때문에 적어도 내 자매가 그를 선택하기를 바라는 거예요.'

단리 경

메리는 편지를 받고도 더들리와의 결혼을 전혀 고려하지 않았고 다른 신랑감을 찾아 나섰습니다. 이때 메리의 눈에 띈 남자가 있었습니다. '단리 경'이라고 불리는 헨리 스튜어트Henry Stuart였죠. 단리 경의 가문은 원래 스코틀랜드의 가톨릭교 귀족이었으나 정치 싸움에 밀려 잉글랜드에서 망명 중이었습니다. 그는 메리가 재혼할 사람을 찾는다는 소식을 듣고 그녀를 찾아왔습니다. 단리 경을 본 메리는 지금까지 본 남자 중 가장 잘생기고 균형 잡힌 키다리라며 금세 사랑에 빠졌습니다.

단리경은 메리와 마찬가지로 스코틀랜드 왕가인 스튜어트 가문의 핏줄을 가진 동시에 그의 할머니이자 헨리 8세의 누이인 마거릿 튜더로 인해 잉글랜드 왕위 계승권을 가지고 있었습니다. 쉽게 말해 두 사람은 친인척 관계였죠. 메리는 단리 경과 결혼하면 잉글랜드 왕위 계승권을 더욱 공고히 하고 스코틀랜드의 왕권을 강화할 수 있다고 판단했습니다. 두 사람은 만난 지 5개월 만인 1565년 7월 29일에 결혼식을 올렸습니다.

엘리자베스 1세는 메리와 단리 경의 결혼에 매우 화를 내며 결혼을 반대한다는 편지를 보냈습니다. 그리고 단리 경과 그의 아버지에게 당장 잉글랜드로 돌아오라고 명령했습니다. 하지만 단리 경이 돌아가지 않자 그의 어머니를 반란죄로 감옥에 가둬버렸습니다.

단리 경과 결혼한 메리는 계획대로 왕권을 안정적으로 유지했을까요? 안타깝게도 메리의 뜻대로 되지 않았습니다. 단리 경은 매력적이었지만 우유부단했고 자존심과 허영심이 강한 남자였습니다. 나라를 잘 다스리는 것보다는 향락에 더 몰두했습니다. 그러면서도 자신이 여왕인 메리보다 더 큰 권력을 쥐어야 한다고 생각했죠. 단리 경은 점점 더 메리에게 무례하게 굴었고 스코틀랜드의 공동 통치권을 달라고 요구하기 시작했습니다. 다음은 단리 경의 요구에 메리의 대응을 짐작할 수 있도록 두 사람의 대화를 재구성한 것입니다.

메리와 단리경

단리 경: 나의 메리, 우리가 힘을 합쳐 스코틀랜드를 통치하는 게
어떻겠소?

메리: 여보, 공동 통치권은 스코틀랜드의 법에 의해서만 부여될
수 있어요. 내 마음대로 할 수 있는 게 아니에요.

단리 경: 그거야 당신이 법을 바꾸면 되지 않소.

메리: 당신은 왕이 되기에는 아직 부족해요. 저번에도 약속을 어
기고 술을 마시러 갔잖아요? 그런 자제력으로 어떻게 왕이 되겠다
는 거예요?

단리 경: 그건 그때고, 공동 통치권을 준다면 앞으로 안 그러겠소.

메리: 절대 안 돼요!

단리 경: 나도 공동 통치권 달라고!

단리 경은 떼쓰는 어린아이처럼 공동 통치권을 달라며 메리를 조르고 괴롭혔습니다. 단리 경이 여왕인 메리보다 더 큰 영향력을 과시하기 위해 한 행동은 유치하게도 사인을 더 크게 하는 것이었습니다. 메리가 국정 운영에 필요한 서류에 사인할 때면 단리 경은 그것보다 훨씬 크게 사인을 하며 영향력을 과시하려 했습니다. 아래 사진 왼쪽은 메리와 단리 경의 사인이 같이 되어 있는 모습이고 오른쪽은 평소 이들의 사인을 옮겨놓은 것입니다.

단리 경은 남편이라는 이유로 아내인 메리 여왕에게 선을 넘는 행동을 반복했습니다. 한번은 친구들과 술을 마시는 단리 경을 메리가 데려가려고 하자, 사람들 앞에서 여왕인 메리에게 호통치고 모욕을 주기도 했죠. 또 여왕과 하룻밤을 보낸 후 그녀가 처녀였다며 자랑스럽게 떠벌리기도 했습니다. 사실 메리에게는 첫 번째 남편인 프랑수아 2세가 병약해 동침을 하지 못했다는 소문이 있었습니다. 그런데 그것을 들춰내 모욕을 준 것입니다. 옹졸하고 지질한 남자였죠.

그럼에도 불구하고 결혼 초기에 남편에게 관심과 애정을 쏟았던 메리는 얼마 후 아이를 가졌습니다. 하지만 이때부터 단리 경이 더욱 강압적으로 굴면서 부부 사이는 점점 멀어졌습니다. 그러던 중 궁정에서는 메리의 임신

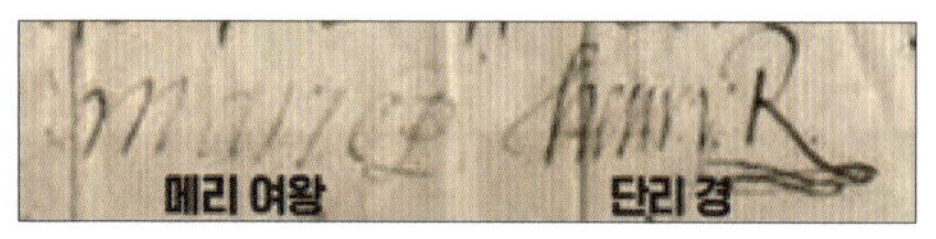

메리 여왕과 단리 경의 사인

을 둘러싸고 흉흉한 소문이 퍼지기 시작했습니다. 메리의 배 속에 있는 아이 아버지는 단리 경이 아니며 궁중 악사이자 메리의 비서였던 다비데 리치오Davide Rizzio라는 것입니다. 프랑스 생활이 그리웠던 메리에게 리치오는 큰 위안이 되었습니다. 하지만 두 사람은 소문처럼 깊은 관계가 아니었습니다. 소문의 온상지는 스코틀랜드의 개신교 귀족들로, 이들은 메리 부부 사이의 불화를 이용해 여왕의 권력을 무너뜨리고자 악소문을 퍼트렸습니다.

메리의 매력에 빠져 있던 단리 경은 질투에 불타올라 제대로 된 판단을 내리지 못했습니다. 가짜 소문을 퍼트린 개신교 귀족들의 꼬임에 넘어가 리치오를 처단하기로 한 것입니다. 임신 6개월 무렵이었던 메리가 리치오를

〈다비데 리치오의 살해〉

포함한 지인들과 저녁 식사를 하고 있을 때 단리 경은 개신교 귀족들과 병력을 이끌고 그 자리에 쳐들어갔습니다.

리치오는 수십 차례 칼에 찔려 사망했고, 그 모습을 목격한 메리는 공포에 질렸습니다. 그 후 단리 경은 메리의 방 앞에 군사들을 세워두고 메리를 감시하기 시작했습니다. 그리고 개신교 귀족들과 함께 곧바로 왕실의 전권을 쥔 다음 메리의 신하들을 내쫓고 자기 사람들을 앉혔습니다. 단리 경의 잘못된 판단으로 메리의 왕권이 약해지고 만 것입니다.

사건이 발생한 지 이틀이 지난 후 단리 경은 메리를 찾아갔습니다. 이때 메리는 개신교 반란 귀족들은 절대 단리 경의 편이 아니며 그들의 사리사욕을 채우기 위해 그저 꼭두각시로 이용하는 것뿐이라고 설득했습니다. 메리의 호의적 태도에 마음이 누그러진 단리 경은 메리의 말을 받아들였고, 두 사람은 힘을 합쳐서 상황을 헤쳐나가기로 했습니다. 그리고 메리의 충신이었던 보스웰 백작Earl of Bothwell의 도움을 받아 탈출에 성공했습니다. 이후 메리는 대규모 군사를 이끌고 당당히 에든버러로 돌아가 반역자들을 내쫓는 데 성공했습니다. 얼마 후인 1566년 6월 19일, 스코틀랜드에서는 메리의 뒤를 이을 후계자 제임스(후일 제임스 6세)가 탄생했습니다.

단리 경과의 결혼을 불행으로 마치다

메리와 단리 경은 함께 반역자들을 처단하고 아들까지 낳았으나 안타깝게도 행복하게 지내지 못했습니다. 메리가 그녀의 최측근이자 부부의 탈출을 도왔던 보스웰 백작과 내연관계를 맺었기 때문입니다. 아마도 메리 여왕

은 우유부단하고 줏대 없이 이리저리 휘둘리는 남편보다는 남자다운 성격
의 보스웰 백작에게 끌렸던 것 같습니다. 다음은 당시 메리 여왕이 보스웰
백작을 생각하며 쓴 시의 일부입니다.

'그이(보스웰)의 손안에 그이의 생각 안에 지상에서 내가 가진 모
든 것을 맡기겠네. 내 아이, 내 나라, 생명, 행복과 명예까지도!'

이렇듯 보스웰을 향한 메리의 마음이 커질 무렵 병에 걸린 단리 경은 메
리와 떨어져 요양 생활 중이었습니다. 그러던 어느 날 단리 경이 머물고 있
던 거처에서 폭발이 일어났습니다. 단리 경은 옷이 벗겨지고 목이 졸린 시
신으로 발견됐습니다. 여왕의 남편이 살해당한 충격적인 사건이 벌어진 것
입니다.

사건 현장을 묘사한 80쪽의 그림에서 오른쪽 나무 옆에 옷이 벗겨진 채
쓰러져 있는 사람이 단리 경입니다. 왼쪽은 폭발 후 폐허가 된 건물을 그린
것입니다. 그리고 왼쪽 상단 침대에 있는 어린아이는 두 사람의 아들인 제
임스 6세로, 그가 손에 쥔 종이에는 '주여, 나의 대의를 심판하고 복수하소
서'라고 쓰여 있습니다.

사건은 곧 스코틀랜드에 일파만파 퍼졌고 사람들은 보스웰이 범인이 아
니냐며 수군거렸습니다. 단리 경이 살해된 지 3개월 만에 24세의 메리 여
왕이 보스웰 백작과 세 번째 결혼식을 올렸기 때문입니다. 사람들은 보스
웰과 메리가 내연관계였고, 그가 여왕을 독차지하기 위해 단리 경을 살해
했다고 의심할 수밖에 없었습니다. 남편이 살해당한 상황에서 메리가 결혼
을 서두른 것은 당시 메리가 보스웰의 아이를 가졌기 때문입니다. 불행히

단리 경 살인 현장

도 이 아이는 끝내 유산되고 말았습니다.

당시 보스웰 백작은 귀족들 사이에서 위세가 대단했기에 누구도 그를 단리 경의 살인자로 몰아가지 못했습니다. 그런 말을 하려면 자신의 목숨을 내놓아야 했죠. 그러자 비난의 화살이 메리 여왕에게로 돌아갔습니다. 사람들은 남편인 단리 경을 살해한 범인으로 의심되는 보스웰과 결혼한 메리를 '불결한 요부'라고 몰아세우기 시작했습니다. 특히 개신교 세력은 "매춘부를 화형시켜라! 저 여자를 죽여라! 물에 빠뜨려 죽여라! 저 여자는 목숨을 부지할 자격이 없다!"라며 소리 지르고 분노했습니다.

비난의 여론이 점점 거세지자 급기야 귀족들 사이에서는 메리 대신 아들인 제임스 6세James VI를 왕위에 올리려는 세력까지 등장했습니다. 이후 메리는 여왕의 자리를 지키기 위해 제임스 6세의 지지 세력과 전쟁을 벌였지만 패배했습니다. 그 결과 메리는 단리 경의 암살의 배후로 지목돼 호수 한가운데 있는 로크 레븐 성에 감금됐습니다.

사실 메리가 단리 경 살해에 가담했는지는 정확히 알 수 없습니다. 다만 정황상 보스웰 백작이 단리 경을 죽였다는 것이 확실하므로 연인이었던 메리도 의심을 받은 것입니다. 당시 메리가 단리 경의 살해를 적극적으로 도왔다는 설도 있고, 보스웰이 단독으로 저지른 것이라는 설도 있었습니다. 다만 메리는 이 사건을 계기로 스코틀랜드 국민의 비난을 받으며 눈 밖에 났습니다.

메리의 세 번째 남편인 보스웰 백작은 단리 경 살인 혐의로 기소돼 사형당할 위험에 처하자 달아났습니다. 그는 스코틀랜드 귀족들에게 쫓기다가 덴마크로 도망쳤고, 그곳에서 붙잡혀 감옥에서 생을 마감했습니다. 이렇게 메리와 결혼한 세 명의 남자 모두 비극적인 최후를 맞았습니다.

여왕이 감금되자 스코틀랜드에서는 국정을 운영하기 위해 개신교 세력 귀족들이 움직이기 시작했습니다. 이들은 제임스 6세 왕자를 왕위에 올리고 성인이 될 때까지 개신교도인 메리의 이복 오빠가 섭정하는 데 합의했습니다. 성에 갇힌 메리는 강요에 못 이겨서 아들인 제임스 6세에게 왕위를 물려주는 양위 문서에 서명했습니다. 1567년 7월 29일, 메리의 뒤를 이어 제임스 6세가 공식적으로 스코틀랜드의 왕이 됐습니다. 당시 그는 태어난 지 1년이 겨우 넘은 아기였습니다.

메리는 비록 감금당했지만 이대로 여왕의 자리를 포기할 수 없었습니다. 그녀는 자신이 탈출해 가톨릭 세력과 만나기만 한다면 다시 여왕의 자

로크 레븐 성에서 탈출하는 메리

리에 오를 수 있다고 생각했습니다. 그래서 하녀와 옷을 바꿔입고 성을 탈출하기로 마음먹었습니다. 그녀는 변장을 마치고 세탁물 꾸러미를 든 채 성을 빠져나가 배에 올라탔습니다. 하지만 메리의 하얗고 고운 손을 본 뱃사공은 그녀가 하녀일 리 없다고 생각해 다시 성으로 뱃머리를 돌렸습니다. 결국 메리의 탈출은 실패했고 다시 성에 갇히는 신세가 됐습니다.

이후 메리에게 다시 한번 극적인 탈출의 기회가 찾아왔습니다. 성에 갇힌 그녀에게 강한 매력을 느낀 두 명의 청년이 어떤 위험을 무릅쓰고서라도 탈출시켜 주겠다고 한 것입니다. 청년들의 도움으로 메리는 무사히 성을 탈출했습니다. 성을 빠져나온 메리는 "이제, 내가 또다시 여왕이 되었군요"라고 말했습니다. 그리고 오랫동안 자신의 측근이었던 영주들과 만나 다시 왕관을 되찾을 수 있도록 도와달라고 부탁했습니다. 국민에게도 자신을 위해 반역자들과 싸워달라고 전했죠.

단리 경 사건으로 여론이 좋지 않았음에도 그녀를 지지하는 사람들은 저마다 무기를 들고 나섰습니다. 그렇게 모인 6,000여 명의 국민은 메리를 스코틀랜드의 여왕으로 복귀시키기 위해 랭사이드 전투를 벌였습니다. 하지만 메리의 군대는 참패했고 식량도 없이 쫓기는 신세가 되었습니다.

메리 vs 엘리자베스, 암살을 계획하다

이제 스코틀랜드 어디에도 메리가 도망쳐 숨을 곳은 없었습니다. 이런 상황에서 메리가 선택한 피신처는 엘리자베스 1세 여왕이 통치하는 잉글랜드였습니다. 혈육이자 같은 여왕인 엘리자베스 1세가 자신을 내치지는 않을 거라 생각한 것입니다. 1568년 5월, 메리는 잉글랜드에 망명을 요청했습니다. 이 소식을 들은 엘리자베스 1세의 마음은 복잡했습니다. 메리가 단리 경과의 결혼 실패로 세력을 키우지는 못했으나 잉글랜드에는 여전히 그녀를 구심점으로 삼는 가톨릭 세력이 남아 있었기 때문입니다.

고민 끝에 엘리자베스 1세는 이 일을 기회 삼아 메리를 확실히 자신의 영향력 아래에 둬야겠다고 생각했습니다. 때마침 엘리자베스 1세의 신하들이 메리가 잉글랜드에 도착하면 단리 경 살해에 가담했는지를 확인하는 재판을 받아야 한다고 주장하며 그녀의 계획은 더욱 수월해졌습니다. 이에 메리는 엘리자베스 1세와 직접 만나서 해명하겠다며 면담을 요청했지만, 만나주지 않았습니다. 결국 어디에서도 도움을 기대할 수 없었던 메리는 재판을 받는 조건으로 엘리자베스 1세가 있는 잉글랜드로 향했습니다. 그곳에서 메리는 몇 주간의 기나긴 재판을 받았습니다. 하지만 결백을 제대

16세기 후반 메리의 초상화

로 증명하지 못했기에 엘리자베스 1세의 뜻대로 잉글랜드 성에서 감금 생활을 시작했습니다.

엘리자베스 1세는 드디어 자신의 통제 아래 들어온 메리를 꽤 극진히 보살폈다고 합니다. 메리가 아프다고 하면 자신의 주치의를 보내주기도 하고, 때때로 음악 연주회도 열어주었죠. 또 메리에게 매주 52파운드, 현재 한화로 환산하면 약 2,000만 원이 넘는 돈을 지원해 주었습니다. 덕분에 메리는 감금 생활을 하면서도 유행에 뒤처지지 않도록 드레스나 옷감, 머리 장식 같은 것을 챙기며 화려한 감옥 생활을 누렸다고 합니다.

엘리자베스 1세가 이렇게까지 메리를 챙긴 데는 이유가 있습니다. 당시 잉글랜드에는 엘리자베스 1세가 메리의 미모를 질투한다는 소문이 파다했습니다. 엘리자베스 1세는 천연두를 앓고 난 후 생긴 흉터 때문에 얼굴을 하얗게 분칠하고 가발을 썼습니다. 외모 콤플렉스가 심했던 그녀의 라이벌인 메리가 아름답기로 유명했으니 질투한다는 소문이 났던 것이죠. 실제로 엘리자베스 1세가 신하들에게 메리와 자신 중 누가 더 예쁘냐고 물어봤다는 설은 꽤 유명합니다. 아마도 이 같은 소문을 잠재우려고 감금 생활을 하는 메리에게 더 신경 썼던 것 같습니다.

그런데 엘리자베스 1세는 메리를 하나의 성에 가만히 두지 않고 여러 성을 옮겨 다니게 했습니다. 남자들을 끌어당기는 그녀의 매력 때문이었죠. 엘리자베스 1세의 신하들마저도 메리를 두고 "남자들을 즐겁게 하는 재치 있고 달콤한 태도"를 가지고 있다며 칭찬했습니다. 그래서 사람들과의 접촉을 줄이기 위해 메리의 거처를 계속 옮겼다고 합니다.

잉글랜드로 자리를 옮긴 두 사람의 신경전은 시기와 질투로 점철돼 수년간 계속됐습니다. 그러던 중 엘리자베스 1세와 메리의 관계가 걷잡을 수 없이 멀어지는 사건이 발생했습니다. 시작은 메리가 갇혀 있던 셰필드 성의 성주와 메리가 불륜 관계라는 소문이었습니다. 사실 소문은 성주 아내의 의심일 뿐 사실이 아니었습니다. 그런데도 엘리자베스 1세는 잉글랜드에 온 외국 대사들에게 공공연히 말하며 직접 소문을 퍼트렸습니다. 아마도 그녀는 고귀한 적통 혈통에 교양 있는 여왕이라는 메리의 이미지를 깎아내리고 싶었던 것 같습니다. 그녀보다 자신이 더 잉글랜드 여왕에 어울린다는 사실을 알리고 싶었던 것이죠.

이 사실을 알게 된 메리는 즉각 반격에 나섰습니다. 그녀는 엘리자베스 1세에 대해 세간에 떠돌던 추문을 편지로 써서 보냈습니다. 다음은 편지 내용의 일부입니다.

'엘리자베스는 다리에 종기가 나 있다는 것이다. 아버지로부터 매독이 전염되었다는 암시다. (…) 그래서 출산 능력을 잃어버렸다. 그런데도 그녀는 남자들에 대한 욕망을 버릴 줄 모른다. 그녀는 로버트 더들리와 관계를 가졌을 뿐 아니라 구석진 데서 온갖 음탕한 만족을 구하고 누군가와 함께 잠자리에들 자유를 절대로 포기하지 않으며 언제나 새로운 정부들과 놀아나려고 한다.'

편지를 받은 엘리자베스 1세는 화가 나 더욱 엄격하게 메리를 감시했습니다. 메리의 감금 생활은 무려 19년이나 이어졌습니다. 이제 메리는 모든 것을 포기한 듯이 엘리자베스의 인정에 호소했습니다. 자신은 어떤 왕국도 희망하지 않는다며 더는 감금 생활을 참을 수 없으니 조용한 곳으로 떠나 살겠다고 전한 것입니다.

하지만 이대로 포기할 메리가 아니었죠. 그녀는 엘리자베스 1세에게 호소한 것과 달리 뒤에서는 다시 여왕의 자리를 차지하기 위해 앤서니 배빙턴Anthony Babington과 반란을 계획했습니다. 그는 24세의 젊은 잉글랜드 귀족이자 가톨릭 교도로, 메리에게 매혹돼 여왕을 암살하고 메리를 구출하겠다는 작전을 세웠습니다. 배빙턴은 메리의 수하를 통해 성에 갇혀 있는 메리에게 자신의 계획을 알렸습니다. 이후 두 사람은 맥주통 마개에 숨긴 편지를 주고받으며 계획을

앤서니 배빙턴

세웠으나 반란을 도모하는 두 사람의 편지는 엘리자베스 1세에게 적발되고 말았습니다. 그러자 메리는 그런 적이 없다며 발뺌했습니다.

엘리자베스 1세를 암살할 계획을 담은 편지가 들켰음에도 메리가 당당했던 것은 어린 시절부터 암호를 만들고 푸는 법을 배웠기 때문입니다. 엘리자베스 1세의 삼엄한 경계와 감시를 피해 편지를 교환해야 했던 메리는 암호를 만들어 배빙턴과 편지를 주고받았습니다. 하지만 엘리자베스 1세는 이 모든 사실을 이미 알고 있었습니다. 그래서 스파이를 고용해 메리와 배빙턴이 주고받는 편지를 중간에서 가로챘습니다. 그다음에는 문서 조작 전문가와 당대 최고의 암호 해독가들을 고용해 메리의 암호를 해독하고 분석하며 확실한 증거가 나올 때까지 기다렸습니다. 해석한 편지에는 메리의 탈출 계획과 엘리자베스 1세 암살 방법, 내란 대치법 등이 쓰여 있었디고 합니다.

내용을 확인한 엘리자베스 1세는 메리의 암호 편지를 역으로 이용해 배빙턴에게 공범들을 묻는 위조 편지를 보냈습니다. 반란 세력을 모두 잡아내기 위한 묘수였죠. 당시 보냈던 위조 편지가 남아 있으며, 복잡한 암호를 현대 기술로 일부 해독한 내용은 다음과 같습니다.

'이 계획을 실행에 옮길 여섯 사람의 정체를 알면, 더 상세한 조언을 시기적절하게 할 수 있을 것입니다. 같은 목적으로 이미 당신의 계획에 이따금 참여해 얼마간 관련된 사람들의 이름도 모두 알려 줬으면 합니다.'

엘리자베스 1세가 놓은 절대 빠져나갈 수 없는 덫에 메리와 반란자들이

a b c d e f g h i k l m n o p q r s t u x y z

Nulles ff. ⌐ ⌐ . d.   Dowbleth

and for with that if but where as of the from by

so not when there this in wich is what say me my wyrt

send lře receave bearer I pray you Mte your name myne

메리의 암호 기호와 이를 이용해 공범을 묻는 편지

모두 걸려들었습니다. 반란에 가담한 자들은 모두 사형당했습니다. 18년의 감금 생활 중에도 용케 각종 음모를 피해왔던 메리도 명백한 증거가 나오자 이번만큼은 도저히 빠져나갈 수 없었습니다. 사실 메리는 이전에도 엘리자베스 1세 암살 계획을 세웠습니다. 다만 암호 편지 때문에 증거 불충분으로 무사했던 것이죠. 때문에 엘리자베스 1세는 암호 해독가까지 고용해 만발의 준비를 하고 메리의 암호 편지에 대응했습니다.

엘리자베스 1세는 메리를 완전히 몰락시키기 위해 또 다른 준비를 해두었습니다. 혹시라도 제임스 6세가 어머니인 메리의 편을 들까 봐 미리 매수해 둔 것입니다. 메리의 반란 계획을 알게 된 엘리자베스 1세는 제임스 6세에게 잉글랜드의 왕위를 물려준다는 '버윅 조약'을 비밀리에 체결했습니다.

여기에는 메리의 석방 조항은 포함하지 않았습니다. 메리의 구원이 되어줄 마지막 희망인 제임스 6세마저 엘리자베스 1세의 편으로 만든 것입니다.

사실 제임스 6세는 주변 귀족들로부터 어머니 메리가 그의 아버지를 죽였으며 왕권을 노리는 사람이라는 말을 들으며 자랐습니다. 그러니 어머니에 대한 애정이 없었고 감금 생활을 오래 했다고 해서 가엽게 여기지도 않았던 듯합니다.

메리 여왕, 형장의 이슬로 사라지다

1587년 2월 8일, 암호 편지들을 증거로 엘리자베스 1세 여왕의 암살을 모의했다는 판결을 받은 메리의 사형이 집행됐습니다. 그녀가 처형장에 나타나자 사람들은 모두 놀라움을 감추지 못했습니다. 가톨릭에서 순교를 상징하는 붉은색 드레스에 검은색 망토를 덮은 모습이었기 때문이었죠. 메리는 마지막까지 자신을 결백한 가톨릭의 순교자라고 말했습니다. 처형을 앞두고 개신교 사제가 메리를 위한 예배를 시작하자, 메리는 이를 제지하며 자신은 가톨릭 신자이고 죽음도 그렇게 맞이하겠다며 거절했습니다. 하지만 사제는 메리의 말을 무시하고 예배를 계속했습니다.

처형의 순간이 다가오자 메리는 받침대에 목을 올려두고 라틴어로 "주여, 당신께 내 영혼을 맡기나이다"를 끊임없이 말했습니다. 긴장감과 처절함이 감돌던 때 사형 집행인이 도끼를 내려쳤습니다. 불행히도 메리의 목숨은 단번에 끊어지지 않았습니다. 첫 번째 타격이 빗나가면서 그녀의 머리 뒤쪽을 강타한 것입니다. 그러자 사형 집행인은 다시 한번 메리의 목을

메리 스튜어트의 죽음

도끼로 내려쳤습니다. 그리고 한 번 더 도끼질을 한 후에야 완전히 머리가 떨어졌습니다. 파란만장했던 스코틀랜드의 여왕 메리의 삶은 이렇게 45년 만에 끝났습니다.

메리의 처형을 둘러싸고 놀라운 이야기가 전해지고 있습니다. 목이 완전히 잘린 뒤에도 그녀가 기도하던 입술이 15분이나 계속 움직였다는 것입니다. 또 메리의 드레스 속에 숨어 있던 애완견이 모습을 드러내더니 핏물 위에 누워 애통해했고, 그 뒤로 먹이를 거부하더니 메리를 따라 죽었다는 설도 있습니다.

엘리자베스 1세의 뒤를 이은 메리의 아들

메리가 처형당한 지 16년이 지나 엘리자베스 1세 여왕도 숨을 거뒀습니다. 후계가 없었던 그녀의 뒤를 이은 인물은 메리의 아들인 제임스 6세였습니다. 비록 엘리자베스 1세가 메리를 처형했지만 버윅 조약에 따라 메리의 아들이 왕위에 오른 것입니다. 이로써 두 여왕의 대결은 누구의 승리라 할 것도 없이 끝났습니다. 다만 엘리자베스 1세는 제임스 6세를 통해 잉글랜드와 스코틀랜드가 하나의 군주 아래 통합된다면 잉글랜드에 정치적 이득이라고 내다봤습니다. 게다가 제임스 6세는 어릴 때부터 개신교 군주로 성장했기에 두 왕국을 종교적으로 통합해 통치하리라 기대했죠.

엘리자베스 1세의 계획대로 제임스 6세는 스코틀랜드와 잉글랜드의 국왕에 올랐습니다. 그리고 최초로 잉글랜드와 아일랜드, 스코틀랜드와 웨일스를 총괄해 통치한 영국 국왕으로 기록됐습니다. 현재의 영국이 완성되

유니언 잭

는 시발점이라고 할 수 있죠. 영국 국기인 유니언 잭의 유래도 이 시기였습니다. 1603년, 스코틀랜드 왕이었던 메리의 아들 제임스가 스코틀랜드와 잉글랜드를 통치하면서 초기의 유니언 잭이 탄생한 것입니다. 이후 1801년에 아일랜드의 국기까지 더해져 현재의 유니언 잭이 완성됐습니다. 참고로 웨일스의 국기는 이미 유니언 잭이 완성된 후인 20세기에 만들어져서 반영되지 않았습니다.

메리와 엘리자베스 1세의 갈등은 한 여인에게는 죽음을, 다른 여인에게는 뼈저린 아픔을 안겨주었습니다. 하지만 엘리자베스는 이 갈등의 씨앗을 메리의 아들 제임스에게 넘겨주는 대신 그에게 잉글랜드 왕권을 물려줌으로써 형식적으로나마 갈등을 봉합했습니다. 덕분에 한 군주 아래 두 나라가 합쳐지고 영국의 모습이 어렴풋이나마 나타나게 되었고, 점차 근대적 모습을 갖춘 국가로 성장했습니다. 하지만 두 나라는 거리감을 완전히 좁히지 못했고, 그 여파는 브렉시트 논쟁과 스코틀랜드 독립 추진 등 지금의 영국이 겪고 있습니다. 16세기 잉글랜드와 스코틀랜드 여왕의 갈등으로 빚어진 정치사가 21세기 영국의 정치에도 적지 않은 영향을 미치는 것입니다. 이렇듯 역사는 과거가 아닌 현재와 미래까지 연결된 살아 있는 나침반이라고 할 수 있습니다.

벌거벗은 피의 결혼식

로마가톨릭 vs 신교

임승휘

● 프랑스 역사상 가장 끔찍한 밤으로 기록된 한 사건의 시작은 어느 결혼식이었습니다. 1572년 8월, 프랑스 가톨릭교회의 심장부였던 노트르담 성당에서 성대한 결혼식이 열렸습니다. 수많은 스캔들을 뿌리며 '프랑스에서 가장 자유분방한 여성'이라는 별명을 얻은 공주의 결혼식이었죠. 하지만 행복으로 가득 차야 했을 결혼식은 대비극의 시작이 되었습니다. 예식이 끝난 후 프랑스 역사에서 전례를 찾아볼 수 없는 전대미문의 대학살이 벌어졌기 때문입니다.

수도 파리에서는 귀족과 군인들이 칼과 총을 들고 거리로 나와 학살을 자행했고, 전국적으로 최소 1만 명 이상이 목숨을 잃었습니다. 훗날 '피의 결혼식'이라고 불리는 이 끔찍한 결혼식의 주인공은 마르그리트 드 발루아 Marguerite de Valois, 우리에게는 '여왕 마고'라는 표현으로 더 잘 알려진 인물입니다.

피의 결혼식이 불러온 광풍은 엄청났습니다. 파리에서 시작된 학살은 프랑스 전역으로 빠르게 퍼져나갔고, 프랑스 국민끼리 서로 죽고 죽이는 동족상잔의 비극이 벌어졌습니다. 그리고 이 잔혹한 내전의 여파로 마고가 속한 발루아 왕가는 전쟁의 소용돌이에 휘말려 끝내 파멸했습니다.

프랑스를 학살과 전쟁으로 몰아넣은 광기의 시작은 무엇이었을까요? 그리고 마고는 왜 피의 결혼식 한가운데에 서야 했을까요? 지금부터 프랑스 역사상 가장 잔인하고 처참했던 암흑의 시대를 벌거벗겨 보겠습니다. 사실 여왕 마고는 마고 왕비로 표기하는 게 맞습니다만 이 책에서는 관용어처럼 사용되는 '여왕 마고'로 지칭하겠습니다.

왕의 죽음을 예언한 노스트라다무스

마고의 결혼식에서 유례없는 대학살이 일어난 이유를 알기 위해서는 당시 프랑스의 상황을 짚어봐야 합니다. 이 시기 프랑스를 다스린 것은 잉글랜드와의 백년전쟁을 승리로 이끈 발루아 왕가였습니다. 마고는 발루아 왕가의 막내 공주였죠. 그런데 마고가 태어난 지 얼마 되지 않은 무렵 두려운 것 없던 발루아 왕가에 불길한 소식이 전해졌습니다. 프랑스의 예언가 노스트라다무스가 발루아 왕가에 관해 이야기한 것입니다.

프랑스에서 흑사병을 치료하던 의사이자 당대 최고의 예언가로 활동했던 노스트라다무스는 1555년 한 권의 예언서를 발간했습니다. 지난 수 세기 동안 전 세계에 수많은 미스터리를 불러일으켰던 《예언집》이 그것입니다. 이 책을 둘러싼 해석은 매우 다양합니다. 누군가는 《예언집》이 프랑스 혁명, 나폴레옹의 등장, 제2차 세계 대전과 히틀러의 등장, 그리고 20세기의 달 착륙과 9.11 테러까지 예고한다고 주장합니다. 하지만 해석하기 나름이기에 믿지 않는 사람들도 많습니다. 수많은 예언 가운데 프랑스 왕가에 관한 내용은 다음과 같습니다.

'젊은 사자가 늙은 사자를 이길 것이다. 단 한 번의 전투를 치르는 전장에서 젊은 사자는 황금빛 새장 너머 늙은 사자의 눈을 찌를 것이다. 두 상처가 하나 되어 참혹한 죽음을 맞으리.'

사람들은 글에 등장하는 늙은 사자가 당시 프랑스 왕이자 마고의 아버지였던 앙리 2세Henri II를 뜻한다고 생각했습니다. 즉 왕의 죽음을 예언했다고 믿은 것입니다. 이 소식을 듣고 깜짝 놀란 왕실은 노스트라다무스를 불러들여 다시 한번 예언을 확인했습니다. 그리고 놀랍게도 4년 뒤인 1559년에 그의 예언이 실제로 일어났습니다.

그림은 스포츠를 좋아하던 앙리 2세가 왕실 근위대장의 아들인 백작과 말을 타고 창술을 겨루는 모습을 묘사한 것입니다. 당시 두 사람의 방패에는 사자 문양이 새겨져 있었는데《예언집》이 말하는 '젊은 사자'는 20대인 백작을, '늙은 사자'는 앙리 2세로 해석할 수 있습니다.

노스트라다무스의 예언이 이 대결을 뜻하는지는 알 수 없으나 그의 예언이 절묘하게 들어맞는 상황이 벌어진 것입니다. 그림에서 왕과 백작이 쓴 투구는 훗날 노스트라다무스의 예언 중 '황금빛 새장'으로 해석되기도 합니다. 백작의 창이 투구를 뚫고 왕의 오른쪽 안구와 관자놀이 사이로 들어

마상 창 시합에서 낙마하는 앙리 2세

가 얼굴에 큰 상처를 냈기 때문입니다. 앙리 2세는 이 상처를 회복하지 못하고 끝내 죽음을 맞았습니다.

앙리 2세의 급작스러운 죽음으로 강력했던 왕권은 한순간에 무너져 내렸습니다. 이후 왕실은 한 치 앞도 모를 상황에 놓였습니다. 앙리 2세의 아내는 이탈리아 메디치 가문 출신인 카트린 드 메디시스(카테리나 데 메디치)로, 두 사람 사이에는 5명의 아들과 마고를 포함한 4명의 공주가 태어났습니다. 이 가운데 둘째 아들인 루이는 두 살이라는 이른 나이에 목숨을 잃었습니다. 그런데 앙리 2세의 뒤를 이어 왕위에 오른 장남 프랑수아 2세 François II마저 1년 반 만에 죽고 말았습니다. 사인은 중이염이었습니다.

결국 셋째 왕자인 샤를 9세Charles IX가 10세의 나이로 프랑스 왕국의 왕위에 올랐습니다. 국왕이 너무도 어려서 왕권이 약했기에 카트린 왕비는 추

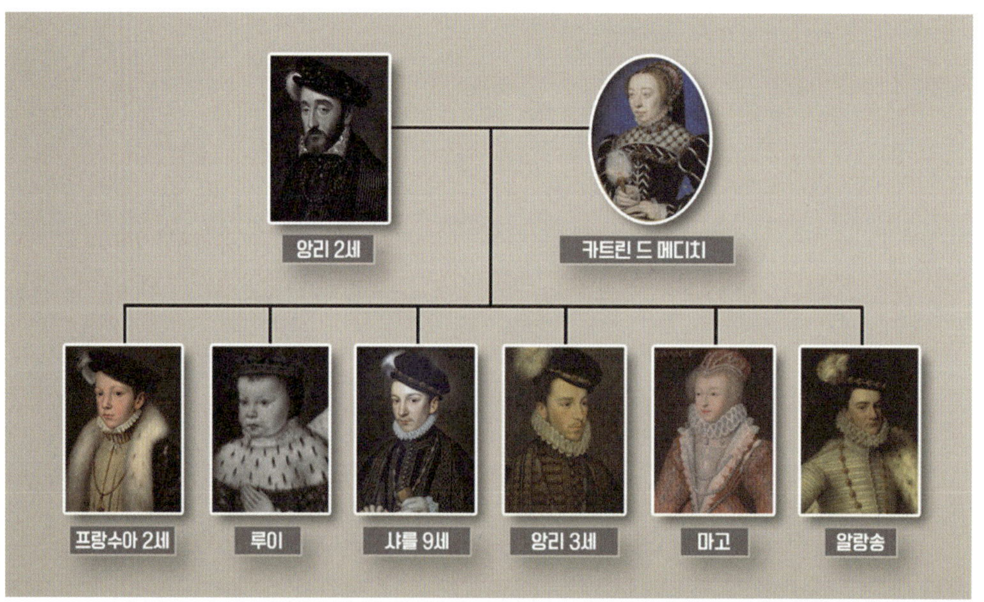

발루아 왕가 가계도

락한 아들의 왕권을 강화하고자 섭정을 시작했습니다. 그녀는 메디치 가문 출신으로 처세와 교양을 갖췄고 말솜씨와 권모술수가 뛰어났으며, 그리스어와 라틴어도 섭렵했습니다. 또 지리학과 천문학, 물리학, 수학에도 능통했죠. 직접 이탈리아 문화를 들여오기도 했는데 프랑스 최초의 향수 전문점을 세운 것도 카트린 왕비입니다. 남편인 앙리 2세가 사망한 뒤부터 평생 검은 상복만 입은 그녀는 '검은 왕비'로 불리기도 합니다.

대학살의 전조, 종교 개혁

어린 왕과 외국인 왕비가 지키는 왕권은 약할 수밖에 없었습니다. 때문에 왕실은 호시탐탐 왕위를 노리는 세력들을 견제해야 했습니다. 이 시기 왕실을 불안하게 만든 것은 이뿐만이 아니었습니다. 샤를 9세가 왕위에 오른 1560년을 전후로 세계사를 뒤바꾼 대사건의 영향이 프랑스를 휩쓴 것입니다. 바로 부패한 교회를 비판하며 시작된 '종교 개혁'입니다. 당시까지 유럽은 1,000여 년간 로마 가톨릭교회라는 하나의 질서 아래서 유지되었습니다. 가톨릭교회는 유럽을 움직이는 거대한 조직이었고, 수장인 교황은 때때로 왕보다 막강한 영향력을 행사했습니다. 교회의 법이 국가의 법으로 받아들여지기도 하고, 교회가 범죄로 지목한 것에 왕국도 협조했습니다. 그러나 거대 권력을 앞세운 가톨릭교회는 시간이 갈수록 부패했습니다.

그들은 끝내 바티칸의 베드로 성당을 재건축하겠다며 수단과 방법을 가리지 않고 부정부패를 저지르며 건축비를 마련했습니다. 이때 개나 당나귀 같은 동물의 뼈를 가톨릭 성인의 뼈라고 속여 큰 수익을 올렸습니다. 아무

것도 모르는 사람들은 성인의 뼈를 성스러운 유물로 생각하고 이것을 가지고 있으면 죽어서 죄를 용서받을 수 있다고 믿었습니다. 게다가 흔히 면죄부라고 불리는 '면벌부'도 판매했습니다. 사람들은 어렵게 돈을 모아 면벌부와 성유물을 사 모았고, 교회는 막대한 돈을 벌어들였습니다. 이 같은 행태를 보다 못한 독일의 성직자 마르틴 루터Martin Luther가 가톨릭교회에 반기를 든 것이 종교 개혁의 시작입니다. 그는 "성직자는 타락했고 가톨릭교회는 성경의 가르침에서 벗어났다"라며 강하게 질타했습니다.

프랑스 출신의 신학자 장 칼뱅Jean Calvin도 루터의 뒤를 이어 교황과 성직자의 권위에 정면으로 도전했습니다. 칼뱅은 누구나 구원을 얻을 수 있다고 가르쳤던 루터와 달리 인간이 구원받을 수 있는지는 이미 신에 의해 결정되어 있으므로 누구도 알지 못한다고 주장했습니다. 그러니 자신이 맡은 일과 소명에 충실하고, 그 과정에서 정당하고 성실하게 재산을 쌓는 것이 구원의 증거라고 말했습니다. 한마디로 가톨릭교회나 성직자가 사람들의 구원에 아무런 도움을 주지 못한다는 것이었죠.

가톨릭교회와 성직자의 부패에 염증을 느낀 사람들은 루터와 칼뱅의 주장에 크게 동조해 이들을 따르기 시작했습니다. 그러면서 로마 교황청의 지배를 받지 않는 새로운 종파인 '신교'가 등장했습니다. 이것이 오늘날 우리가 '개신교'라고 부르는 종교의 시작입니다. 이 일은 곧 프랑스 왕실에 큰 파장을 몰고 왔습니다. 프랑스에도 신교를 따르는 교회와 신자들이 생겨난 것입니다. 가톨릭 수호자인 프랑스 왕실은 신교도들을 국가 통합을 방해하는 불순분자로 간주했습니다. 또 신교를 믿는 것은 국가에 대한 반역죄로 정의했습니다.

특히 마고의 아버지인 앙리 2세는 신교도를 단호하고 잔혹하게 처벌하기로 유명한 왕이었습니다. 그는 전국에서 신교도를 색출해 재판을 열고 산 채로 화형에 처했습니다. 이런 탄압에도 불구하고 신교도는 빠르게 증가했습니다. 1555년에 파리를 비롯해 5개뿐이던 신교의 교회는 4년 뒤에는 100여 개가, 그리고 다시 3년 뒤에는 2,000여 개가 되었습니다. 이 같은 변화에 가톨릭교도들은 심각한 거부감을 느꼈습니다.

가톨릭은 예배할 때 하나님과 성모 마리아의 성상을 모셔놓는데, 초기 신교는 이를 우상숭배로 여겼습니다. 또 가톨릭은 찬송할 때 오르간을 연주했는데, 신교에서는 《성경》에 오르간이 등장하지 않는다며 금지했습니다. 이처럼 신교는 《성경》에 없다는 이유로 가톨릭이 정한 규칙들을 거부했습니다. 그래서 가톨릭에서 쉬는 축일에 일하고, 금식일에도 고기를 팔았습니다. 그 외에도 다양한 차이가 존재했는데 가톨릭 신자들로서는 납득할 수 없는 일이었다고 합니다.

하나의 왕국에 종교가 둘로 나뉘는 혼란한 상황이 왕권 회복을 방해한다고 생각한 카트린 왕비는 고민에 빠졌습니다. 왕실이 기존대로 가톨릭교회만을 인정하고 수호하는 게 득인지, 아니면 신교를 인정하고 받아들이는 게 나은지를 선택해야 했던 것입니다. 카트린 왕비와 샤를 9세가 신교와 가톨릭의 눈치를 보는 사이, 프랑스에서는 신교도를 모조리 죽여야 한다는 강경파가 등장했습니다. 선두에 선 것은 프랑스 최고의 부와 명성을 가진 기즈 가문이었습니다.

왕실이 약해진 틈을 타 호시탐탐 왕권을 넘봤던 기즈 가문에게 종교는 세력을 모을 가장 좋은 명분이었습니다. 게다가 귀족들이 속속 신교로 개종하며 신흥 결집 세력으로 떠오르고 있으니 이대로 신교를 방치할 수도 없었습니다. 결국 기즈 가문은 신흥 세력에 대항하고 자신의 영향력을 확장하기 위해 왕실이 신교도에 강경하게 맞서야 한다고 주장했습니다. 이렇게 가톨릭과 신교는 프랑스에서 정치와 얽히며 서로를 향한 증오를 키워나갔습니다.

이때 프랑스 왕실은 가톨릭과 신교 중 어느 쪽 손을 들어주었을까요? 처음에는 어느 쪽 편도 들지 않고 두 세력을 견제했습니다. 그러던 중 1562년에 카트린 왕비가 돌연 충격적인 칙령을 내리면서 이 균형이 무너졌습니다. 칙령의 내용은 신교의 존재를 인정한다는 것이었습니다. 법으로 금지하던 신교를 왕실이 인정하면 가톨릭과 신교도가 서로를 받아들이고 평화롭게 타협하리라 기대한 것입니다. 한편으로는 가톨릭 세력을 기반으로 왕실을 압박하던 기즈 가문을 효과적으로 견제해 왕권을 안정시킬 수 있다고도 생각했습니다.

대학살의 전조, 바시 학살

그러나 왕실의 계산에는 큰 문제가 있었습니다. 기즈 가문은 신교의 손을 들어준 왕실에 크게 분노했습니다. 그들은 카트린 왕비를 찾아가 칙령에 반대한다는 의견을 냈지만 매몰차게 거절당하고 루브르 궁전에서 쫓겨났습니다. 화가 난 기즈 가문은 1562년 봄에 끔찍한 사고를 저지르고 말았습니다.

사건은 파리 근교 바시(Wassy)라는 곳에서 벌어졌습니다. 신교도들이 모여 예배를 올리는 장소에 기즈 가문의 군대가 몰려오더니 닥치는 대로 신교도들을 학살한 것입니다. 이 사건으로 무방비 상태였던 신교도 23명이

바시 대학살

죽고, 100여 명이 다쳤습니다. 기즈 가문은 여세를 몰아 왕실 가족들이 머물던 퐁텐블로 궁전으로 향했습니다. 이곳에서 카트린 왕비를 볼모로 잡고 자신들은 가톨릭의 수호자로서 왕을 위해 정당하게 신교도들을 처단한 것이라 주장했습니다. 종교를 수단 삼아 권력을 휘두른 것입니다.

기즈 가문의 학살에 신교도들은 크게 분노했고, 복수를 위해 즉시 군대를 조직했습니다. 이때 다음과 같은 명분을 내세워 전쟁에 나섰습니다.

"수많은 왕의 신민들이 끔찍하게 살해당했다는 소식이 전해졌다. (…) 기즈는 왕과 카트린 왕비에게 다가가더니 용인될 수 없는 방식으로 행동하고 있다. (…) 우리는 왕과 카트린 왕비의 권위를 지지하기 위해 모인 사람들이다!"

자신들은 이단이나 반역자가 아니며, 기즈 가문과 마찬가지로 왕을 위한다는 이유로 전쟁의 정당성을 확보하려 한 것입니다. 하지만 훗날 신교 역시 군대를 동원해 샤를 9세의 납치를 시도하며 속내를 드러냈습니다.

이렇게 가톨릭과 신교의 종교 갈등이라는 명분 아래 대귀족들이 각자의 정치적 야심을 품게 되면서 프랑스를 뒤흔든 참혹한 전쟁의 서막이 열렸습니다. 이름만 종교 전쟁일 뿐 실상은 프랑스라는 나라를 두고 싸우는 피비린내 나는 권력 쟁탈전이자 참혹한 내전이었죠. 두 세력이 부딪치는 곳마다 혼란과 학살, 살인과 만행이 이어졌습니다.

대학살의 전조, 피의 결혼식

가톨릭 세력이 왕비를 볼모로 잡고 왕을 상대로 납치를 시도하자, 왕실은 큰 불안에 떨었습니다. 인질에서 풀려난 카트린 왕비는 아들인 샤를 9세의 왕권 안정을 위해 어떻게든 가톨릭과 신교를 중재해야 했습니다. 이때 그녀는 가톨릭을 대표하는 왕실과 신교파의 혼인으로 왕국의 평화를 회복하겠다는 묘안을 냈습니다. 왕실의 명운이 걸린 중대한 계획에 아름다운 미모로 당대 시인들의 칭송을 받던 19세의 마고 공주를 가톨릭의 얼굴로 내세운 것입니다.

마고는 뛰어난 외모와 더불어 라틴어와 스페인어, 이탈리아어를 유창하게 구사했으며 사냥, 춤, 음악에도 능통했습니다. 게다가 말솜씨와 글쓰기까지 탁월했던 재주꾼이었죠. 왕비는 그녀의 결혼 상대로 동갑내기인 앙리

가톨릭과 신교의 결합

드 나바르Henri de Navarre를 낙점했습니다. 훗날 앙리 4세Henri IV가 되는 인물로, 왕실의 가장 가까운 친척인 프랑스 부르봉 왕조의 핏줄이자 전쟁에서 신교를 이끌던 나바라 왕국의 왕자입니다.

나바라 왕국은 스페인과 프랑스 사이에 있는 작은 국가지만 기즈 가문에 맞서 전쟁을 벌인 신교 군대의 핵심 세력이었습니다. 앙리 4세의 어머니인 잔 달브레Jeanne d'Albret 여왕이 나바라 왕국의 국교를 신교로 바꾸자 프랑스에서 탄압받던 신교도들은 나바라 왕국으로 향했습니다. 그러면서 그곳이 자연스럽게 신교 세력의 핵심이 된 것입니다. 앙리 4세는 잔 달브레 여왕과 함께 신교의 수장 역할을 했습니다.

잔 달브레 여왕은 가톨릭을 상징하는 프랑스 왕가의 공주와 신교를 대표하는 나바라 왕자의 결혼이라는 파격적인 제안에 반대했습니다. 하지만 부르봉 왕조의 혈통인 아들이 프랑스 왕의 여동생과 결혼하면 훗날 프랑스의 왕위를 노려볼 수도 있다는 계산에 두 사람의 결혼을 승낙했습니다. 이때

나바라 왕국

예비 며느리인 마고가 신교로 개종할 것을 제안했습니다. 결혼을 추진했던 카트린 왕비는 이 문제만큼은 조금도 양보하지 않았습니다.

마고의 개종 문제를 두고 팽팽한 기싸움이 벌어지던 중 결혼식을 불과 두 달 앞두고 충격적인 사건이 벌어졌습니다. 협상을 위해 파리를 찾은 잔 달브레 여왕이 사망한 것입니다. 사인은 병사였으나, 양측이 결혼 조건에 좀처럼 합의하지 못하는 상황에서의 갑작스러운 죽음은 곧 흉흉한 소문을 몰고 왔습니다. 카트린 왕비가 독이 묻은 장갑을 보내서 그녀를 독살했다는 것입니다. 이 같은 소문은 카트린 왕비가 독을 다룰 줄 안다고 알려진 데서 시작했습니다. 그녀는 이탈리아에서 프랑스로 시집을 오면서 조향

사를 데려왔는데 그가 향수 전문가가 아닌 독
전문가라는 말이 있었습니다.

그렇다면 장모가 될 사람이 자신의 어머니
를 죽였을지도 모르는 상황에서 앙리 4세는
어떤 결정을 내렸을까요? 그는 고민 끝에 예정
대로 파리에서 결혼식을 올리기로 했습니다.
프랑스 왕의 여동생인 마고와 결혼하면 자신
의 세력을 더 키울 수 있다고 판단했기 때문입
니다. 어머니의 장례를 치르고 나바라의 왕으
로 즉위한 그는 결혼식을 위해 적진인 파리에
입성했습니다. 이때 앙리 4세의 곁에는 수백

콜리니 제독

명의 군대와 콜리니 제독Gaspard II de Coligny이 함께 했습니다.

콜리니 제독은 신교의 실질적인 군사 지도자로, 전쟁의 최전선에서 가톨
릭 군대와 치열하게 싸웠기 때문에 기즈 가문이 가장 죽이고 싶어 했던 인
물이었습니다. 콜리니 외에도 전쟁을 이끌던 신교 측의 주요 인물들이 앙
리 4세의 결혼식에 참석하기 위해 모여들었습니다. 덕분에 결혼식을 앞둔
파리는 수천 명의 신교도로 북적거렸습니다. 하지만 파리 시민들은 이런
상황이 못마땅했습니다. 대대로 가톨릭의 중심지였던 파리에 신교도들이
결혼식을 빌미로 모였으며, 이곳을 점령할지도 모른다는 위기를 느낀 것입
니다. 가톨릭과 신교, 두 진영 간에 긴장감이 무섭게 고조되던 1572년 8월
18일, 마침내 파리에서 결혼식이 거행됐습니다.

그런데 어느 설에 따르면 예식이 진행되던 중 마고 공주가 성혼 선언문
에 대답하지 않았다고 합니다. 추측건대 어머니의 뜻에 따라 강제로 결혼

하는 게 싫었던 것 같습니다. 또 자신과 종교가 다른 신교도를 남편으로 맞이하는 것이 마음에 걸렸는지도 모르겠습니다. 더욱이 그녀가 앙리 4세와의 결혼을 못마땅해한 결정적인 이유는 사랑하는 연인과 헤어져야 했기 때문이었습니다. 그녀의 연인은 가톨릭 강경파를 대표하는 기즈 가문의 젊은 수장 앙리 드 기즈 Henri Ier de Guise였습니다. 그는 잘생긴 데다 지위가 높고, 검술 실력까지 뛰어나 사교계의 인기를 한 몸에 받는 인물이었죠.

앙리 드 기즈

사실 카트린 왕비는 두 사람이 연인이라는 사실을 몰랐습니다. 그런데 마고 공주가 연애를 하고 몰래 청혼까지 받아들였다는 소문을 듣게 되었습니다. 게다가 상대는 왕실의 견제 대상이었던 기즈 가문의 수장이었습니다. 그녀는 곧장 마고를 불러서 사실을 추궁했고, 심한 매질을 했다고 합니다. 비밀 연애가 밝혀진 기즈 공작은 왕실에 밉보이지 않기 위해 서둘러 다른 여자와 결혼했습니다. 마고 공주가 성혼 선언문에 답하지 않은 이유는 연인과 강제로 헤어지고 종교가 다른 남자와 사랑 없는 결혼을 해야 하는 어머니의 철저한 계산에 대한 반항심이 아닐까 합니다.

신랑 신부는 마음은 복잡했지만 무사히 결혼식을 마쳤습니다. 그렇다면 왜 두 사람의 결혼을 '피의 결혼식'이라고 부르는 것일까요? 사건은 결혼식이 끝나고 축제가 한창이던 8월 22일 파리에서 울린 한 발의 총성에서 시작됐습니다. 이는 신교의 군사 지도자인 콜리니 제독을 암살하려는 시도였죠. 총성과 함께 앙리 4세를 비롯한 수천 명의 신교도는 엄청난 혼란에 빠졌습니다.

아직 정확히 밝혀진 바는 없으나 학자들은 파리를 순식간에 공포로 몰아넣은 이 사건의 배후로 두 사람을 꼽고 있습니다. 첫 번째는 가톨릭 강경파의 수장인 기즈 공작입니다. 그는 선대 수장이었던 아버지가 전쟁 중 콜리니 제독에게 암살당했다고 믿었습니다. 때문에 콜리니 제독을 향한 복수심을 불태웠습니다. 또 다른 인물은 카트린 왕비입니다. 당시 왕인 샤를 9세는 콜리니 제독을 아버지처럼 따랐습니다. 그녀로서는 아들이 신교에 회유될지도 모른다는 불안감과 콜리니 세력이 커져서 섭정의 자리를 빼앗길 수 있다는 위기감을 느낄 수밖에 없었습니다. 이처럼 두 사람 모두 콜리니 제독을 죽일 이유는 충분했습니다.

신교노들은 당장이라도 루브르 궁전으로 달려가 전쟁을 치르자며 들끓었습니다. 샤를 9세는 즉시 콜리니 제독을 병문안하고 배후를 밝히겠다고 약속했지만 분위기는 진정되지 않았습니다. 상황이 이렇게 되자 암살 시도가 있던 날 밤 루브르 궁전에서 카트린 왕비와 기즈 공작, 샤를 9세가 비밀 회동을 가졌습니다. 이 자리에서 왕비와 공작은 신교도의 군대가 왕실을 공격하기 전에 자신들이 먼저 콜리니 공작을 비롯한 신교의 주요 인사들을 제거해야 한다고 주장했습니다. 콜리니 제독을 아버지처럼 따르던 샤를 9세는 주저했지만 결국 상황에 떠밀려 신교도파의 주요 인사들을 살해할 것을 명령했습니다. 이렇게 피의 결혼식의 서막이 올랐습니다.

이때 마고는 왕실 일가와 기즈 공작이 학살을 모의하고 있다는 사실을 전혀 알지 못했습니다. 하지만 어머니의 방에 갔다가 이상한 분위기를 눈치채고 말았습니다. 언니인 클로드Claude가 마고를 보자 크게 운 것입니다.

신교도의 주요 인사에는 마고의 남편인 앙리 4세도 포함되었고, 그와 첫날 밤을 보낼 마고의 목숨도 위험할 수밖에 없었습니다. 그런데 카트린 왕비는 마고가 앙리 4세와 침실에 들지 않고 미리 대피하면 자신들의 계획이 의심받을지도 모른다고 생각했습니다. 그래서 마고의 희생을 예상했음에도 그녀에게 남편과 머물 것을 명령했습니다. 아들 샤를 9세를 지키기 위해 딸 마고를 전쟁의 제물로 내놓은 것입니다.

불안감 속에 하루가 지나고 다음 날 새벽, 성당의 종소리를 신호 삼아 기즈 공작이 이끄는 가톨릭 군인들이 파리 전역을 돌아다니며 닥치는 대로 신교도들을 학살하기 시작했습니다. 그림은 루브르 궁전을 배경으로 피바람이 몰아친 파리의 상황을 묘사한 것입니다. 살육전이 시작되자 기즈 공작은 가장 먼저 아버지의 원수인 콜리니 제독의 숙소로 달려갔습니다. 그리고 처절한 복수를 했습니다. 그림에서 오른쪽 건물 2층 창문 밖으로 흰옷을 입은 채 내걸린 인물이 콜리니 제독입니다. 그 아래에는 그가 창밖으로 떨어져 목이 잘린 모습까지 연달아 생생하게 그려 넣었습니다. 가톨릭의 공적이었던 콜리니 제독을 비롯한 신교의 주요 인사들은 이렇게 처참히 목숨을 잃었습니다. 이 그림에는 학살을 모의한 카트린 왕비도 있습니다. 왼쪽 상단에 검은 상복을 입은 여성입니다. 가득 쌓인 신교도들의 시체를 살펴보는 모습이 섬뜩해 보입니다.

그런데 예상과 달리 학살은 좀처럼 멈추지 않았습니다. 계획대로라면 신교의 주요 인사들을 죽이고 끝나야 하는데 신교에 대한 반감이 심했던 파리의 시민들까지 광기에 동조돼 학살에 가담한 것입니다. 파리는 순식간에 지옥으로 변했고, 어느새 학살의 대상은 남녀노소를 가리지 않았습니다. 갓 태어난 아기는 물론이고 내장이 쏟아져 죽은 여성들도 있었습니다. 이

성 바르톨로메오 축일의 대학살

들은 벌거벗겨진 채 시내에 방치됐고 곳곳에 매달린 사람들도 많았습니다. 이 끔찍한 학살로 파리에서만 3,000여 명이 목숨을 잃었습니다.

한여름에 벌어진 학살로 부패할 위험이 큰 시체 일부는 센강에 던지거나 강둑에 묻었습니다. 이때 시체에서 흘러나온 피로 강이 붉게 물들기도 했습니다. 일부는 파리 시내에 묻었는데 그 유해가 에펠탑 근처에서 발견됐다는 설도 있습니다. 이러한 사실을 알고 파리 풍경을 보면 마냥 아름다워 보이지만은 않습니다.

사태를 이 지경까지 만든 왕실은 어떻게 대처했을까요? 깜짝 놀란 샤를 9세는 학살을 중단하라고 명령했지만 오히려 전국으로 퍼져나갔습니다. 혼란과 광기 속에서 서로를 죽이며 최소 1만 명 이상이 사망했습니다. 이 끔찍한 사건을 '성 바르톨로메오 축일의 대학살'이라고 부릅니다. 프랑스 역사상 가장 무시무시한 범죄 중 하나이자 종교의 이름으로 벌어진 참혹한 사건으로 기록되었습니다.

이 소식을 들은 로마 교황의 반응이 너무도 충격적입니다. 당시 교황이던 그레고리오 13세Gregorius XIII는 이 학살을 크게 기뻐하면서 성가를 부르도록 했고, 특별히 신에게 감사 미사를 드렸습니다. 또 교황청 지배 밖에 있는 신교도 세력을 제거한 것을 칭찬하며 학살을 기념하는 메달까지 만들었다고 합니다. 이웃 나라이자 가톨릭 국가인 스페인도 학살을 축하했습니다. 가톨릭 국가와 달리 신교 국가에서는 애도가 이어졌습니다. 신교의 중심지인 제네바는 금식을 선포했고, 프랑스의 신교도와 교류하던 영국의 엘리자베스 1세 여왕은 상복을 입고 이들의 죽음을 슬퍼했다고 전해집니다.

대학살의 충격으로 정신 이상에 빠진 왕

피바람이 불기 시작한 밤, 신교의 상징이었던 앙리 4세 역시 목숨을 위협받았습니다. 그러자 마고는 남편을 살리기 위해 국왕인 오빠와 어머니를 찾아가 그를 살려달라고 애원했습니다. 비록 원치 않던 결혼이었으나 엄마와 오빠가 자신을 미끼 삼아 남편의 하객 수천 명을 살육했다는 사실이 너무도 고통스러웠습니다. 그래서 애정 없는 정략결혼임에도 남편만은 살리기로 한 것입니다.

마고의 애원을 들은 카트린 왕비는 앙리 4세를 살려주는 대가로 그가 가톨릭으로 개종한다는 조건을 내걸었습니다. 굴욕적이었으나 앙리 4세는 살기 위해 개종을 받아들였습니다. 피의 결혼식 전후로 어머니와 콜리니 제독이 죽었고, 믿고 의지하던 측근들과 수많은 신교도까지 잃은 앙리 4세의 세력은 완전히 쇠락했습니다. 신교에서 가톨릭으로 개종한 그는 루브르 궁전에 갇힌 포로 신세로 전락했고, 이 틈을 타 기즈 가문은 왕실과 손잡고 다시 세력을 키웠습니다.

마고를 희생양 삼아 피의 결혼식을 치렀음에도 프랑스 왕실은 왕권 안정을 이루지 못했습니다. 국왕 샤를 9세가 이상 증세를 보였기 때문입니다. 그는 자신의 명령으로 지옥 같은 상황이 펼쳐지는 것을 루브르 궁전 창문을 통해 생생히 목격했습니다. 이내 어머니에게 떠밀려 신교도 학살을 지시한 것을 후회하며 심한 죄책감에 시달렸습니다. 그러다 병이 들어 피를

정신 이상 증세를 보이는 샤를 9세와 카트린 왕비

토하기 시작했고 1년 반 뒤인 1574년에 폐렴으로 사망했습니다. 이로써 카트린 왕비의 다섯 아들 중 발루아 왕가를 이을 왕자는 단 두 명만 남았습니다. 이때 샤를 9세의 죽음이 카트린 왕비의 독살 때문이라는 소문이 돌기도 했습니다. 왕이 어머니를 멀리할수록 섭정의 입지가 좁아지므로 차라리 왕을 바꾸려 했다는 의심을 산 것입니다.

마고의 넷째 오빠인 앙리 3세Henri III는 샤를 9세의 뒤를 이어 왕위를 계승했습니다. 23세에 프랑스 왕이 된 그 역시 카트린 왕비의 섭정을 받아 어머니의 영향력 아래 프랑스를 다스렸습니다. 카트린 왕비는 이탈리아식 취향을 선호하는 앙리 3세를 유독 좋아했습니다. 그는 특히 패션에 관심이 많았는데, 귀걸이나 긴 목주름 장식의 옷을 즐겼다고 합니다.

마고와 앙리 4세, 반격을 시작하다

카트린 왕비는 마고를 희생양 삼으면서까지 왕권 강화에 힘을 쏟았지만, 어리고 힘없는 왕들이 잇따라 왕위에 오르며 왕권은 심각하게 흔들렸습니다. 여기에 전쟁이 길어지면서 왕실의 금고도 텅 비었습니다. 샤를 9세의 장례식을 치를 비용조차 부족할 정도였죠.

하지만 루브르 궁전에 갇혀있던 앙리 4세에게는 프랑스 왕실이 위태로운 지금이 도망칠 절호의 기회였습니다. 그는 탈출을 위해 왕실 내 자기 세력을 만들기로 했습니다. 이번에도 아내 마고가 힘을 보탰습니다. 그녀 역시 어머니와 오빠인 앙리 3세의 영향력에서 벗어나고 싶었기에 남편과 손잡기로 한 것입니다.

카트린 왕비가 섭정으로 왕궁을 장악한 가운데 두 사람이 힘을 키우고 세력을 모으기 위해서는 명분이 필요했습니다. 두 사람은 왕실의 막내인 알랑송Alençon 왕자에게 주목했습니다. 앞서 세 명의 왕이 모두 후사를 남기지 못하고 사망하면서 아무도 거들떠보지 않던 알랑송 왕자가 프랑스의 왕위를 이을 유력 후보로 떠올랐기 때문입니다. 마고와 앙리 4세는 알랑송을 대외적으로 내세우기로 했습니다. 그리고 당시 상황에 불만을 가진 귀족 세력인 불평당과 손잡았습니다. 이들은 가톨릭을 믿었으나 기즈 공작이 이끄는 가톨릭 강경파에는 반대하는 사람들이었죠. 이들 세력에 앙리 4세가 합류하면서 신교도까지 모여들었습니다.

마고와 앙리 4세는 불평당과 함께 알랑송 왕자를 왕위에 올리기 위한 작전을 세웠습니다. 불평당은 알랑송을 전면에 내세워 프랑스 왕정 개혁과

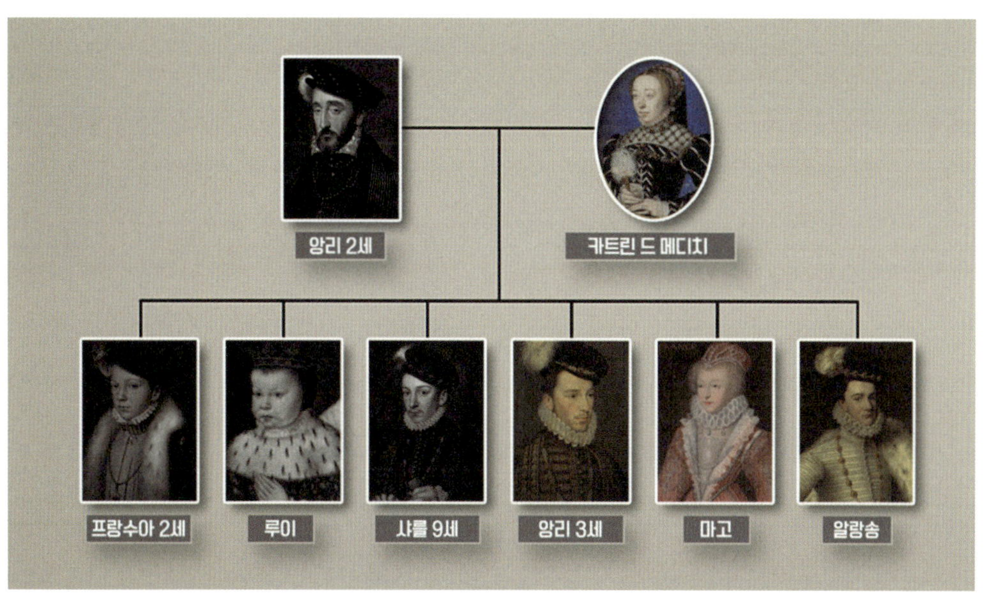

왕권을 둘러싼 발루아 왕가 사람들

종교적 관용 등을 주장하며 왕실에 반기를 들었습니다. 마고 부부가 반기를 들자 카트린 왕비는 이들의 세력을 무너뜨릴 묘책을 짜냈습니다. 불평당의 핵심 인물이자 알랑송의 심복인 라 몰르La Môle 백작이 샤를 9세를 저주해 시해하려 했다고 주장한 것입니다. 그녀는 라 몰르가 바늘을 꽂은 밀랍 인형을 가지고 있었다며 반역죄를 뒤집어씌웠습니다. 카트린 왕비에게는 국왕인 앙리 3세만이 중요했습니다. 결국 라 몰르는 처형됐고 알랑송과 마고의 세력은 타격을 입었습니다.

이 사건을 두고 마고는 라 몰르와 연인 관계였다는 치명적인 소문에 휩싸였습니다. 17세기 초 프랑스에서 발간한 소책자에는 마고가 죽은 라 몰르의 머리에 방부 처리를 하고 소중히 보관했다는 내용이 실렸습니다. 영화 〈여왕 마고〉에는 마고가 라 몰르의 머리를 안고 슬퍼하는 장면이 등장하는데, 이는 당시 소문을 각색한 것이라고 합니다. 이 외에도 이 시기 마고에게는 온갖 자극적인 말들이 따라붙었습니다. 자신이 낳은 아기를 몰래 죽였다는 괴담부터 남자들과 문란한 관계를 맺는 여성이라는 주장이 끊이지 않았죠. 다음은 당시 돌던 소문의 일부입니다.

"이 타락한 여인의 음탕함에는 한계가 없었다. 욕정을 채우기 위해 나이도, 신분도, 매력도 개의치 않았다. 그녀는 이미 열한 살 때부터 현재까지 자신이 정복하고 만족할 수만 있다면 그 누구라도 상관하지 않았다."

라 몰르의 머리를 간직한 마고

마고를 둘러싸고 무성한 소문이 퍼진 것은 그녀가 피의 결혼식을 계기로 프랑스 왕가를 상징하는 인물이 되었기 때문입니다. 학살 이후 왕실은 신교와 가톨릭 세력 모두의 비난을 받았습니다. 신교는 평화를 위해 손잡았다가 뒤통수를 맞았다는 이유로, 가톨릭은 신교와 억지로 화해시키려 한 것이 못마땅하다는 이유였죠. 그리고 마고는 왕실을 향한 모든 비난의 표적이 되었습니다. 신교와 가톨릭은 노골적이고 악의적인 소문으로 마고에게 흠집을 내 발루아 왕가를 무너뜨리려 했습니다.

루브르 궁전을 탈출한 앙리 4세

사방이 적으로 둘러싸이자 마고는 왕실의 견제를 피하기 위해 알랑송 왕자를 루브르 궁전에서 탈출시키기로 했습니다. 1575년 9월, 알랑송 왕자가 파리를 떠나 무사히 신교 진영에 합류했습니다. 그렇다면 루브르 궁전에 남은 앙리 4세의 상황은 어땠을까요? 가톨릭 세력의 득세를 더는 지켜볼 수 없던 앙리 4세도 어렵게 파리를 탈출했습니다.

피의 결혼식 이후 4년 만에 고향에 돌아온 앙리 4세가 가장 먼저 한 일은 개종이었습니다. 학살에서 살아남기 위해 강제로 가톨릭으로 개종했던 그가 다시 자신의 종교인 신교로 돌아온 것입니다. 그리고 힘겹게 전쟁을 치르던 신교 세력을 규합해 자신의 숙적에 대항할 준비에 나섰습니다. 상대는 가톨릭 강경파의 수장인 기즈 공작이었죠. 앙리 4세에게 기즈 공작은 자신의 아내인 마고의 옛 연인이자 신교의 군사 지도자인 콜리니 제독을 대학살로 죽인 살인범이었습니다. 또한 샤를 9세에게 학살을 명령하도록 압박한 끔찍한 학살극의 주모자이기도 했습니다. 무엇보다 기즈 공작은 가톨릭 세력을 이끌며 프랑스 종교 전쟁을 지휘하던 강력한 수장이었기 때문에 반드시 제거해야 할 숙적이었습니다. 앙리 4세가 루브르 궁전에 포로로 잡혀 있는 동안 기즈 공작은 샹파뉴 지역의 도르망에서 신교와 전투를 벌여 큰 승리를 거두기도 했습니다. 이때 생긴 얼굴의 상처 때문에 '칼자국'이라는 별명으로 불렸습니다.

4년간 이를 갈아온 앙리 4세와 실력자 기즈 공작의 전쟁은 시작부터 치열했습니다. 앙리 4세는 전쟁의 우위를 선점하기 위해 파리를 탈출한 마고의 동생 알랑송 왕자 세력과 손잡았습니다. 이때는 이미 종교 전쟁이 시작된 지 15년이나 흐른 시점이었습니다. 지도 속 붉은색 동그라미는 전투가 벌어진 곳을 표시한 것입니다. 크고 작은 전투 속에서 몇 차례 평화가 찾아오기도 했지만 가톨릭과 신교 간의 참혹한 내전은 끝이 보이지 않았습니다. 지루한 내전이 계속되는 사이, 앙리 4세는 가톨릭의 중심지인 파리 인근 지역에서도 승리를 거두며 왕실을 위협했습니다. 그러자 궁지에 몰린 카트린 왕비는 신교의 중심지인 네락으로 찾아가 휴전을 협상했습니다. 잠시 전쟁이 멈추자 파리에 있던 마고도 네락으로 가 2년 만에 남편과 재회했습니다.

이때 마고는 앙리 4세와의 사이에서 아이를 낳으려고 노력했습니다. 왕비로서 지위를 굳히기 위해서는 왕위 계승권자를 낳아야 했기 때문이죠. 하지만 아이는 생기지 않았고, 낙담한 마고는 여러 남자와 연애를 했다고 합니다. 앙리 4세 또한 거침없이 바람을 피우고 아이도 낳았습니다. 사실 두 사람은 결혼식 이후부터 자유롭게 연애를 즐겼다고 합니다. 이러한 두 사람의 관계는 파리로 돌아간 마고가 한 귀족 남성의 아이를 가졌다는 소

신교 vs 가톨릭 전투(1562~1577)

문이 퍼지면서 깨졌습니다. 오빠이자 왕인 앙리 3세는 마고를 루브르 궁전에서 내쫓았고, 앙리 4세는 남편으로서 의무를 다하지 않겠다고 선언했습니다.

왕위 계승자가 된 앙리 4세

낙담하고 있던 마고에게 불행한 소식이 연이어 찾아왔습니다. 1584년, 남동생 알랑송이 29세의 나이에 갑자기 사망한 것입니다. 사인은 폐렴이었습니다. 알랑송의 죽음은 프랑스 종교 전쟁에 큰 파장을 일으켰습니다. 당시 왕인 앙리 3세는 후사가 없었고, 알랑송이 유일한 왕위 계승자였기 때문입니다. 상황이 이렇게 되자 왕의 혈통과 가장 가까운 부르봉 가문의 적통 계승자인 앙리 4세가 프랑스의 새로운 왕위 계승자로 주목받았습니다. 게다가 그는 마고 공주의 남편이기도 했습니다. 비록 사이가 좋은 부부는 아니었지만 말이죠.

기즈 공작은 숙적인 앙리 4세가 왕위에 오르면 프랑스의 권력을 독차지하려던 자신의 노력이 물거품이 되리라 생각했습니다. 국왕인 앙리 3세 역시 가톨릭 국가인 프랑스에서 신교도가 왕이 된다는 사실을 받아들일 수 없었습니다. 앙리 4세가 왕권 계승자가 되면서 잠깐의 평화도 깨지고 말았습니다. 이제 신교와 가톨릭의 종교 전쟁은 이기는 쪽이 프랑스 왕권을 차지하는 새로운 국면에 접어들었습니다.

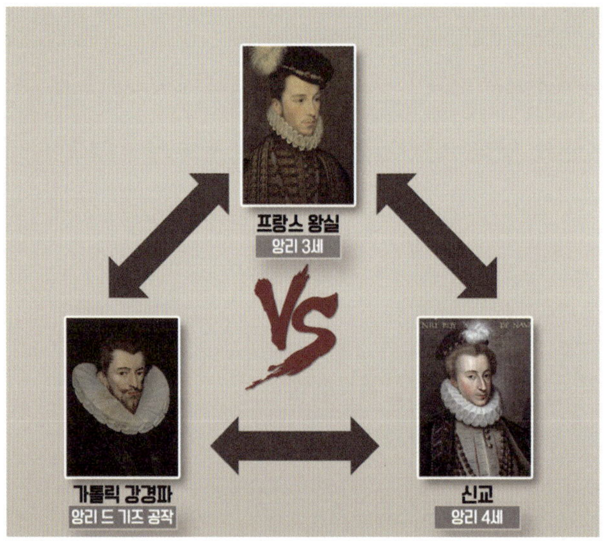

프랑스 왕권을 둘러싼 세 명의 앙리

공교롭게도 전쟁에 나선 인물들의 이름은 모두 앙리였습니다. 그래서 프랑스에서는 이를 '세 앙리의 전쟁'이라고 부르기도 합니다. 여기서 짚어봐야 할 점은 프랑스 왕실과 기즈 공작은 큰 틀에서는 양쪽 모두 가톨릭 세력이지만 앙리 3세는 왕실을, 기즈 공작은 강경파를 내세워 각자의 권력을 쟁취하기 위한 전쟁에 나섰다는 사실입니다. 종교 전쟁의 핵심 인물인 세 앙리에게는 또 다른 공통점이 있었는데, 모두 마고와 밀접한 관계라는 것입니다. 한 사람은 마고의 오빠, 또 한 사람은 마고의 남편, 나머지 한 사람은 마고의 옛 연인이었죠. 그렇다면 마고는 프랑스 세 앙리 중 누구의 편을 들었을까요?

그녀가 선택한 인물은 옛 연인인 앙리 드 기즈였습니다. 그동안 남편과 함께 신교를 지지했던 그녀가 노선을 바꾼 이유는 오빠인 앙리 3세와 남편인 앙리 4세가 자신을 버렸기 때문입니다. 기즈만이 유일하게 남은 선택지였던 것이죠. 그녀는 프랑스 남부의 아쟁으로 이동해 가톨릭 세력의 진지를 구축했습니다. 그곳에서 신교를 약탈할 것을 명령하며 적대적 태도를 보였습니다. 앙리 3세는 마고가 왕권을 위협하는 기즈 공작과 연합했다는 소식에 분노했습니다. 그는 군대를 보내 마고를 포위했고, 그녀가 더는 전쟁에 관여하지 못하도록 위송 지역의 궁전에 유폐시켰습니다.

그사이 강경파를 이끌던 기즈 공작은 대규모 가톨릭 동맹을 만들었습니다. 여기에 파리를 중심으로 프랑스 북동부의 영주들이 대거 합세했고, 가톨릭 국가인 스페인의 펠리페 2세Felipe II도 힘을 더했습니다. 국내의 적을 물리치기 위해 외국 군대를 끌어들인 것입니다. 게다가 교황의 지원까지 받았습니다. 교황 식스투스 5세Sixtus V는 앙리 4세를 타락한 이단으로 규정하며 프랑스 왕위 계승 자격을 박탈한다는 교서까지 발표했습니다. 막강한 세력을 등에 업은 기즈 공작은 앙리 3세를 압박했고, 그는 등 떠밀리듯 기즈 공작의 손을 들어주었습니다. 이로써 프랑스 왕실의 군대까지 기즈 공작의 차지가 되었습니다.

결정적으로 앙리 3세가 지난 수십 년간 왕실과 신교가 맺어온 여러 평화 조약을 모조리 파기하는 조약을 맺으면서 전쟁은 새로운 국면에 접어들었습니다. 조약의 내용은 다음과 같습니다.

- 프랑스 내에서 신교를 금지한다.
- 신교 성직자를 모두 추방한다.
- 6개월 안에 가톨릭으로 개종하지 않는 신교도들은 프랑스에서 모조리 추방한다.

이는 신교를 이끄는 앙리 4세를 향한 전쟁 선포와 같았습니다. 그는 기즈 공작에게 맞서기 위해 군대를 결집하고, 신성로마제국의 신교도 귀족들의 힘도 빌렸습니다. 하지만 가톨릭 세력에 비하면 여전히 규모가 작았습니다. 때문에 한동안은 가톨릭 군대와 정면으로 맞붙는 승부는 시도조차 하지 않았습니다. 대신 물량 공세로 몰아붙이는 가톨릭 동맹에 대적해 바로 치고 빠지는 게릴라 전투로 대항했습니다. 앙리 4세의 군대는 게릴라전에서는 대부분 승리하며 가톨릭 군대의 확산을 막았습니다. 이 시기 앙리 4세는 모든 전투에서 목숨을 걸고 선봉에 섰는데, 조금도 긴장의 끈을 놓을 수 없다 보니 30대의 젊은 나이에도 수염이 하얗게 세고 살이 빠져 뼈만 남았을 정도였다고 합니다.

앙리 4세의 첫 번째 승리, 쿠트라 전투

가까스로 전쟁을 이어가던 앙리 4세의 군대는 1587년 10월에 큰 위기를 맞았습니다. 프랑스 쿠트라 지역에서 야영 중이던 앙리 4세와 신교 군대는 새벽녘 먼 곳에서 들리는 총성에 눈을 떴습니다. 7,000명 규모의 가톨릭 군대가 그들을 향해 빠르게 다가오는 소리였죠. 가톨릭군의 사령관은 포로로 잡은 신교를 모조리 죽이는 것으로 악명 높은 인물이었습니다.

가톨릭군과의 정면 승부를 피할 수 없는 상황에 놓인 앙리 4세는 재빨리 전투 대형을 갖췄습니다. 그는 탁 트인 초원을 승부처로 삼아 언덕 위에 대포를 배치해 포격하기 유리한 곳을 선점했습니다. 그리고 중무장한 기병대를 초원에 배치했습니다. 이번 전쟁에서만큼은 특기인 게릴라전을 포기한 것입니다. 이에 맞서는 가톨릭 군대는 무장한 중장갑 기사들을 내세워 앙리 4세의 군대를 그대로 돌파하는 방법을 선택했습니다. 그들의 군대가 규모와 실력 면에서 모두 우위에 있다고 믿었기 때문입니다. 또 기사들이 앞장서서 압도적인 무력을 보여주면 단숨에 신교 군대를 박살 낼 수 있다고도 생각했습니다.

드디어 양쪽 군대가 초원에서 정면으로 대치했습니다. 먼저 가톨릭군이 자랑하는 중장갑 기병대가 무서운 속도로 신교 기병대를 향해 전진했습니다. 그런데 신교 기병대는 아무런 움직임도 없이 말 위에 가만히 앉아 있기만 했습니다. 그러더니 돌진하는 적 앞에서 노래를 불렀습니다. 《성경》의 구절을 담은 군가로, 목숨을 걸고 싸우겠다는 의미였죠. 이윽고 그들도 서서히 전진하기 시작했습니다. 이 모습에 가톨릭 기병대는 당황했으나 속도를 줄이지 않고 그대로 돌파하기로 했습니다.

신교와 가톨릭의 기병대가 충돌하기 일보 직전, 말을 타고 달리던 가톨릭 기사들이 갑자기 우수수 낙마하기 시작했습니다. 대체 무슨 일이 벌어진 것일까요? 원인은 총이었습니다. 앙리 4세가 신교의 기병대 사이사이에 화승총 정예 부대를 보이지 않게 배치해 둔 것입니다. 그들은 숨어 있다가 적들이 가까이 다가온 순간 일제히 집중 사격을 퍼부었습니다. 총에 맞은 가톨릭 기병대의 전열이 무너지는 틈 사이로 앙리 4세의 기병대가 가톨릭 기병대를 격파했습니다. 그러자 신교 보병들은 흩어진 적의 기병대를 측면에서 포위하며 격렬히 싸웠습니다. 전투는 신교의 대승리로 끝났습니다.

그림 중앙에 말에서 쓰러진 사람이 가톨릭군의 총사령관입니다. 그는 도망가던 중 신교 군대에 잡혔고, 살려준다면 몸값을 주겠다며 항복을 선언

쿠트라 전투

했습니다. 하지만 신교 병사들은 즉시 그를 총살했습니다. 이제껏 가톨릭 군대와의 전투에서 쌓인 증오와 분노는 광기 어린 학살로 이어졌습니다. 신교 군대는 패배한 가톨릭 군대를 닥치는 대로 학살했고, 3,000여 명의 병사와 400명 이상의 가톨릭 기사와 귀족이 죽음을 맞았습니다. 신교군의 손실은 수십 명에 불과했습니다. 그간 게릴라 전투만 하던 앙리 4세의 신교 군대는 처음으로 전면전에서 대승을 거뒀습니다. 이 승리는 지난 몇 년간 열세였던 신교 세력을 크게 고무시켰습니다.

앙리 4세, 프랑스의 왕이 되다

그런데 신교의 앙리 4세가 승기를 잡은 상황에서 가톨릭교도인 두 앙리는 왜 손을 잡지 않은 것일까요? 이들에게 종교는 그저 명분일 뿐이었습니다. 중요한 것은 누가 프랑스의 권력을 차지할 것이냐였죠. 당시 기즈 공작은 강력한 가톨릭 연맹을 이끌며 잇따라 승전보를 거뒀습니다. 대부분이 가톨릭교도인 파리 시민들은 신교도인 앙리 4세가 프랑스의 왕이 되면 강제로 종교를 바꿔야 할지도 모른다는 불안감에 가톨릭 선봉에서 전쟁을 주도하는 기즈 공작을 응원했습니다. 어느새 기즈 공작은 현재의 국왕인 앙리 3세보다 큰 지지를 받게 되었습니다.

이런 상황을 감지한 앙리 3세는 가톨릭의 지지 세력이 탄탄해지고 있다는 기쁨보다는 기즈 공작에게 밀리고 있다는 큰 위기감을 느꼈습니다. 그는 신교와의 전투에서 승리를 거둔 기즈 공작의 파리 입성을 막으라는 명령을 내렸습니다. 그러나 기즈 공작은 보란 듯이 왕의 명령을 무시하며 소규모 부하들을 데리고 파리에 입성했습니다. 시민들은 그에게 꽃을 던지거나 무릎을 꿇은 채 옷자락에 입을 맞추며 환영했습니다. 마치 개선한 왕을 반기는 것 같았죠.

이 소식을 들은 앙리 3세는 매우 분노했습니다. 기즈 공작을 시작으로 권총과 칼로 무장한 그의 병력이 파리로 모여들었고 떼 지어 거리를 활보했습니다. 위협을 느낀 앙리 3세는 이들을 모조리 잡아들이라고 명령했습니다. 파리 시내 곳곳에 배치된 군인들은 쇠사슬로 길목을 가로막으며 기즈 공작 일파를 샅샅이 수색했습니다. 그런데 이 모습을 본 시민들은 앙리 3세가 폭정을 저지른다고 생각했습니다. 그들은 왕의 군대에 저항해 파리 시내에 바리케이드를 치고, 군인들을 향해 무기를 겨누며 민중 봉기를 일으켰습니다.

봉기한 파리 시민과 기즈 공작

그림에서 시민들이 쌓은 바리케이드 위에 올라선 인물이 기즈 공작입니다. 주변에 모인 시민들은 당장이라도 루브르 궁전으로 쳐들어가 앙리 3세를 끌어낼 기세였습니다. 상황이 이렇게 되자 앙리 3세는 살기 위해 궁전을 버리고 파리를 탈출할 수밖에 없었습니다.

기즈 공작은 왕이 떠난 파리를 점령했습니다. 사람들은 쫓겨난 앙리 3세가 아무것도 하지 않자, 왕을 종이호랑이로 여겼습니다. 그사이 기즈 공작은 왕처럼 군림했습니다. 이 같은 시기는 무려 반년이나 계속됐습니다. 그해 12월, 앙리 3세는 의논할 것이 있다며 기즈 공작을 자신이 있는 블루아 궁전으로 불러들였습니다. 수하들은 앙리 3세가 덫을 놓은 것이라며 가지 말라고 조언했지만 기즈 공작은 나약한 앙리 3세는 자신을 해칠 만한 그릇이 되지 못한다며 자신만만했습니다.

왕의 호출에 의심도 없이 달려간 기즈 공작은 암살당했습니다. 앙리 3세는 궁전에 도착한 기즈 공작을 자신의 방으로 불러들였습니다. 이때 왕을 호위하는 친위대 몇몇이 따라붙었고, 이상한 낌새에 기즈 공작이 뒤돌아보자마자 친위대 중 한 사람이 단검을 휘둘렀습니다. 공작이 저항하자 친위대는 강제로 팔을 붙잡고 다시 검을 꽂았습니다. 이때 앙리 3세가 방 밖으로 나와 기즈 공작을 내려다봤습니다. 그는 "이제 내가 왕이다!"라며 만족스러워했다고 합니다.

이 소식을 들은 카트린 왕비는 크게 탄식했습니다. 수십 년간 노력해 온 프랑스의 평화가 아들의 돌발 행동으로 끝장났다고 생각한 것입니다. 그녀는 이번 일과 아무 관련도 없다고 맹세한 뒤 "모든 게 끝났다"라며 침상에 드러누웠고, 3주 만에 세상을 떠났습니다. 공식적인 사인은 가슴막염이었지만 어쩌면 화병이었을지도 모르겠습니다.

　기즈 공작이 죽자 그의 동생이 형의 뒤를 이어 가톨릭 연맹을 이끌었습니다. 그는 형의 원수인 앙리 3세에게 복수를 다짐했습니다. 이때 가톨릭 연맹은 폭군 앙리 3세를 폐위시켜야 한다는 팸플릿을 만들어 시민을 선동했습니다. 프랑스 시민이 앙리 3세를 죽여도 된다고도 주장했죠. 앙리 3세를 향한 분노가 고조되던 그때 발루아 왕가의 최후를 알리는 비극이 벌어졌습니다.

　기즈 공작의 죽음에 분노한 한 가톨릭 수도사가 앙리 3세를 찾아가서 단검을 휘둘러 앙리 3세가 사망한 것입니다. 이렇게 프랑스 발루아 왕가의 대가

기즈 공작의 죽음

끊어지고 말았습니다. 그리고 왕위 계승법에 따라 앙리 4세가 새로운 왕이 되었습니다. 두 앙리, 즉 앙리 드 기즈와 앙리 3세가 격렬하게 싸우다가 함께 자멸하면서 나머지 앙리 4세가 그 자리를 차지한 것입니다.

　그러나 공식적으로 왕위에 오른 것과 실제로 군림하는 것은 다른 문제였습니다. 여전히 앙리 4세를 반대하는 기즈 가문은 파리를 중심으로 세력을 형성했습니다. 수도인 파리는 왕으로서 나라를 다스리기 위해 반드시 얻어야 할 도시였습니다. 파리를 차지해야 프랑스의 진정한 왕이 될 수 있었죠.

　파리를 얻겠다는 앙리 4세의 시도는 시작부터 난관에 봉착했습니다. 그

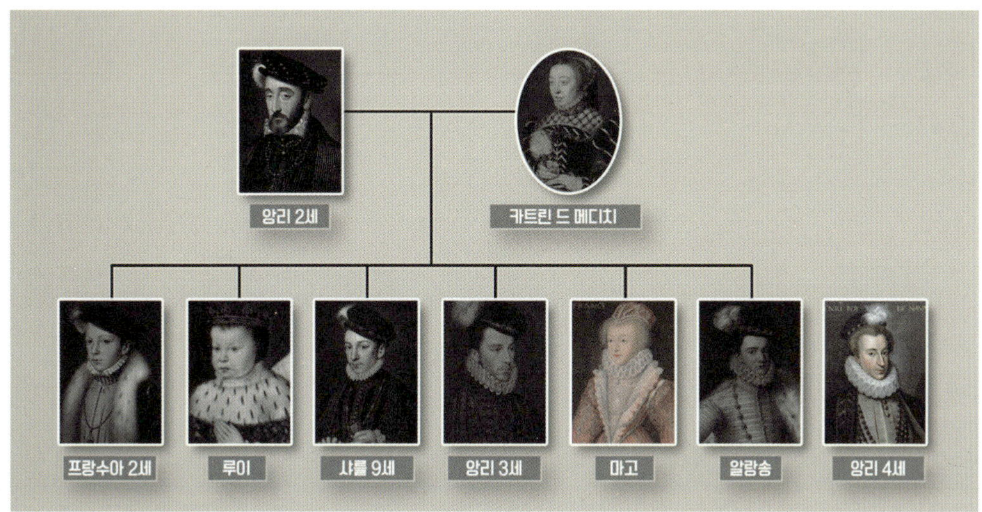

발루아 왕가 최종 가계도

가 파리에 입성한다는 소문이 퍼지자 파리 시민과 성직자들이 총칼로 무장한 채 거리로 쏟아져나온 것입니다. 파리 시민들이 이처럼 격렬한 반응을 보인 것은 그가 신교도였기 때문입니다. 가톨릭 국가인 프랑스에서 신교도 왕은 절대 용납할 수 없는 일이었습니다.

프랑스의 수도 파리는 전통적으로 가톨릭의 중심지였기에 더욱 반발이 극심했고, 앙리 4세는 파리 입성조차 하지 못한 채 되돌아왔습니다. 1590년 5월, 앙리 4세는 파리를 공략하기 위해 군대를 이끌고 나섰습니다. 당시 파리는 지금과 달리 단단한 성벽으로 둘러싸여 있었고, 앙리 4세의 군대보다 두 배 이상 많은 3만 명이 도시를 수비하고 있었습니다.

상대적으로 열세였던 앙리 4세는 파리를 점령하기 위해 도시를 통째로 봉쇄했습니다. 파리에 식량을 들여보내지 않았고 풍차를 태워 빵을 만들 수 없게 했습니다. 그래도 파리 시민들은 흔들리지 않았습니다. 프랑스에

앙리 4세에 맞서 무기를 들고나온 파리 시민들

서 가장 큰 도시인 만큼 식량이 넉넉했기 때문이었죠. 하지만 봉쇄가 5개월이나 이어지면서 상황은 달라졌습니다. 먹을 것이 없어 굶어 죽는 사람이 속출했고, 파리는 커다란 무덤이 되고 말았습니다. 식량이 떨어지자 모든 가축을 잡아먹었고, 그다음에는 키우던 강아지와 고양이는 물론 쥐까지 잡아먹었습니다. 얼마 후에는 배고픈 사람들이 공동묘지로 달려가 죽은 사람의 뼈를 꺼내 그것을 갈아 빵으로 구웠다는 괴담까지 퍼졌습니다. 이 포위전으로 20만 명의 파리 인구 중 4만~5만 명이 기아로 사망했습니다.

이런 상황에서도 파리 시민들은 절대로 성문을 열지 않았습니다. 스페인에서 가톨릭 원군이 온다는 소식이 들려왔기 때문입니다. 이때는 앙리 4세도 파리에서 물러날 수밖에 없었습니다. 다만 이 경험으로 신교에 대한 파리 사람들의 거부감이 얼마나 큰지 확인할 수 있었습니다. 그는 프랑스의 왕이 되기 위해서는 큰 결단이 필요하다는 사실을 깨닫고 가톨릭으로 개종했습니다. 이때 다음과 같은 말을 남겼다고 합니다.

"파리를 차지하기 위해서라면, 미사 한 번쯤이야!"

앙리 4세가 가톨릭으로 개종하자, 파리 시민들은 굳게 잠긴 성문을 활짝 열어 그를 받아들였습니다. 국민의 인정을 받은 앙리 4세는 1589년에 무사히 대관식을 치르고 진짜 왕이 되었습니다. 이로써 수백 년을 이어온 프랑스의 발루아 왕가가 몰락하고 부르봉 왕가가 시작됐습니다.

왕이 된 앙리 4세는 모든 희생의 발단이 된 종교 전쟁을 완전히 끝내기로 다짐했습니다. 프랑스에서 종교적 차별을 없애고, 종교의 자유를 허락하는 「낭트 칙령」을 선포한 것입니다. 프랑스 역사에서 가장 의미 있는 문서 중 하나인 「낭트 칙령」의 주요 내용은 다음과 같습니다.

'프랑스에서 신교의 예배를 허가하고, 신교도의 보호를 위해 병력을 배치하며, 위급한 상황이 발생할 것을 대비해 요새를 건설할 수 있도록 허락한다.'

가톨릭과 신교가 평화롭게 지낼 수 있도록 안전장치를 만들어둔 것입니다. 이 칙령이 반포되면서 프랑스를 휩쓴 36년간의 길고도 참혹한 전쟁이 마침내 끝났습니다. 훗날 앙리 4세는 이 전쟁을 돌아보며 이 같은 말을 남겼습니다.

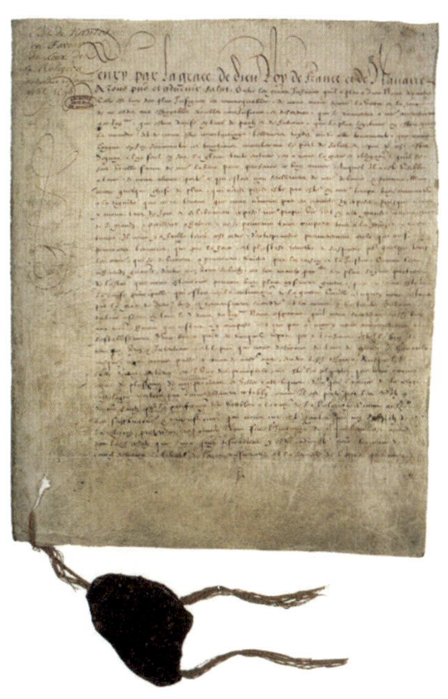

낭트 칙령

"우리는 모두 프랑스인이며 같은 조국의 동포다. 따라서 우리는 사람을 격분시키는 냉혹하고 잔인한 감정을 버리고, 이성과 온정으로써 화해해야 한다."

프랑스 국민들이 다시는 내전으로 고통받지 않기를 바랐던 그는 "왕이란 국민 간의 화합을 이끌어 내는 존재여야 한다"라고 이야기하곤 했습니다.

프랑스 왕가의 수호자가 된 마고 여왕

그간 앙리 3세에 의해 위송에서 유폐 생활을 하던 마고는 앙리 4세와 이혼한 뒤 파리로 돌아왔습니다. 신교와 가톨릭을 오가며 권력의 희생양으로 살았던 그녀는 모든 전쟁과 권력 투쟁이 끝나고 나서야 고향을 찾을 수 있었습니다. 이후 마고는 수백 년간 이어온 발루아 왕가의 유일한 생존자로서 새롭게 들어선 앙리 4세의 부르봉 왕가를 지지했습니다. 앙리 4세는 한때 신교도였던 데다, 부르봉 왕가의 첫 왕이었기에 전쟁 후에도 여전히 왕권이 불안했습니다. 따라서 발루아 왕조의 공주였던 마고의 지지는 앙리 4세에게 큰 힘이 되었습니다.

마고의 지지 속에서 앙리 4세는 36년간의 기나긴 전쟁으로 황폐해진 프랑스를 복구하며 많은 업적을 남겼습니다. 이 시기 프랑스는 평화와 발전을 이뤘고, 시간이 흘러 앙리 4세는 '앙리 대왕'이라 불렸습니다. 그러나 1610년에 앙리 4세에게 불만을 품은 가톨릭 광신도가 그를 습격하면서 앙리 대왕은 갑작스러운 죽음을 맞았습니다.

결국 프랑스의 종교 전쟁은 그 시작부터 마지막까지 왕실의 비극으로 장식했습니다. 하지만 부르봉 왕가의 시작을 연 앙리 4세의 죽음 이후 루이 13세Louis XIII가 왕권을 강화하고, 태양왕 루이 14세Louis XIV가 프랑스의 절대왕정 시대를 열며 프랑스는 강력한 왕권을 가진 국가이자 유럽의 최강대국으로 자리매김했습니다. 오늘날 프랑스 하면 떠오르는 역사를 만든 부르봉 왕가가 앙리 4세의 치세에서 시작된 셈이죠.

프랑스라는 나라를 완전히 무너뜨릴 만큼 강력했던 종교 전쟁은 '종교'라는 이름이 붙었지만, 실상은 권력을 둘러싼 거대한 내전이었습니다. 지금도 우리 사회에는 수많은 갈등이 존재합니다. 이 갈등은 겉으로 보이는 명분 외에도 수많은 이유로 점철되어 있습니다. 그래서 갈등의 근본적인 이유를 찾기 힘들고 해결하기도 어렵습니다. 그렇다면 우리는 어떻게 해야 할까요?

프랑스에서는 이 참혹한 전쟁을 치른 뒤, 다시는 이런 일이 발생하지 않아야 한다며 하나의 가치관이 굳게 자리했습니다. 바로 '관용'입니다. 서로에 대한 차이를 존중하고 인정하는 태도를 뜻하는 관용은 프랑스어로 '똘레랑스(tolérance)'라고 합니다. 이는 지금도 프랑스인을 대표하는 태도로서 상대의 입장을 존중하고 들여다보는 모습으로 자리하고 있습니다. 동시에 프랑스를 '자유의 나라'로 만드는 중요한 가치이기도 합니다. 비록 희생은 컸으나 역사를 통해 프랑스의 정체성을 형성한 것입니다. 이는 우리가 비극과 아픔으로 점철된 프랑스 종교 전쟁을 공부하는 이유이기도 합니다.

벌거벗은 낭만의 도시

런던 세계박람회 vs 파리 세계박람회

임승휘

● 프랑스 파리를 생각하면 떠오르는 이미지는 문화와 예술의 중심지, 미식의 본고장, 매력적인 낭만의 도시와 같은 것들입니다. 사실 과거의 파리는 우리가 알고 있는 지금의 모습과는 사뭇 달랐습니다. 18세기까지만 해도 엄청나게 더러운 도시였죠. 당시 파리는 상·하수도 시설을 제대로 갖추지 못했고, 사람들은 거리에 오물을 버렸습니다. 대소변과 음식물 쓰레기 등이 뒤엉킨 거리에는 고약한 악취가 진동했습니다.

궁전도 사정은 다르지 않았습니다. 베르사유 궁전을 건축할 당시 왕비가 더럽다며 화장실을 짓지 못하게 해 궁전 안에는 화장실이 별로 없었습니다. 그래서 파티가 열리면 귀족들은 부족한 화장실을 찾는 대신 정원에서 볼일을 보곤 했습니다. 이때 귀족들이 오물을 피하려고 높은 굽이 있는 신발을 신었다는 이야기가 전해질 징도였죠.

이렇게 더러웠던 파리는 19세기에 시작된 세계적인 사건을 기점으로 완전히 바뀌었습니다. 전 세계에서 가장 매력적인 도시로 꼽히는 지금의 파리로 성장한 것입니다. 파리에 대변혁을 가져온 계기는 세계박람회였습니다. 흔히 엑스포(Expo)라고도 불리는 세계박람회는 여러 국가의 산업이나 과학기술의 발전을 비교·전시하고 새로운 비전을 제시하는 경제·문화 올림픽입니다. 한마디로 세계인들의 축제가 벌어지는 최대 이벤트라고 할 수 있습니다.

세계박람회라고 하면 우리나라의 대전 엑스포와 여수 엑스포가 떠오를지도 모르겠습니다. 사실 세계박람회는 등록박람회와 인정박람회 두 종류로 나뉩니다. 인정박람회는 비교적 짧은 기간 동안 특정한 주제로 열리며 대부분 개최국이 비용을 부담합니다. 우리나라의 대전과 여수에서 열린 엑스포가 인정박람회입니다. 반면 등록박람회는 다양한 주제로 최대 6개월

동안 열리고, 각국이 자비로 국가관을 만들어 박람회에 참가하는 것입니다. 2030년에 사우디아라비아 리야드에서 열릴 세계박람회가 등록박람회입니다. 등록박람회를 개최하면 경제적 효과는 물론 개최국의 위상을 전 세계에 알리는 절호의 기회를 얻을 수 있습니다. 대표적으로 영국 런던, 미국 뉴욕, 중국 상하이 등의 국제도시가 이 세계박람회를 계기로 성장했습니다. 그중에서 가장 획기적으로 발전한 도시가 프랑스 파리입니다.

그렇다면 파리는 더러운 도시라는 오명을 벗고 어떻게 대반전의 역사를 쓴 것일까요? 또 세계박람회는 파리에 어떤 영향을 주었을까요? 지금부터 똥 밭에서 빛의 도시, 낭만의 도시로 재탄생한 파리 이야기를 해보려 합니다. 도시 발전사에 큰 방점을 찍은 세계박람회와 함께 오늘날 파리 탄생의 역사를 벌거벗겨 보겠습니다.

오물 지옥의 도시, 파리

파리는 오늘날 세계 문화의 중심지로 불리지만 그 시작은 보잘것없었습니다. 파리의 역사는 시테섬에서 출발합니다. 센강의 중앙에 있는 시테섬은 우리나라 한강의 여의도와 비슷한 곳으로, 규모는 여의도의 10분의 1 정도밖에 되지 않는 상당히 작은 섬입니다.

파리라는 이름은 기원전 3세기부터 기원전 1세기에 갈리아(지금의 프랑스) 중부에 살던 켈트족 중의 하나인 파리지족에서 유래했습니다. 파리지족은 센강 서쪽 지역에서 현재의 파리시 지역, 특히 시테섬을 중심지로 삼아 정착했습니다. 이들은 섬 건너편 땅을 연결하는 다리를 건설했고, 나아

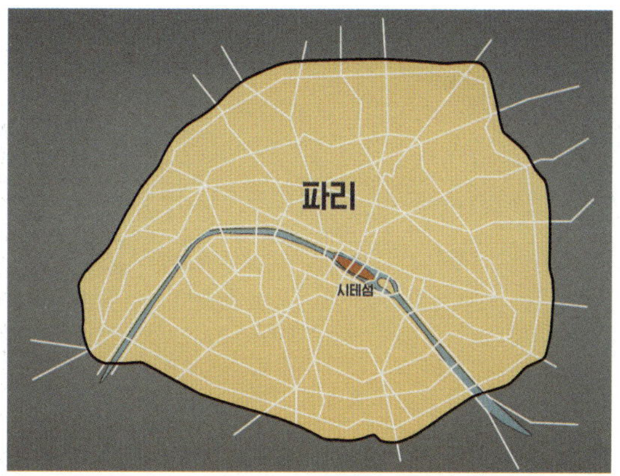

파리와 시테섬

가 유럽의 다른 지역과도 교역을 시작했습니다. 시테섬이 동서남북을 잇는 교통의 중심지가 되자 주민들은 오가는 사람들의 짐을 옮겨주며 돈을 벌었습니다. 이렇게 재산을 축적한 시테섬의 주민들은 파리의 중심 계층으로 성장했습니다. 이후 파리는 프랑스 왕국의 수도로서 정치·경제·종교의 도시로 자리 잡기 시작했습니다.

중세 시대에 이르자 대학이 세워지고 노트르담 대성당과 루브르 요새가 건설되면서 학자와 수도자, 상인들이 모여들었습니다. 14세기에 프랑스와 영국 사이에 일어난 백년전쟁으로 파리는 극심한 고통을 겪었지만, 전쟁이 끝나자 건축물들이 재건되고 확장되면서 수도의 명맥을 이어갔습니다. 17세기에는 정치와 문화, 학문 활동의 중심지이자 상업 중심지로서의 위상이 높아졌습니다. 이후 오랜 세월에 걸쳐 다양한 분야의 사람들이 찾아오면서 1790년 파리의 인구수는 60만 명을 기록했습니다.

현재 파리의 면적은 런던의 19분의 1, 서울의 6분의 1로 비교적 작은 도시입니다. 이보다 더 작았던 과거의 파리 규모를 생각하면 당시 인구밀집도

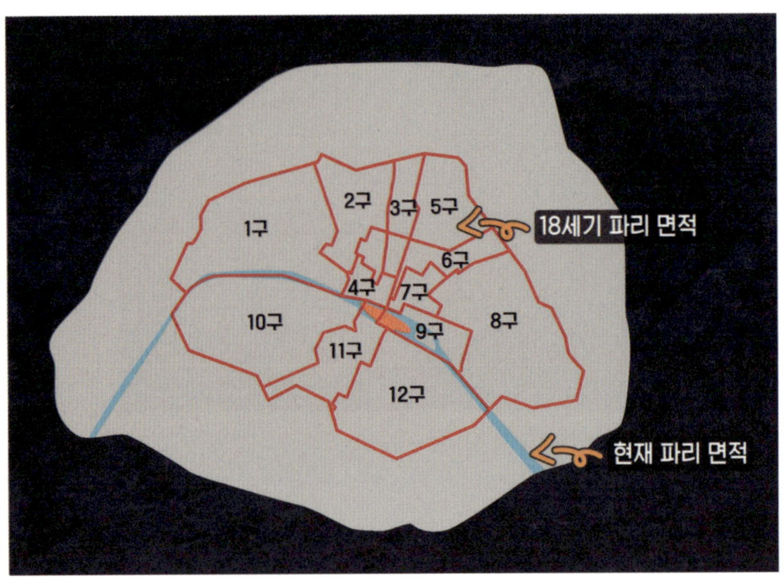

18세기 파리 12구

는 매우 높은 편이었습니다. 이로써 파리는 산업혁명이 한창이던 18세기에 영국 런던에 이어 유럽에서 두 번째로 인구가 많은 도시로 성장했습니다. 런던의 인구가 산업혁명으로 급격히 늘어났다면, 파리는 꾸준히 인구가 증가하면서 대도시로 자리매김했습니다.

작은 시테섬에서 시작한 파리는 18세기에 행정구역이 12구까지 증가했습니다. 이 면적은 우리나라 송파구 정도의 크기로 60만 명이 살기에는 도시의 인프라가 턱없이 부족했습니다. 가장 심각한 문제는 파리가 엄청나게 더러웠다는 것입니다. 파리는 중세 시대부터 더러운 도시였습니다. 그런데 시간이 갈수록 인구는 늘어나는데 도시의 시설은 그대로였기에 더러움은 극에 달했습니다. 이 시기 파리는 오물 지옥 같았습니다.

그림은 18세기 파리의 모습입니다. 비가 와서 침수된 거리에는 각종 쓰레기가 뒹굴고, 젊은 여성을 업은 한 남성이 더러운 오물을 헤치며 걸어가고 있습니다. 당시 파리는 상·하수도 시설을 제대로 갖추지 못해 비가 오면 더 더러워졌습니다. 부르주아가 사는 주택 중 약 6.5%만이 화장실을 갖추고 있었고, 평범한 시민의 집에는 화장실이 아예 없었습니다. 수도가 연결된 집도 100여 채밖에 되지 않았다고 합니다. 변기나 세면대가 없는 집에 살았던 수많은 파리 시민은 이른 아침과 저녁, 하루에 두 번씩

쓰레기가 나뒹구는 파리의 거리

용변을 창밖으로 던져 버렸습니다. 이때 "오물 조심(Gare à l'eau)"을 세 번 외쳤습니다.

도시 전체가 시궁창이 되자 파리 고등법원은 길거리에 용변을 버리지 말라는 명령까지 내렸다고 합니다. 다음은 18세기 파리의 상황을 짐작해 볼 수 있는 어느 작가의 글입니다.

'저녁을 먹으러 나가려는 사람은 똥과 물이 떨어지는 지붕을 피하려 그야말로 곡예를 해야 한다. 진흙더미, 미끄러운 보도, 기름때가 묻은 마차 축처럼 피해야 할 암초투성이다. 세상에서 가장 더러운 도시를 무사히 가로지르는 것은 정말 기적이나 다름없다.'

파리 거리를 뒤덮은 것은 용변만이 아니었습니다. 이 시기 이동 수단이었던 말의 똥과 가정에서 나온 쓰레기, 건축용 잔해 등이 뒤엉켜 사람들은 앞꿈치로 걷는 요령을 터득해서 다닐 정도였다고 합니다. 게다가 구덩이에는 시체들이 나뒹굴기도 했습니다. 당시 젊은 외과 의사들은 해부학 공부를 위해 시체를 훔치거나 돈을 주고 샀습니다. 그런데 해부를 마친 시체를 제대로 처리하지 않고 파리 주변 구덩이에 버렸습니다. 시체를 처리한다는 개념조차 없었던 시절이었죠.

파리뿐 아니라 산업혁명으로 수많은 인구가 몰린 영국 런던도 제대로 된 위생 개념이 없기는 마찬가지였습니다. 도시가 생겼으나 제대로 된 상·하수도 시설이 없어 집마다 요강이 필수였습니다. 이때 요강에 모인 오물을 그냥 길거리에 부어버려서 지나가던 사람이 맞기도 했습니다. 그래서 오물을 피하는 양산이 유행했다고 합니다.

시간이 흘러 19세기에 접어들었으나 파리의 상황은 조금도 나아지지 않았습니다. 오히려 도시의 비위생적인 환경으로 콜레라가 창궐하면서 생명의 위협까지 받게 되었습니다. 콜레라는 주로 오염된 물

18세기 영국의 거리

풍자화 〈죽음의 교살자〉

이나 어패류 등을 통해 감염되는 전염병인데, 마구잡이로 버린 오물과 폐
수가 센강에 흘러들면서 강이 오염돼 콜레라 유행에 불을 지핀 것입니다.
1831년 파리를 방문했던 한 독일의 화가는 당시 파리의 모습을 〈죽음의 교
살자〉라는 풍자화로 남겼습니다. 그림 속 장소는 파리의 오페라 하우스로,
죽음의 신이 뼈로 만든 바이올린을 연주하고 있습니다. 사신의 연주는 콜
레라가 퍼지는 상황을 비유한 것이며 연주회에 참석한 사람들은 시체가 된
채 쓰러져 있습니다. 최악의 도시 환경과 센강의 오염으로 콜레라는 파리
를 넘어 프랑스 전역에 퍼졌고, 무려 10만 명이 사망했습니다.

유럽의 라이벌, 영국 vs 프랑스의 세계박람회 경쟁

콜레라라는 큰 위기를 겪었음에도 파리 환경은 좀처럼 나아지지 않았습니다. 영국의 산업혁명이 프랑스에 불을 지피면서 열악한 도시 환경을 바꿀 틈도 없이 급격한 산업화에 돌입했기 때문입니다. 당시 프랑스의 가장 큰 목표는 경쟁국인 영국을 따라잡는 것이었습니다. 14세기 백년전쟁에서 시작된 프랑스와 영국의 라이벌 관계는 식민지를 두고 경쟁하던 제국주의 시절을 거쳐, 유럽의 패권을 두고 다퉜던 나폴레옹Napoléon 시절까지 엎치락뒤치락하며 치열한 신경전을 벌여왔습니다.

그런데 산업혁명 이후 영국으로 패권이 기울기 시작했습니다. 그러다 보니 프랑스는 파리의 환경 개선보다 경제 발전에 집중할 수밖에 없었습니다. 19세기에 들어선 이때 운하를 건설하고 개선문도 완공했으며, 동시에 면직물 공업이 활발해지자 최초의 철도까지 건설했습니다. 파리와 지방을 연결한 이 철도로 공산품은 물론 일자리를 찾는 사람도 실어 날랐습니다. 특히 이들이 가족과 함께 이주하면서 1840년대에 파리의 인구는 약 100만 명까지 증가했습니다. 목표대로 프랑스의 경제와 산업은 발달했고 그 중심에는 파리가 있었습니다.

프랑스와 영국은 '천년의 라이벌'이라는 말이 있을 정도로 경쟁의식이 매우 강한 국가입니다. 예를 들어 영국이 산업혁명으로 경제가 좋을 때 프랑스가 극심한 빈곤으로 혁명을 일으키자 영국은 프랑스를 비웃었습니다. 또 프랑스는 영국에는 제대로 된 음식이 없다며 영국의 음식 문화를 비웃기도 했죠. 과거 프랑스보다 50년이나 일찍 산업혁명을 이루며 세계 1위 경제 대국을 차지한 영국은 프랑스를 무시하곤 했습니다. 프랑스는 그다음으로 산업이 발전한 국가입니다. 때문에 프랑스가 영국을 라이벌로 생각하는 것을 '2인자 콤플렉스'로 여기기도 합니다. 하지만 지금은 여러 전쟁을 통해 동맹을 맺기도 하며 우호적인 관계를 유지하고 있습니다.

이렇게 프랑스의 경쟁력이 나날이 높아지면서 세계사의 오랜 라이벌인 영국과 프랑스가 또다시 치열한 접전을 벌이는 사건이 발생했습니다. 당시 프랑스는 영국과 대등한 경제 수준에 도달했다는 것을 알리고 싶었습니다. 그래서 프랑스 산업의 우수성을 홍보하고 경제 발전을 도모하기 위해 세계박람회를 열기로 했습니다. 프랑스에서 세계박람회에 대한 논의가 한창일 때 영국으로부터 충격적인 소식이 들려왔습니다. 런던에서 최초의 세계박람회가 열린다는 것입니다.

최초의 세계박람회를 두고 프랑스가 영국에 선수를 빼앗긴 셈인데 이 역시 오랜 라이벌인 두 나라의 경쟁 때문이었습니다. 프랑스를 자주 오가던 영국의 한 관리는 프랑스에서 세계박람회가 개최될지도 모른다는 소식을 듣고 빅토리아 여왕Queen Victoria의 남편인 앨버트 공Albert, Prince Consort을 찾아갔습니다. 관리의 이야기를 들은 앨버트 공은 영국이 프랑스보다 먼저 국제적인 박람회를 열어 영국의 위상을 알리면 세계 무역과 경제를 계속 주도할 수 있다고 생각했습니다. 그리하여 1851년에 영국 런던에서 최초의 세계박람회가 열렸습니다. 과거 우리나라는 일본식 번역어를 그대로 들여와 '만국박람회'라고 부르기도 했으나 현재는 '세계박람회'로 통용하고 있습니다.

런던에서 열린 세계박람회는 큰 성공을 거뒀습니다. 1851년 5월 1일에 개막해 약 5개월간 열린 세계박람회에는 영국과 영국 식민지 외에 32개국이 참여하며 대규모로 치러졌습니다. 특히 영국은 세계박람회의 얼굴격인

THE CRYSTAL PALACE IN HYDE PARK FOR GRAND INTERNATIONAL EXHIBITION OF 1851.
Dedicated to the Royal Commissioners

수정궁 외부와 내부

박람회장 건축에 심혈을 기울였는데, 그렇게 탄생한 것이 수정궁입니다.

철제와 유리로 만든 수정궁은 세계에서 처음 선보이는 거대한 온실형 건축물이었습니다. 이곳에는 1만 3,000여 개의 전시품이 출품됐는데 절반 이상이 영국 제품이었습니다. 당시 영국은 기관차나 선박용 엔진 등 세계 최고 수준의 기술력을 자랑했고, 런던 세계박람회는 흥행에 성공했습니다. 약 630만 명의 관람객이 방문하면서 18만 6,000파운드의 흑자를 거둔 것입니다. 현재 가치로 환산하면 2,400억 원에 달합니다. 런던 세계박람회의 성공으로 유럽뿐만 아니라 전 세계인들의 이목이 영국에 집중됐습니다.

수세식 공중화장실

이때 최초로 생겨난 것이 수세식 공중화장실입니다. 당시 이용료는 1페니였습니다. 전체 관람객의 7분의 1인 약 90만 명이 요즘 시세로 1,000원 정도를 내고 공중화장실을 이용했습니다. 화장실 사용료가 박람회 전체 수익의 약 6%를 차지할 정도였죠.

프랑스, 세계박람회를 열다

이때 세계박람회를 계기로 또 한 번 전 세계에 위상을 떨친 영국을 예의 주시하던 인물이 있었습니다. 프랑스의 나폴레옹 3세Napoléon III입니다. 그는 영국과 러시아를 제외한 대부분의 유럽 국가를 정복한 프랑스의 영웅이자 초대 황제인 나폴레옹 보나파르트Napoléon Bonaparte의 조카로, 1851년에 쿠데타를 일으켜 황제에 올랐습니다. 나폴레옹 3세는 실권을 장악하면서 파리를 명품 도시로 만들겠다는 원대한 포부를 품었습니다. 그래서 '파리 개조'라는 거대 사업을 추진함과 동시에 런던의 세계박람회를 능가할 파리 세계박람회를 준비했습니다.

파리 세계박람회를 위해 그가 먼저 한 일은 런던의 수정궁에 버금가는 박람회장을 짓는 일이었습니다. 이후 파리의 샹젤리제 거리에 박람회장이 세워졌습니다. 영국이 박람회를 개최한 지 4년이 지난 1855년, 프랑스도 드디어 세계박람회를 개최했습니다. 5월 15일부터 11월 15일까지 총 34개국이 참가한 파리 세계박람회는 런던의 수정궁처럼 유리와 철제를 이용해 지은 돔 형태의 건물에서 개막했습니다. 이 건물은 수정궁의 두 배 가까이 넓었으나 비슷한 구조의 건물이었기에 당대의 문화 아이콘이었던 수정궁에 비해 부족하다는 평가를 받았습니다.

파리 세계박람회는 관람객 수에서도 뒤처졌습니다. 630만 명이 방문한 런던 세계박람회보다 적은 약 516만 명이 방문했고 상당한 적자까지 기록했습니다. 표면적으로만 보면 프랑스에서 개최한 파리 세계박람회는 실패한 박람회였습니다. 비록 영국과의 라이벌전에서는 참패했을지는 몰라도 파리 세계박람회는 매우 특별한 성과를 거뒀습니다. 런던 세계박람회와 차별화된 기획을 선보이면서 프랑스만의 장점을 보여준 것입니다.

프랑스가 꺼낸 첫 번째 카드는 미술품 전시였습니다. 앞서 영국이 증기기관차, 대형 난방기구, 인쇄기, 망원경 등 산업기계 전시에 집중했다면, 프랑

파리 세계박람회장과 개막식

스는 자신들의 강점인 미술품을 박람회에서 최초로 전시했습니다. 별도의
전시장인 '예술의 전당'에서는 다양한 예술품을 선보였는데, 무려 5,000여
점의 조각과 회화를 감상할 수 있었습니다. 그중 절반 이상이 프랑스 작가
의 작품이었고 전시를 보러 온 관람객들은 수없이 펼쳐진 예술작품들을 보
며 탄성을 자아냈다고 합니다. 이로써 파리를 중심으로 수 세기 동안 예술
을 꽃피워온 프랑스는 세계박람회를 통해 예술의 나라라는 이미지를 각인
시켰습니다.

　영국과 차별화된 전시를 위해 프랑스가 내민 두 번째 카드는 보르도 와
인입니다. 프랑스는 고민 끝에 자신들이 세계 최고임을 자랑할 수 있는 품
목으로 보르도 와인을 선택했습니다. 와인을 전시하기 위해 당시 세계박람
회에서는 상상도 할 수 없었던 '농업 부문'을 신설했습니다. 프랑스 남서부
의 보르도는 서울시 면적의 두 배에 달하는 세계 최대의 고급 와인 생산지
입니다. 이곳의 와인은 13세기부터 유럽 각지로 팔려나가던 교역품으로 특
히 영국인들이 매우 좋아했습니다.

파리 세계박람회 미술 전시장

이때 나폴레옹 3세는 보르도 와인에 등급제도를 도입했습니다. 이를 계기로 오늘날 와인의 품질을 나타내는 지표인 '보르도 와인 공식 등급'이 탄생했습니다. 보르도 지역에서 생산되는 61개 브랜드의 와인을 5등급으로 분류한 이 등급 체계는 오늘까지 세계 와인 시장에서 막대한 영향력을 행사하고 있습니다. 이처럼 파리 세계박람회는 영국에서 열린 세계박람회의 틀을 깨고 농산품과 예술작품을 전시함으로써 박람회의 새로운 전통을 만들었습니다.

비록 런던 세계박람회보다 주목은 덜 받았지만 파리 세계박람회는 나폴레옹 3세의 의도대로 프랑스의 수도 파리를 알리는 데 중요한 역할을 했습니다. 쿠데타로 정권을 잡은 나폴레옹 3세는 자신의 위신을 세우고 국제사회로부터 인정받기 위한 큰 성과를 필요로 했는데, 그 기회가 파리 세계박람회에 있다고 생각했습니다. 그의 큰 그림은 영국의 빅토리아 여왕이 프랑

빅토리아 여왕의 파리 입성

스를 방문하며 완성됐습니다.

1442년 헨리 5세Henry V 이후 약 400년 만의 영국 군주의 프랑스 방문으로 파리는 들썩였습니다. 세계 강국인 대영제국의 여왕이 파리의 세계박람회에 참석했다는 것은 매우 특별한 일이었습니다. 라이벌 관계인 영국과 프랑스가 동맹을 맺는 동시에 나폴레옹 3세를 프랑스 왕으로 인정한다는 뜻이었기 때문입니다. 드디어 국제적 인정을 받은 나폴레옹 3세는 빅토리아 여왕에게 파리를 관광시켜 주고 베르사유 궁전에 초대해 무도회와 불꽃놀이를 열어주며 극진히 대접했다고 합니다.

오스만의 직선 도로 건설과 파리의 탄생

이 시기 나폴레옹 3세는 세계박람회 개최와 동시에 파리 개조 작업에도 큰 힘을 쏟았습니다. 그는 파리가 런던을 뛰어넘는 문명 세계의 대수도가 되기를 열망했습니다. 그래서 오물 지옥에 빠진 파리를 구하고자 특별한 계획을 세웠습니다. 이를 위해 조르주-외젠 오스만Georges-Eugène Haussmann 남작을 파리 지사로 임명했습니다.

나폴레옹 3세의 명령을 받은 오스만 지사는 낡고 더러운 파리를 완전히 뒤바꿀 방법을 고민하기 시작했습니다. 그리고 곧 파리 개조 프로젝트를 시행했는데, 첫 번째는 파리에 직선 도로를 만드는 것이었습니다. 이를 위해 오스만 지사는 먼저 파리의 골목을 살폈습니다. 1850년대의 파리는 아직 중세의 모습이 남아 있었습니다. 오래된 건물이 빽빽하게 들어서 있고, 그 사이로 좁은 골목들이 구불구불 연결된 모습이었죠. 또 오물과 악취가 배어 있어서 비위생적이었습니다. 1840년대에 이미 파리의 인구가 100만 명을 넘으면서 이런 형태의 골목에 하층민이 몰렸고 수많은 슬럼가가 형성됐습니다. 문제는 이곳에서 툭하면 전염병이 번졌다는 것입니다. 오스만 지사는 이 같은 문제를 해결하려면 바람이 잘 통하는 넓고 깨끗한 직선 도로가 필요하다고 판단했습니다.

오스만 지사가 직선 도로를 만들기로 한 또 다른 이유는 파리의 가장 중요한 교통수단인 마차와 기차였습니다. 그는 어디든 원하는 곳으로 빠르게 이동할 수 있어야 좋은 도시라고 생각했습니다. 따라서 매일 파리를 활보하는 1만 2,000여 대의 마차가 서로 부딪히지 않고 빠르게 기차역 앞을 오가도록 도로를 포장하고 넓히기로 한 것입니다.

철거 전 파리의 골목

그런데 골목마다 건물이 빼곡하게 들어서 있는데 어떻게 직선도로를 만들 수 있을까요? 오스만 지사는 먼저 길이 지나는 곳에 걸쳐 있는 빈민촌을 철거하기로 했습니다. 한마디로 재개발을 위해 낡은 집들을 싹 밀어버린 것입니다. 1859년부터 1860년까지 파리 가옥 2만여 채가 철거되었습니다. 이 과정에서 빈민촌에 살던 2만 5,000여 명이 강제로 도시를 떠나야 했습니다. 그들은 보상도 받지 못했고 파리가 개조된 뒤에 몇 배로 오른 임대

1860년대 몽마르트르 언덕

료와 월세 때문에 다시 돌아올 수 없었습니다.

이때 도심에서 추방당한 가난한 노동자 중 상당수가 파리에서 가장 높은 지대인 몽마르트르 언덕에 자리 잡았습니다. 지금은 유명 관광지가 된 몽마르트르 언덕이 여기서 출발한 것입니다. 노동자가 몰려든 몽마르트르 언덕 주변에는 서커스 공연장이나 카바레, 사창가 등이 생겨나기 시작했습니다.

그렇다면 건물들을 밀어버리고 직선 도로가 들어선 파리 도심은 어떻게 변했을까요? 153쪽의 그림은 개선문을 중심으로 시원하게 뻗은 직선 도로가 특징인 파리의 모습을 담은 것입니다. 이처럼 오스만 지사는 19세기에 파리의 도로를 완성했으며, 이는 현재까지도 그대로 유지되고 있습니다.

파리의 개선문과 직선 도로

그가 만든 직선 도로는 교통 문제를 해결했을 뿐 아니라 파리의 랜드마크 중 하나인 개선문을 중심으로 도로를 건설해 장중한 전망과 예술적 아름다움까지 제공했습니다.

사실 오스만 지사가 직선 도로를 만든 데는 도시 환경 개선 외에도 군중 폭동을 쉽게 제압하겠다는 다른 이유가 숨어 있었습니다. 과거 시민들이 주도한 프랑스 혁명의 중심 도시였던 파리의 좁은 골목은 시민들이 바리케이드를 치고 저항하는 데 유리한 환경이었습니다. 반대로 군대는 군중을 진압하기 어려웠죠. 그런데 직전 도로가 생김으로써 군대가 신속하게 이동할 수 있었고, 시민들은 바리케이드를 치기 어렵게 된 것입니다.

오스만식 아파트와 파리의 탄생

넓은 직선 도로를 건설한 오스만 지사는 파리 개조 두 번째 프로젝트를 시작했습니다. 파리 시민의 주거 형태를 완전히 바꾸기 위해 도로가 정비된 1852년부터 17년간 4만여 채의 건물을 새로 지은 것입니다. 이때 오스만 지사는 직선 도로를 만든 이유와 마찬가지로 바람이 잘 통하도록 5층짜리 건물을 세웠습니다. 그는 노트르담이나 판테온 같은 파리의 역사적 기념물이 돋보여야 한다고 생각했습니다. 이를 위해 새로 짓는 건물의 높이와 도로의 너비가 비례하고, 같은 도로에 세운 건물 높이가 같아야 한다

파리의 오페라 거리(1887~1900년 추정)

는 건축 규칙을 만들었습니다. 이런 규칙적인 도시 경관이 안정적인 통일감을 가져온다고 판단했기 때문입니다. 당시 파리의 오페라 거리(현재의 파리 9구)를 촬영한 사진을 보면 양쪽 건물이 데칼코마니처럼 닮은 모습을 확인할 수 있습니다.

오스만식 아파트는 단조롭다는 비난에도 불구하고 파리의 새로운 주택 문화로 자리 잡았습니다. 이 프로젝트를 통해 오늘날의 파리식 아파트가 탄생했습니다. 그런데 오스만식 아파트의 거주 형태는 매우 독특했습니다. 층별로 거주하는 사람들의 형편이 극명하게 나뉘었던 것입니다. 한 건물에 부르주아부터 중산층, 하인이 살았는데, 총 5개의 층 가운데 부유층인 부르주아는 대게 2층에 거주했습니다.

부유층이 2층을 선호한 이유는 당시는 엘리베이터가 대중화되지 않아서 건물에 엘리베이터가 없었기 때문입니다. 층이 높을수록 임대료가 저렴했기에 1층은 빵집이나 카페, 식당, 식료품점 등의 가게가 들어섰고 2층에는 부유층이, 3층에는 중산층이, 4층에는 빈민이 거주했습니다. 난방이 안 되는 꼭대기 층에는 2층에 거주하는 부유층의 하인들이 살았다고 합니다. 다세대 공동주택의 형태를 가진 이 아파트 주민들은 같은 건물에 살았으나 형편은 천차만별이었던 것입니다.

이때 지은 오스만식 아파트에는 지금도 많은 파리 시민이 살고 있습니다. 꼭대기 층을 '하녀방'이라고 부르는데 보통 가난한 유학생이나 월세를 절약하려는 사람들이 거주합니다. 비록 환경은 열악할지 몰라도 파리 시내가 한눈에 보여서 낭만이 있는 방이기도 하죠. 변하지 않은 것은 지금도 경제적으로 여유 있는 사람들이 2층에 거주한다는 사실입니다.

오스만 시대 아파트 거주 방식

오스만의 상·하수도 정비와 파리의 탄생

오스만 지사의 파리 개조 세 번째 프로젝트는 상·하수도 시설 정비였습니다. 그는 파리의 오물을 처리해 위생 상태를 획기적으로 바꾸려 했습니다. 이는 훗날 그의 가장 큰 공적으로 평가받았습니다. 사진은 파리의 대로 아래 건설한 수도관과 하수도입니다. 이 시설은 오늘날의 파리 상·하수도 건설의 토대가 되었습니다.

불과 얼마 전까지만 해도 대소변 처리도 제대로 되지 않아 시궁창이나 다를 바 없던 파리에 드디어 상·하수도 시설이 들어선 것입니다. 오스만 지사는 수로와 운하를 건설한 다음 오물은 하수도로 처리하고, 상수도로는 파리 시민에게 하루 1만 리터의 물을 공급했습니다. 이때부터 파리는 악명 높은 오물과 악취에서 벗어났고, 파리 시민의 생활환경은 놀라운 속도로

파리 대로 아래 건설한 수도관과 하수도

개선되었습니다.

이렇게 파리는 파격적인 개조로 근대 도시 형태를 갖춰 나갔습니다. 그러던 중 이 프로젝트에 정점을 찍는 사건이 발생했습니다. 파리 개조 프로젝트 진행 전 12개였던 파리의 구가 많은 인구를 수용하기 위해 1860년에 20개까지 확장된 것입니다. 이때 파리의 면적은 두 배나 넓어졌습니다. 여기에는 프랑스 정부의 또 다른 의도가 숨어 있었습니다. 파리 개조 프로젝트로 재정적 압박이 심해지자 이를 세금으로 해결하기 위해 인구수를 늘리려 한 것입니다. 정부의 의도에 따라 면적이 증가한 파리의 인구는 100만 명에서 160만 명으로 증가했습니다.

이로써 여러 성과를 거둔 오스만 지사의 파리 개조 프로젝트는 1870년에 마무리됐습니다. 그 결과 파리는 오물이 넘쳐 악취가 진동하던 더러운 도시에서 벗어나 깨끗하고 탁 트인 오늘날 낭만의 도시로 재탄생했습니다.

파리가 근대 도시의 면모를 갖추게 된 이때 예상치 못했던 큰 위기가 닥쳤습니다. 1870년, 프랑스와 독일의 전신인 프로이센 사이에 '보불전쟁'이 터진 것입니다. 전쟁 발발 후 나폴레옹 3세는 프로이센군에게 포로로 잡혀

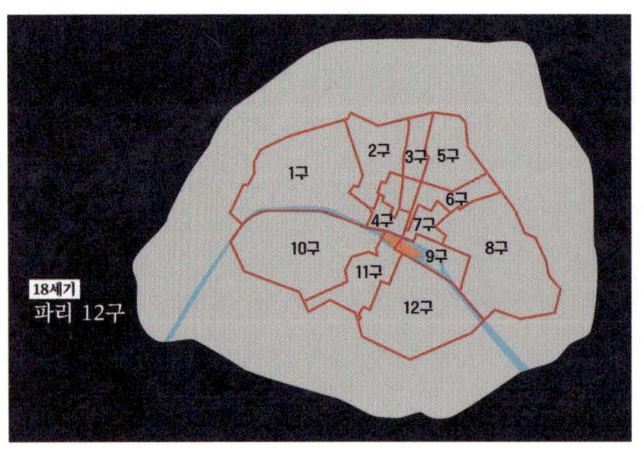

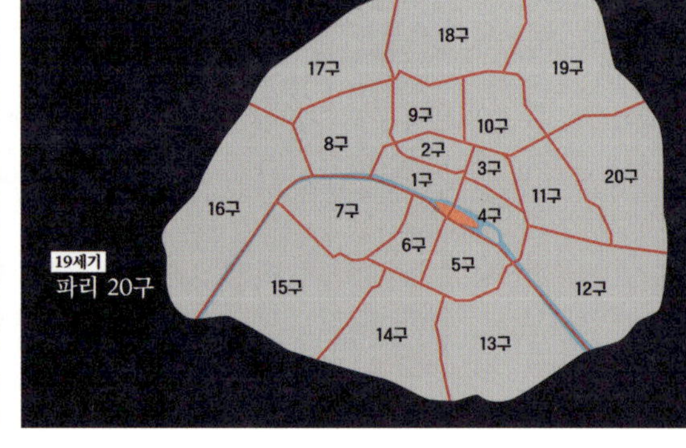

파리 개조 프로젝트와 도시 확장

갔습니다. 얼마 후 프로이센군은 파리를 점령했고, 약 1년 만에 두 나라의
전쟁은 프랑스의 패배로 끝났습니다.

프랑스의 수도 파리는 가장 큰 직격탄을 맞았습니다. 프로이센군이 파리
에 주둔하면서 도시를 관리하자 성장이 멈춰버린 것입니다. 게다가 나폴레
옹 3세가 폐위되고 제3공화국이 들어서면서 파리의 상황은 더욱 복잡한 국
면에 접어들었습니다. 시민들이 프랑스 정부의 무능함에 분노하기 시작한
것입니다. 파리 시민의 첫 번째 분노는 보불전쟁의 패배로 인한 배상금 문
제였습니다. 당시 프랑스가 프로이센에 지급해야 할 배상금은 무려 50억 프
랑이었습니다. 프랑스 국가 예산의 두 배가 넘는 어마어마한 금액이었죠.
파리 시민은 배상금 지급은커녕 프로이센에 맞서 항전을 계속해야 한다고
주장했습니다.

파리 시민이 분노한 두 번째 이유는 부유층과 노동자 간의 빈부 격차입
니다. 파리 노동자들은 치솟는 물가와 달리 턱없이 낮은 임금을 받았습니
다. 하루 평균 15시간을 공장에서 일해도 월세 내기가 빠듯했을 정도였죠.
특히 오스만 지사가 파리를 정비하면서 도시 중심부의 집값이 너무 높아지
는 바람에 노동자들은 외각으로 쫓겨나 빈민층이 되었습니다. 어느새 파리
의 중심부에는 부자들만 모여 살았습니다. 이렇게 부유층과 노동자 간의
주거 지역까지 분리되자, 노동자들은 빈익빈 부익부 현상을 더욱 체감했습
니다.

결국 폭발한 파리 시민은 '파리 코뮌(La Commune de Paris)', 즉 자치 정
부를 세우고 프랑스 제3공화국 임시 정부에 반발하며 혁명 운동을 주도했
습니다. 하지만 자치 정부를 수용할 수 없었던 프랑스 정부는 프로이센군
의 지원을 받아 자국의 국민인 파리 코뮌을 진압하고 해산시켰습니다. 이렇

게 파리는 약 2년간 전쟁과 복잡한 내부 상황으로 도시 개발이 완전히 멈
추고 말았습니다.

국가 이익을 위한 두 번째 세계박람회

프랑스 정부는 정치적 혼란과 패전으로 상처받은 국가의 위신과 수도인
파리의 역할을 하루라도 빨리 회복하려 했습니다. 이 문제를 해결하기 위
해 내놓은 방법은 또 한 번의 파리 세계박람회였습니다.

1878년에 열릴 두 번째 세계박람회의 성공을 위해 프랑스가 선보인 것은
관광용 열기구였습니다. 기존의 열기구를 발전시킨 관광용 열기구는 관람
객들의 눈길을 사로잡았습니다. 당시 제작한 포스
터에는 중앙에 높이 띄운 열기구 그림과 함께 '튈
르리궁 정원의 열기구 위에서 바라본 파리의 파노
라마'라는 문구가 새겨져 있습니다. 파리 세계박람
회에서 열기구를 타고 파리 관광을 할 수 있다는
것이었죠. 이 소식은 많은 관람객의 호기심을 자
극했습니다.

이때 파리 세계박람회에는 전 세계를 깜짝 놀라
게 한 인물이 등장했습니다. 미국의 천재 발명가
라고 불리는 토머스 에디슨Thomas Edison입니다.
그는 이번 세계박람회에 전구를 출품했습니다. 당
시 유럽은 가스등을 사용했기에 늘 화재의 위험에

1878년 파리 세계박람회 포스터

에디슨 전구가 밝힌 오페라 거리

노출돼 있었습니다. 그런데 에디슨이 개발한 아크 램프, 즉 전기 가로등은 불이 날 위험도 없이 컴컴했던 파리 중심가의 오페라 거리를 환하게 밝혔습니다. 비록 전구가 너무도 비싸서 32개의 가로등만이 오페라 거리를 비췄지만, 이 모습을 본 사람들은 일상의 기적이라며 찬사를 아끼지 않았습니다. 세계박람회에서 전구를 본 1,600만 명의 박람회 관람객들은 전기의 시대가 다가왔다는 사실에 열광했습니다.

세계박람회에서 선보인 에디슨의 전구를 계기로 파리의 밤은 어둠에서 벗어나 더욱 밝아졌고, 빛의 도시라는 명성을 얻었습니다. 처음에는 제한적으로 설치되었던 전구도 점차 가정에 설치되기 시작했고 도시는 특유의 노란 불빛으로 물들었습니다. 이때부터 밤 문화가 생겨나며 파리는 낭만의 상징이 되었습니다.

파리의 상징, 에펠탑의 탄생

국가의 위상을 높일 때, 전쟁과 내부 분열의 상처를 극복해야 할 때, 그리고 황제의 입지를 공고히 다져야 할 결정적인 순간마다 프랑스가 내세운 것은 세계박람회였습니다. 이 과정에서 악취 나는 도시였던 파리는 점차 근대 도시로 성장해 나갔습니다. 그리고 파리는 다시 한번 세계적인 도시로 도약할 야심 찬 계획을 세웠습니다. 프랑스 혁명 100주년이 되는 1889년에 세계박람회를 개최하는 것이었죠.

남다른 의미를 가진 해였던 만큼 역대급 흥행 보증수표가 필요했습니다. 프랑스는 혁명 100주년 기념 세계박람회를 3년 앞둔 상황에서 기술의 문명과 진보를 선보일 만한 상징성 있는 건축물을 짓겠다는 포부를 드러냈습니다. 이 시기 세계에서 가장 높은 건축물은 미국 워싱턴 D.C에 있는 169m의 오벨리스크 형태의 기념비였습니다. 박람회 조직위원회는 고심 끝에 기존 건축물을 압도하는 동시에 프랑스 혁명 100주년을 상징하는 건축물로 파리 중심에 1,000피트, 즉 300m 높이의 타워를 세우기로 했습니다.

파리를 상징할 거대한 타워를 만들기로 계획한 박람회 조직위원회는 곧 '300m 타워를 위한 공모전'을 열었습니다. 전 세계에서 가장 높은 타워를 건설하겠다는 일념에 파리는 들썩였습니다. 그리고 이 소식에 촉각을 곤두세운 한 인물이 등장했습니다. 천재 건축가 귀스타브 에펠Gustave Eiffel입니다. 그는 정식 엔지니어 교육을 받지 못했으나 건축의 세밀한 공학 계산을 할 줄 알았고, 건축 설계 도면을 보고 문제점을 정확하게 파악해 해결책을 제시하는 능력으로 이미 업계에서 인정받고 있었습니다.

그리고 이 시기, 에펠은 세계적으로 유명한 미국 뉴욕의 상징물 '자유의 여신상' 작업에 참여하면서 업계를 뛰어넘어 대중에게까지 널리 알려졌습니다. 미국 독립 100주년을 기념해 프랑스가 선물한 자유의 여신상은 에펠이 내부 철골 구조 작업을 맡은 작품입니다.

자유의 여신상

　자유의 여신상이 뉴욕에 세워진 지 140년이 지난 지금도 굳건하게 서 있는 이유는 내부 철근 구조물을 매우 튼튼하게 만들었기 때문입니다. 에펠은 굵직한 철조 건축물 작업에 참여하며 공로를 인정받았고, 1878년에는 프랑스 정부가 수여하는 가장 명예로운 훈장인 레지옹 도뇌르 훈장을 받는 영광을 누렸습니다. 한편 파리 사람들은 그를 '철의 마법사'라고 불렀습니다. 철을 이용해 전 세계에서도 찾아볼 수 없는 독특한 건축물을 만들었기 때문입니다. 현재 에펠은 프랑스를 문화 강국으

프랑스에서 제작 중인 자유의 여신상(1883년)

로 만든 인물이자 파리를 세계 1위 관광지로 만들어준 건축가로 평가받습니다.

그렇다면 당대 최고의 건축가로 공인받은 에펠은 '프랑스 혁명 100주년 기념, 파리 세계박람회'를 장식할 300m 타워 공모전 소식을 듣고 어떤 반응을 보였을까요? 그는 세간의 주목을 받으며 공모전에 응모했습니다. 공모 기간이 16일로 비교적 짧았음에도 에펠을 포함해 무려 107개의 건설 프로젝트가 몰려들었습니다. 치열한 접전 끝에 에펠은 당당히 1등을 차지했습니다. 에펠의 우승으로 탄생한 것이 바로 프랑스 파리의 명소이자 세계인이 사랑한 건축물인 '에펠탑'입니다.

공모전에 뽑힌 에펠의 디자인에는 잘 알려지지 않은 사실이 하나 있습니다. 에펠탑을 디자인한 사람이 에펠 자신이 아니라는 것입니다. 최초로 에펠탑 초안을 그린 인물은 에펠이 운영하던 설계 회사에 소속된 건축가 3인이었습니다. 그들이 설계한 에펠탑 초기 크로키를 보면 지금의 에펠탑과 비슷한 모습임을 확인할 수 있습니다. 그 옆에는 노트르담 대성당과 자유의 여신상, 등대, 개선문과 그 밖의 건물들이 줄지어 쌓여 있습니다. 이들 건물을 모두 쌓아 올리면 에펠탑의 높이인 300m가 된다는 뜻이었죠.

에펠은 이 디자인에 미적인 부분을

에펠탑 초안

보강해 완성한 설계 도면을 공모전에 응시했습니다. 이때 설계 초안을 특허로 매입한 뒤 합법적으로 소유했다고 합니다. 심지어는 에펠탑이 흥행에 성공하자 초기 설계자인 세 사람의 공을 공식적으로 인정하며 1인당 약 5만 프랑을 특별 수당으로 지급하기도 했습니다. 이는 당시 에펠탑 건설 노동자의 약 18년 치 연봉에 해당하는 금액이었습니다. 이렇게 1889년 파리 세계박람회에 세워질 300m 타워는 에펠탑으로 최종 결정됐습니다.

위기에 빠진 에펠탑

파리 세계박람회에서 300m 타워를 선보여야 했던 에펠은 2년이라는 시간 안에 건축을 완성해야 했습니다. 그런데 서둘러 작업에 착수한 에펠에게 큰 위기가 닥쳤습니다. 에펠탑의 자금을 해결하기로 했던 박람회 조직위원회가 에펠에게 공사비를 직접 해결하라고 통보한 것입니다. 조직위원회는 에펠탑이 대중적으로 성공을 거둘 수 있다는 확신이 들지 않자 모든 위험을 에펠에게 떠넘기려 했습니다.

에펠은 고심 끝에 한 가지 묘안을 떠올렸습니다. '에펠탑주식회사'를 설립해 대출을 받은 것입니다. 담보는 에펠탑의 수입금이었습니다. 당시 에펠이 에펠탑을 건설하는 데 필요하다고 계산한 예산은 650만 프랑이었습니다. 그런데 프랑스가 지원해준 공사비는 150만 프랑뿐이었습니다. 대신 프랑스는 에펠에게 20년간의 에펠탑 사용권을 넘겨주기로 했습니다. 즉 민간이 시설을 건설·운영한 뒤 일정 기간이 지난 후 정부나 지자체에 소유권을 이전하는 민간 투자사업인 BOT(Build-Operate-Transfer) 방식으로 전환해 자금난을 해결한 것입니다.

그런데 에펠이 건설 자금 문제를 해결한 지 얼마 지나지 않아 예상하지 못한 위기가 또다시 찾아왔습니다. 이 시기 에펠탑의 하단이 점차 모습을 드러냈는데, 이를 본 파리의 예술가 300여 명이 파리의 미관을 해친다며 맹렬하게 비난하기 시작한 것입니다. 문제는 비난하는 사람들이 모두 당대의 영향력 있는 예술가들이었다는 사실입니다.

프랑스 사실주의 작가이자 소설 〈귀걸이〉로 유명한 모파상Maupassant, 그리고 19세기 프랑스 최고의 인기 소설가이자 언론인인 에밀 졸라Émile Zola와 오페라 〈아베 마리아〉를 작곡한 샤를 구노Charles Gounod 등 상당수가 문화계 엘리트였습니다. 이들은 심지어 에펠탑을 비난하는 선언문을 일간지에 게재했습니다. 다음은 1887년 2월 14일 자『프랑스 르 타임』에 실린 항의문의 일부입니다.

건설 중인 에펠탑(1887년)

'우리 작가, 화가, 조각가, 건축가들은 현재 위협받고 있는 프랑스 예술과 역사의 이름으로 우리의 수도 한가운데에 백해무익하고 추악한 에펠탑을 세우는 것에 항의한다.'

예술가들은 에펠탑이 파리의 불명예가 될 것이라며 에펠탑 건설을 비난하는 성명을 신문에 발표했습니다. 이 항의문은 1889년 세계박람회 주최자를 향한 메시지로, 당시 에펠탑을 둘러싼 파리의 분위기가 너무도 살벌해서 에펠도 상당한 부담감을 느꼈다고 합니다.

에펠탑을 향한 비난 여론이 심각했던 또 다른 이유는 에펠탑이 20년간 에펠의 소유로 남겨진다는 사실이 알려졌기 때문입니다. 일반적으로 박람회가 끝나면 건축물은 대부분 철거됩니다. 그런데 파리 시민들은 거대한 굴뚝 같은 에펠탑이 20년이나 남아 있어야 한다는 사실을 받아들일 수 없었습니다. 그들은 파리의 망신 에펠탑이 파리를 파멸시킬 것이라며 반대했습니다.

모파상은 에펠탑과 관련해 유명한 일화를 남기기도 했습니다. 에펠탑이 완성된 후 그곳에서 식사하는 모파상에게 누군가가 "에펠탑을 그리도 싫어하면서 왜 여기서 밥을 먹냐"고 물었습니다. 그러자 모파상은 "여기가 파리에서 에펠탑을 볼 수 없는 유일한 곳이니까"라고 대답했습니다. 그만큼 에펠탑을 싫어했다고 합니다.

에펠은 논란에 정면으로 맞섰습니다. 탑의 설계와 제조에 문제가 없음을 대중이 최대한 이해하기 쉽도록 풀어서 설명하고, 지역 주민들이 걱정하는 피해에 대해 전적으로 책임을 지겠다고 공개적으로 밝혔습니다. 그는 탑 건설에 대한 재정적 책임뿐만 아니라 에펠탑이 무너지는 최악의 상황에 대한 책임까지 지겠다며 설득했습니다. 에펠의 믿음직스러운 모습을 본 대중은 점차 그를 신뢰하기 시작했고 에펠탑에 관한 논란도 조금씩 사그라들었습니다.

에펠은 1889년에 세계박람회가 개최되기까지 5,300장의 도안과 철근 7,300톤, 페인트 60톤을 사용했고, 250여 명을 투입해 탑 건설에 총력을 기울였습니다. 그리고 마침내 2년 2개월 5일이라는 시간 끝에 에펠탑을 완성했습니다.

파리의 상징, 에펠탑 완성

1889년 5월 15일, 파리 세계박람회 개장과 함께 에펠탑의 위용이 드러났습니다. 파리 세계박람회는 에펠탑을 포스터에 내걸고 대대적으로 홍보했습니다. 세계 각지에서 모인 관람객들은 에펠탑으로 향했고, 박람회 조직위원회의 우려와 달리 에펠탑은 수많은 찬사와 주목을 받았습니다.

에펠탑은 공개와 동시에 첫 주에만 3만여 명의 관람객이 몰렸습니다. 처음 2주 동안은 엘리베이터 공사가 진행 중이었기에 전망대로 가려면 674개의 계단을 걸어 올라야 했습니다. 당시 에펠탑을 방문한 관광

1889년 프랑스 세계박람회 포스터

객들은 모두 깜짝 놀랐습니다. 거대한 철탑으로만 생각했던 에펠탑 내부에 상당한 실내 공간이 있었기 때문입니다. 전망대 1층 가장자리에는 약 300m에 달하는 산책로가 있고, 지금은 운영하지 않지만 러시아 식당과 영미식 술집, 그리고 250석 규모의 카바레 극장도 있었습니다. 에펠탑은 박람회 내내 인산인해를 이뤘었는데, 약 6개월의 박람회 기간에 약 200만 명이 방문하면서 1889년 파리 세계박람회의 최고 히트 작품으로 인정받았습니다.

에펠탑의 흥행으로 에펠은 큰 주목을 받았습니다. 프랑스 고위 관계자는 물론 유럽 국빈들이 에펠의 초대에 응할 정도였습니다. 에펠은 탑을 건축하면서 전망대 3층에 자신만의 공간을 숨겨 놓았습니다. 이곳은 일반인이 접근할 수 없고 에펠이 초대해야만 방문할 수 있는 장소로 당시 벨기에 국왕인 레오폴드 2세Léopold II와 영국의 웨일스 왕자 앨버트 빅터Albert Victor 등이 초대받았다고 합니다. 그리고 과거 파리 세계박람회에서 전구를 선보였던 화제의 인물인 에디슨도 이 비밀의 방에서 에펠과 독대했

세계박람회와 에펠탑

에펠탑 전망대 2층에서 바라본 파리

전망대 1층 레스토랑

에펠탑 비밀의 방 위치

습니다. 사진에 표시한 곳이 에펠이 숨겨둔 비밀의 방 위치입니다. 이곳은 2015년 5월에 대중에게 공개했습니다. 비밀의 방에는 에펠과 에디슨이 함께 있는 모습을 재현해 놓았으며, 지금은 전망대에 올라가면 누구나 비밀의 방을 관람할 수 있습니다.

라이벌 영국은 처음 에펠탑을 봤을 때만 해도 그저 인간이 만든 철 덩어리에 불과하다고 생각했습니다. 그런데 파리를 상징하는 건축물로 유명해지자 영국도 런던의 상징적인 건축물을 만들고 싶어 했습니다. 그렇게 탄생한 것이 왓킨스 타워입니다. 에펠탑과 매우 흡사한 이 타워는 영국인들

영국의 왓킨스 타워

미국 시카고 세계박람회 대관람차

도 잘 모를 만큼 관심받지 못했습니다. 영국뿐 아니라 미국도 에펠탑을 의식해 1893년 개최한 미국 시카고 세계박람회에서 대관람차를 선보였습니다. 이는 세계 최초의 대관람차이기도 합니다.

그렇다면 전 세계의 찬사를 받은 에펠탑을 만든 건축가 에펠은 얼마나 많은 돈을 벌었을까요? 에펠탑은 세계박람회 기간에만 650만 프랑의 이익을 냈는데, 현재 가치로 280억 원에 달합니다. 게다가 에펠은 20년간의 에펠탑 소유권을 갖고 있었기 때문에 그 이후에도 어마어마한 부를 축적한 것으로 알려졌습니다. 훗날 에펠은 "나는 에펠탑을 질투한다. 그녀는 나보다 더 유명하다"라는 말을 남기며 에펠탑의 인기를 자랑스러워하기도 했습니다.

사실 에펠탑의 수익은 현재가 더 놀랍습니다. 파리시는 에펠탑으로 연

평균 약 8,000만 유로를 벌어들이는데, 한화로 환산하면 약 1,360억 원입니다. 이탈리아 몬차 상공회의소가 세계 각지의 관광지를 평가한 자료에 따르면 고대 로마 시대 건축물인 콜로세움의 가치는 910억 유로로, 한화로 환산하면 약 155조 원의 가치를 가졌다고 합니다. 그리고 에펠탑의 가치는 한화로 약 741조 원인 4,340억 유로로라고 합니다. 에펠탑이 세계 최고의 경제적 부가가치를 가진 건축물로 인정받은 것입니다.

이 거대한 철탑은 세계 곳곳에 프랑스의 위상을 알렸습니다. 특히 밤마다 빛나는 에펠탑의 화려하고 아름다운 조명 쇼는 '빛의 도시'라는 파리의 타이틀을 더욱 빛나게 해주었습니다. 에펠탑과 함께 파리의 고유한 이미지가 탄생한 것입니다. 파리를 빛내는 에펠탑 조명은 긴 역사를 가졌습니다. 가장 먼저 1889년에 1만 개의 가스등을 탑에 설치했고, 1900년 이후에는 전구로 교체해 3,000개의 전구를 탑에 설치했습니다. 현재는 일몰 후 정각이 될 때마다 푸른색과 흰색, 붉은색 조명 쇼를 하고, 매년 7월 14일에 열리는 프랑스 혁명 기념 축제에서는 에펠탑을 중심으로 불꽃놀이가 펼쳐집니다.

그런데 에펠탑은 파리에서 가장 높은 건축물이라는 명성 때문에 웃지 못할 일들이 벌어지기도 했습니다. 낙하하는 물체의 공기 저항력을 실험하는 장소로 사용되는가 하면, 1900년에는 어느 발명가가 이곳에서 자신의 발명품인 낙하산 슈트의 성능을 증명하겠다고 나서기도 했습니다. 당시 소식을 듣고 모인 관중들은 숨죽이고 그를 올려다봤습니다. 에펠탑의 약 60m 지점에서 낙하한 그는 슈트가 제대로 펴지지 않는 바람에 안타깝게도 추락사하고 말았습니다. 그럼에도 에펠탑에서의 낙하와 기상 실험은 계속됐고, 에펠탑은 과학 실험의 아이콘으로 떠오르기도 했습니다.

최근 에펠탑이 부식되고 있다는 소문이 들려오기도 했는데, 페인트칠이 벗겨졌을 뿐 이는 사실이 아닙니다. 에펠탑은 10년마다 페인트칠을 새로 하고 전체 보수 공사를 합니다. 이때 사용하는 페인트 무게는 코끼리 10마리 정도라고 합니다. 파리는 도시의 상징인 에펠탑을 신경 써서 관리하는데, 우스갯소리로 파리시의 입장에서 에펠탑은 일종의 현금지급기 역할을 하기 때문입니다.

파리 문화예술의 황금기 '벨 에포크'

에펠탑의 유명세로 그 주변은 물론 파리 전체가 빠른 속도로 현대 도시의 모습을 갖춰 갔습니다. 많은 편의시설이 들어섰고 유흥 문화도 생겼습니다. 사람들이 몰려드니 자연스럽게 도시가 발전한 것입니다. 또 에펠탑의 인기와 더불어 1900년에 열리는 프랑스 세계박람회도 당연한 듯이 파리에서 열렸습니다. 이번 박람회의 취지는 19세기 말까지 이룩한 발명품들을 한데 모으는 것이었습니다. 그래서 프랑스는 전 세계 각국에 초청장을 보냈고 파리 곳곳에 나라별 전시관을 세웠습니다.

1900년 세계박람회에서 가장 큰 인기를 끈 것은 무빙워크였습니다. 전기와 컨베이어벨트를 이용해서 만든 기술로, 사람들은 시속 8km의 무빙워크를 원하는 대로 타고 내리며 편하게 목적지에 갈 수 있었습니다. 44개국이 참가한 대규모 박람회에는 무려 5,000만 명의 관람객이 방문했습니다. 덕분에 파리는 유례없는 호황을 누리며 물질적 풍요가 가득한 도시로 한 단계 더 성장했습니다.

1900년 파리 세계박람회의 루이뷔통 부스

이때 박람회에 등장한 브랜드 가운데 지금까지도 유명세를 유지하는 것이 루이뷔통Louis Vuitton입니다. '여행과 가죽 제품' 분야에 출전했는데, 회전목마 같은 형식으로 제작한 루이뷔통 부스는 여행 가방과 우아한 백들을 전시해 관람객들의 주목을 받았다고 합니다.

이때 한국도 최초로 세계박람회에 참가했습니다. 고종 황제는 독립국으로서 '대한제국'의 존재를 전 세계에 알리기 위해 파리 세계박람회에 참가했습니다. 이때 설치한 대한제국관은 경복궁 근정전을 본뜬 형태로 화려한 색의 목조건물과 기와지붕으로 만들었습니다. 대한제국은 한국의 전통문화인 비단과 도자기, 그리고 해금 같은 전통 악기 등을 출품해 우리 문화를 세계인에게 선보였습니다.

1900년까지 총 다섯 번의 세계박람회가 열리는 동안 파리는 사회·경제·

1900년 파리 세계박람회의 대한제국관 외부와 내부

산업·관광 등 다양한 분야에서 꾸준한 성장을 이루며 대도시의 면모를 다져나갔습니다. 이런 분위기 속에서 프랑스 문화사에 길이 남을 화려한 문화 황금기, 이른바 '벨 에포크(Belle Époque)' 시대를 맞이했습니다. 프랑스어로 '아름다운 시절'을 뜻하는 벨 에포크는 파리가 문화·예술의 중심지이자 낭만의 도시로 완전히 자리 잡았음을 의미합니다.

이렇게 전 세계인이 사랑하는 도시로 성장한 파리는 격변하는 세계사 속에서 위기를 맞기도 했습니다. 제2차 세계대전이 시작되면서 1940년에 독일군이 파리를 점령한 것입니다. 이때 아돌프 히틀러Adolf Hitler는 파리를 방문해 에펠탑을 관찰하고 그 앞에서 사진을 남겼습니다. 당시 파리 시민들은 히틀러가 에펠탑 위에 올라가지 못하도록 에펠탑의 엘리베이터를 파괴하기도 했습니다. 파리의 상징이자 프랑스의 상징인 에펠탑에 나치 독일의 수장이 올라가는 것만은 용납할 수 없었기 때문입니다.

제2차 세계대전이 막바지에 이르자 파리의 위기는 더욱 고조되었습니다. 패전을 감지한 히틀러가 파리를 점령하고 있던 독일 장군에게 도시를 파괴하라고 명령한 것입니다. 명령을 들은 독일 장군은 놀랍게도 "나는 히틀러의 배신자가 될지언정 파리를 불바다로 만들어 인류의 죄인이 될 수는 없다"라며 명령을 거부했다고 합니다. 적국의 장군조차도 파리라는 도시의 가치를 인정할 수밖에 없었던 것입니다. 이후 파리는 전쟁의 상처를 치유하며 세계사에서 꼭 짚어 봐야 할 도시로 성장했고, 현재의 아름다운 도시를 완성했습니다.

지금까지 세계박람회를 통해 악취로 악명 높은 파리가 빛의 도시이자 문화·예술의 도시로 발전한 모습을 살펴보았습

에펠탑과 히틀러

니다. 도시는 단순히 나라를 구성하는 지역으로서만 존재하는 것이 아닙니다. 오랜 시간 그곳에서 생활해 온 인류와 그들이 만들어낸 부산물들이 빼곡하게 모여 쉼 없이 변화해 온 문명의 상징과도 같습니다. 글로벌 시대를 넘어 초세계화 시대를 살아갈 우리는 도시의 발전이 한 나라에, 나아가서는 세계 곳곳에 어떤 영향을 주었는지 고민해 봐야 하겠습니다.

벌거벗은 천재 조각가

오귀스트 로댕 vs 카미유 클로델

우정아

● '세상에서 가장 유명한 현대 조각가', '부활한 미켈란젤로', '작품에 감정을 불어넣는 천재'

이름만 들어도 모두가 아는 천재 예술가를 대표하는 수식어입니다. 서양 미술사에 한 획을 그은 이 인물은 세계적인 명작 〈생각하는 사람〉을 만든 천재 조각가이자 '현대 조각'이라는 새로운 장르를 개척한 오귀스트 로댕 Auguste Rodin입니다. 이탈리아에 천재 조각가 미켈란젤로가 있다면, 프랑스에는 로댕이 있다고 할 만큼 칭송받는 독보적인 예술가입니다.

하지만 그에게는 한 가지 치명적인 꼬리표가 늘 따라다녔습니다. '불륜 스캔들의 주인공'이라는 사실입니다. 그와 함께 스캔들에 휘말린 여성은 제자이자 뛰어난 재능을 가진 조각가였던 카미유 클로델 Camille Claudel입니다. 19세의 클로델이 로댕을 처음 만났을 때 그의 나이는 43세였습니다. 무려 24세나 많았죠. 그럼에도 두 사람은 서로에게 깊이 빠져들었습니다. 하지만 둘의 관계는 곧 파리 미술계에 엄청난 논란을 일으켰습니다. 로댕에게는 19년을 함께한 사실혼 관계의 아내가 있었기 때문입니다.

두 사람은 세상의 비난에도 흔들리지 않았고 오히려 함께하는 동안 놀라운 작품을 탄생시켰습니다. 180쪽의 사진은 로댕이 클로델과 함께 작업한 〈지옥의 문〉과 〈칼레의 시민들〉입니다. 로댕은 인생작으로 손꼽히는 이 두 작품 덕분에 당대 최고의 천재 조각가로 이름을 알렸습니다.

하지만 아이러니하게도 로댕과 클로델의 사랑이 끝나자 클로델은 파리 미술계에서 매장당하고 비참한 운명에 놓이고 말았습니다. 천재라 불린 두 사람은 대체 왜 상반된 길을 가게 된 것일까요? 그리고 이들의 잘못된 만남은 한 여인의 인생에 어떤 영향을 미쳤을까요? 지금부터 두 사람의 비극적인 사랑 이야기를 통해 우리가 알지 못했던 로댕의 진짜 모습을 벌거벗겨

〈지옥의 문〉

〈칼레의 시민들〉

보겠습니다.

조각가가 되기로 결심한 로댕

로댕은 1840년 11월 12일 프랑스 파리 5구에서 하급 공무원의 아들로 태어났습니다. 천재 조각가라는 명성과 달리 그의 어린 시절은 보잘것없었습니다. 11세에 들어간 기숙학교에서는 학생들 대부분이 읽고 쓰는 라틴어를 익히지 못했고, 받아쓰기도 엉망이어서 열등생으로 낙인찍혔습니다. 기본적인 계산도 실수가 많았죠. 사실 로댕에게는 학업에 뒤처질 수밖에 없었던 치명적인 이유가 있었습니다. 그는 심각한 근시였습니다. 칠판 글씨가 잘 보이지 않으니 제대로 읽고 쓸 수 없었고 결국 공부에 흥미를 잃어 학교 성적은 늘 바닥이었습니다.

그러던 어느 날 로댕은 운명을 뒤바꿀 엄청난 경험을 했습니다. 도서관에서 우연히 미켈란젤로의 작품을 엮은 판화집을 본 것입니다. 르네상스 시대의 천재 미술가 미켈란젤로의 조각품과 그림을 본 로댕은 망치로 머리를 얻어맞은 것 같은 충격을 느꼈습니다. 그 순간 미술에 한평생을 바치기로 다짐하며 주변의 사물들을 그리기 시작했습니다. 이후 14세가 된 1854년에는 파리에 있는 무료 데생 학교 프티트 에콜에 입학했습니다. 그리고 이곳에서 1년간 오로지 그림 연습에만 매달린 로댕의 실력이 두각을 드러내기 시작했습니다. 아래 그림은 로댕이 10대 중후반에 그린 것입니다. 로댕은 루브르 박물관에서 본 고대 그리스·로마의 조각과 르네상스 시대의 작품들을 그리면서 미술에 더욱 빠져들었습니다.

이 시기 로댕은 인생을 뒤바꾼 두 번째 경험을 마주했습니다. 우연히 들어간 학교 조소실에서 점토와 조각상들을 본 것입니다. 이때부터 로댕은

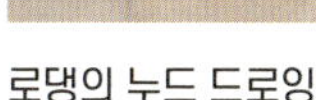
로댕의 누드 드로잉

조각, 특히 점토를 주물러서 만드는 소조에 완전히 빠져들었습니다. 다음은 그 시절을 회고한 로댕의 글입니다.

'나는 처음으로 점토를 보았다. 하늘로 오르는 느낌이었다. 나는 팔, 머리, 다리 각 부분을 따로따로 만들어보았다. 그러고는 전체 형상의 제작에 덤벼들었다. 모든 것이 일거에 이해되었고, 지금처럼 능숙하게 해냈다. 나는 무아지경에 빠져들었다.'

이후 로댕은 2년 교육 과정으로 점토를 빚기 시작했고, 곧 '교내 실내 장식품 점토 빚기'에서 1등을 차지할 만큼 재능을 드러냈습니다. 조각에 빠진 로댕은 무료 데생 학교에서 약 3년을 보낸 후 미술을 더 배워야겠다고 마음먹었습니다. 그리고 파리의 가장 권위 있는 국립고등미술학교인 '에콜 데 보자르'의 입학시험을 치렀습니다.

로댕의 첫 번째 여자, 로즈 뵈레

로댕은 3년간 실력을 갈고닦았지만, 국립고등미술학교에 낙방했습니다. 그것도 무려 세 번이나 시험에 도전했으나 끝내 입학하지 못했죠. 빠듯한 집안 형편 탓에 더는 미술 공부에 매달릴 수 없었던 로댕은 돈을 벌기 위해 일을 시작했습니다. 때마침 이 시기는 1855년에 프랑스에서 열리는 첫 번째 세계박람회를 앞두고 황제 나폴레옹 3세가 대대적으로 파리의 도시 개조 사업을 명령한 상황이었습니다. 그래서 도시 곳곳에 새로운 건축물이

들어섰고, 자연스럽게 건물의 조각 장식품을 만드는 공장들도 성황을 이뤘습니다.

로댕은 운 좋게 파리 최고의 건축 장식 조각가의 조수로 일할 기회를 얻었습니다. 덕분에 장식물 제작이나 공공 기념물 보수 등 다양한 경험을 쌓았습니다. 비록 일당은 넉넉하지 않았으나 헐값에 빌린 마구간에서 밤에는 개인 작업에 몰두하며 조각가의 꿈을 이어갔습니다. 마구간은 아귀가 잘 맞지 않는 창틀과 휘어진 마룻바닥 틈새로 늘 찬바람이 새어 들어왔는데, 그는 추위에 떨고 배고픔에 시달리면서도 열심히 점토를 빚었습니다.

허름한 마구간을 작업실 삼아 조각에 몰두하던 1864년, 24세의 로댕은 인생에서 가장 오랜 시간을 함께하게 될 여인을 만났습니다. 옷 가게에서 재봉사로 일하던 스무 살의 로즈 뵈레Rose Beuret입니다. 파리에서 태어나고 자랐던 로댕은 시골에서 갓 올라온 순박한 로즈에게 끌렸습니다. 특히 농촌 출신으로 건강한 근육에 다부진 체형이었던 그녀는 로댕이 개인 작업을 위해 찾던 모델로도 손색이 없었습니다. 다음은 로댕이 로즈에 대해 묘사한 글입니다.

'도시 여자의 우아함은 갖고 있지 않았지만, 농부의 딸다운 활기 넘치는 육체와 단단한 살집을 갖고 있었다. 그녀의 활발하고 솔직하며 강인한, 왠지 남성적인 분위기가 오히려 여체의 아름다움을 살리고 있었다. 이왕 말이 난 김에 한마디만 더 보태자면, 그녀는 언제라도 나에게 모든 것을 바칠 각오가 되어 있었다.'

로즈의 매력을 알아본 로댕은 모델이 되어줄 것을 제안했습니다. 그녀는

로즈 뵈레를 모델로 한 마스크(1880)와 〈귀여운 여자〉(1870)

바로 승낙했고, 두 사람은 작업 중 사랑에 빠졌습니다. 그리고 얼마 후 동거를 시작했습니다.

조각가와 모델로 시작된 두 사람의 관계는 1년 만에 큰 변화를 맞았습니다. 로즈가 임신한 것입니다. 그런데 로댕은 그녀가 낳은 아들을 자신의 호적에 올리지 않았습니다. 게다가 두 사람은 정식으로 혼인도 하지 않았습니다. 로댕은 이와 관련해 어떤 언급도 하지 않았는데, 그저 아이를 원치 않았던 것으로 추정하고 있습니다.

놀랍게도 로즈는 로댕의 행동에 어떠한 대처도 하지 않았습니다. 오히려 아들 문제가 로댕에게 부담을 줄 것이 걱정돼 아이에게 자신의 성을 붙였습니다. 대신 아들의 세례명에 로댕과 같은 이름 '오귀스트'를 붙여서 오귀스트 외젠 뵈레Auguste-Eugène Beuret로 지었습니다. 그녀는 아들의 울음소리가 로댕의 작업에 방해가 될까 봐 전전긍긍했고, 아이와 함께 버림받을 것이 두려워서 남몰래 눈물 흘렸다고 합니다. 놀랍게도 로댕은 로즈가 낳은 아이를 평생 자식으로 인정하지 않았습니다. 그래도 아이가 자라서는 로댕의 작업실에서 석고나 찰흙을 다루며 허드렛일을 했다고 전해지기도 합니다. 하지만 두 사람의 사이는 끝내 멀어졌고, 아들이 로댕의 재산이나 작품을 물려받는 일은 없었습니다.

로댕의 무책임한 행동은 여기서 끝이 아니었습니다. 여성 모델과 작업할 때마다 은밀한 시간을 보낸 것입니다. 로즈는 로댕의 여성 편력과 난잡한 사생활을 알고 있었지만 어떠한 불평도 하지 않았습니다. 그녀는 로댕을 남편이나 연인이 아닌 '몽 세뇨르(나의 주인님)'라는 존칭으로 불렀습니다. 로댕을 향한 로즈의 호칭에서 무조건적인 존경과 순종을 바탕으로 한 두 사람의 관계를 알 수 있습니다.

로댕을 향한 로즈의 헌신은 이뿐만이 아니었습니다. 훗날 로댕의 아버지가 휠체어에 의지할 만큼 시력이 나빠지고 일상생활이 불가능해지자, 로댕은 로즈에게 아버지의 병시중과 집안일 대부분을 맡겨버렸습니다. 심지어 그녀는 가난한 살림에 보태기 위해 돈 버는 일까지 게을리하지 않았다고 합니다.

인정받지 못한 무명의 조각가

로즈가 홀로 가정을 지키는 동안 로댕의 관심사는 오로지 조각뿐이었습니다. 그는 아내나 다름없는 로즈와 아들에게 최소한의 경제적 지원만 하며 조각 작업에 몰두했습니다. 그리고 처음으로 작품을 세상에 알리기로

1824년 파리 살롱전

했습니다. 1864년에 열린 '파리 살롱전'에 작품을 제출하기로 한 것입니다.

17세기부터 시작된 파리 살롱전은 프랑스 파리에서 열리는 미술 전시회로, 전통과 권위를 자랑하는 유럽의 가장 큰 예술 행사였습니다. 치열한 경쟁을 통해 입상작을 뽑는 신인 작가의 등용문이기도 했죠. 사진에서 보듯이 파리 살롱전에는 회화와 조각 등 많은 예술 작품이 출품됐습니다. 응모작은 미술 아카데미 회원이나 미술학교 교수들이 엄격하게 심사했습니다. 이런 까다로운 과정을 거쳐 입상한 작가는 부와 명예를 보장받았습니다. 살롱전 수상작은 왕이나 귀족 등 재력가들이 구매했으며 그들로부터 작품 의뢰도 많이 받기 때문입니다. 좋은 평가를 받기 위해서는 무엇보다 미술계의 트렌드를 읽는 것이 중요했는데, 로댕이 출품을 결심한 시기에는 낭만주의 조각가 앙투완 에텍스Antoine Etex의 작품이 인기를 끌었습니다. 그는 대리석으로 역사 속 유명인이나 19세기에 활약한 정치인과 예술가 등의 흉상을 만들었습니다.

그에 반해 무명의 조각가 로댕이 야심 차게 출품한 작품은 〈코가 일그러진 남자〉라는 두상이었습니다. 이를 본 살롱전 심사위원들은 작품이 너무 못생겼다며 혹평했고 전시를 거부하는 사태까지 발생했습니다. 당시 사람들은 인물상은 세련되고 아름다워야 하며, 역사적으로 의미 있는 인물이 주인공이어야 한다고 생각했습니다. 그런데 로댕은 자신의 작업실을 청소하던 평범한 노인을 점토로 빚었으며, 심지어 코가 일그러지고 금이 간 작품을 출품한 것입니다.

로댕이 이런 작품을 낸 것은 살롱전 출품을 앞두고 작품이 훼손됐기 때문입니다. 난방도 할 수 없는 작업실의 온도가 급격히 떨어지면서 섬토로 빚은 흉상에 금이 갔고, 마침내 뒤통수가 떨어져 나가고 말았습니다. 이때 로댕은 망가진 작품을 보면서 오히려 의미 있다고 생각했습니다. 힘든 삶을

앙투완 에텍스의 〈외젠 들라크루아〉(1865)　　로댕의 〈코가 일그러진 남자〉(1864)

살았던 청소부 본연의 피폐한 모습이 조각상에 그대로 표현됐다고 여긴 것
이죠. 하지만 살롱전의 심사위원들은 그간의 관례에 따라 작품을 선정했
고, 로댕의 작품은 그저 못생긴 일반인을 표현한 미완성 실패작이라고 판
단해 접수를 거절했습니다. 로댕이 응모한 1864년의 살롱전은 3,400여 점
의 작품을 전시할 만큼 규모가 상당했습니다. 그는 이렇게 경쟁률 높은 전
시회에 찌그러진 흉상을 출품했던 것입니다.

　살롱전의 거부에 좌절한 로댕은 다시 장식물 제작 조수 일을 하며 가난
한 삶을 이어갔습니다. 그러던 중 1870년에 위기를 맞았습니다. 독일의 전
신인 프로이센과 프랑스 사이에서 보불전쟁이 발발한 것입니다. 19세기 프
랑스와 프로이센은 세력을 확장하기 위해 적극적인 움직임을 보였습니다.
프랑스는 이탈리아 원정에 나서며 유럽에 영향력을 행사했고, 프로이센의
비스마르크Bismarck 수상 역시 독일이 주도하는 유럽 통일을 꿈꾸며 더 넓
은 유럽 대륙을 넘보고 있었습니다. 이런 두 나라 사이에 긴장감이 폭발하

19세기 프랑스와 프로이센

면서 약 1년간의 전쟁이 벌어진 것입니다.

전쟁이 터지자 당시 35세의 로댕은 방위군으로 투입됐습니다. 그런데 의료진은 그가 근시라는 이유로 곧장 제대시켜 버렸습니다. 군인이면 월급이라도 받겠지만 그마저도 거절당했고 전쟁으로 돈 벌 곳도 마땅치 않아 로댕은 백수가 됐습니다. 대신 로즈가 군복 공장에서 일하며 생활비를 벌었습니다.

전쟁이 터진 이후 파리의 상황은 혼란 그 자체였습니다. 로댕의 일터였던 건축 조각은 모두 중단됐고 미술계는 침체에 빠졌습니다. 무명 조각가인 로댕이 설 곳은 없었죠. 그러던 중 파리에서 로댕에게 건축물 장식 일을 맡겼던 조각가 카리에 벨뢰즈Carrier-Belleuse가 벨기에의 수도 브뤼셀에서 장식 일을 의뢰받았다며 로댕에게 함께하자고 제안했습니다. 이에 로댕은 곧장 벨기에로 향했습니다. 벨기에로 간 로댕은 브뤼셀 증권거래소 건물의 조각상을 만드는 일을 했습니다. 많은 고용인 중 하나였던 로댕이 정확히 어떤

브뤼셀 증권거래소 장식품

부분을 조각했는지 알 수는 없지만 상당 부분이 그의 솜씨일 것으로 추측합니다.

이후 로댕은 생활비를 벌기 위해 오랫동안 벨기에에 머물렀지만 여전히 형편은 좋지 않았습니다. 온종일 건축 현장이나 작업실에서 힘든 노동을 하며 지냈고, 작은 카페 한켠에서 자며 돈을 아꼈습니다. 고단한 생활에도 조각에 대한 열정만은 꺾이지 않았던 그는 로즈에게 편지를 보내 한 가지 부탁을 했습니다.

'내 작품들 잘 보살피구려. 너무 축축하게 해서는 안 돼. 약간 딱딱한 상태가 좋다오. 하루도 빠짐없이 점토상을 돌보기 바라오.'

로댕은 로즈에게 작업실에 두고 온 조각에 대해 끊임없이 지시를 내렸습니다. 점토상은 습도 조절이 특히 중요한데, 로즈는 로댕의 당부에 애정을 갖고 열심히 조각품을 관리했다고 합니다. 게다가 눈이 잘 안 보이는 로댕의 아버지를 보살피고 아들을 키우며 가정을 돌보았습니다.

살롱전에서 논란을 일으킨 문제 작가

로댕이 벨기에에 머무는 동안 지독한 무명 시절은 더욱 길어졌습니다. 그러던 어느 날 그는 약 4년간 모은 돈으로 이탈리아 피렌체를 여행하기로 했습니다. 로댕은 어린 시절 자신을 미술의 길로 인도한 미켈란젤로의 작품을 직접 보고 싶다는 소망을 품어 왔습니다. 그런데 때마침 피렌체에서

'미켈란젤로 탄생 400주년 기념 전시'가 열린다는 소식을 듣게 된 것입니다. 그는 전 재산을 들고 기차를 타고, 오랜 시간을 걸어서 피렌체에 도착했습니다.

자신의 롤모델이자 르네상스를 이끈 위대한 예술가 미켈란젤로의 작품을 직접 본 로댕은 특히 한 작품에 크게 매료됐습니다. 피렌체의 산 로렌초 성당에 있는 메디치 가문의 묘당을 장식한 대리석상인 〈낮과 밤〉입니다. 각각의 조각상을 보면 몸이 뒤틀려있지만, 전체적으로는 삼각 구도로 안정적인 균형미가 조화를 이루는 작품입니다.

서로 대조를 이루는 미켈란젤로 작품의 특징에 반한 로댕은 이를 이해하고 습득하기 위해 스케치에 몰두했습니다. 당시 로댕이 로즈에게 보낸 편지를 보면 그가 얼마나 미켈란젤로에 심취했는지 알 수 있습니다.

메디치 가문 묘당의 대리석상 〈낮과 밤〉(1526-1531)

'피렌체에 도착한 이래 내가 미켈란젤로를 연구하고 있다 해도 놀
라지는 않겠지. 이 위대한 마술사가 자신의 비밀을 내게 아주 조금
이라도 알려줄 거라 믿소.'

이 시기 로댕은 미켈란젤로의 또 다른 작품을 보고 큰 충격에 빠지기도
했습니다. 〈젊은 노예〉라는 작품으로 미켈란젤로의 미완성작 중 하나입니
다. 로댕은 미켈란젤로의 〈피에타〉 같이 고전적인 특성을 담고 있는 완벽한
인물상보다는 〈젊은 노예〉처럼 미완성으로 남은 인물상에 더 이끌렸던 것
같습니다. 이렇게 미켈란젤로로부터 엄청난 영감을 받은 로댕은 '노예'라는
말 그대로, 돌덩이에 얽매여 있으면서도 빠져나오려고 몸부림치는 인간의
생명력을 표현하는 조각가가 되겠다고 결심했
습니다.

로댕은 훗날 〈젊은 노예〉를 보고 영감을 받
아 〈내면의 목소리〉라는 작품을 조각했습니다.
당시 사람들은 팔과 다리가 없는 작품을 보면서
기괴하다고 생각했습니다. 그럼에도 당대 유명
문학가인 라이너 마리아 릴케Rainer Maria Rilke와
같은 예술가들은 완벽하다며 찬사를 보내기도
했습니다. 미완성작처럼 보이지만 사실은 완성
작이라는 새로운 시도는 로댕이 위대한 예술가
로 평가받는 이유 중 하나입니다.

그 외에도 로댕은 시스티나 성당 벽화인 〈최
후의 심판〉과 조각상 〈다비드〉처럼 유명한 작품

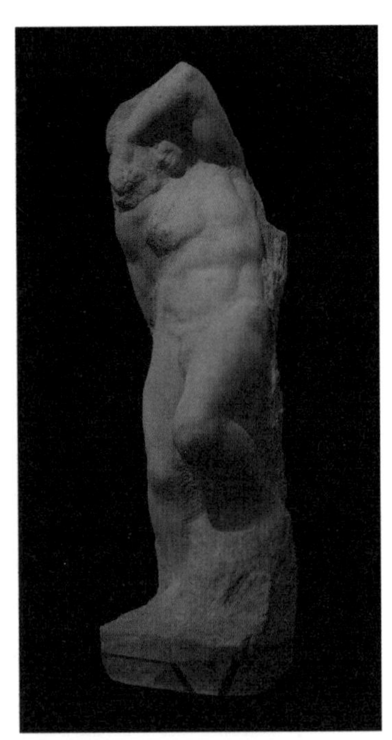

미켈란젤로의 〈젊은 노예〉(1520-1530)

로댕의 〈내면의 목소리〉(1896)

을 보면서 큰 감동을 받았다고 합니다. 그는 이탈리아에서 지내는 두 달 동안 미켈란젤로의 작품을 찾아다니면서 많은 연구를 했습니다.

여행을 마치고 벨기에로 돌아간 로댕은 8개월 동안 조각 작업에 몰두했습니다. 이때 37세의 무명 조각가에서 스타로 떠오르는 놀라운 작품인 〈청동 시대〉를 완성했습니다. 벨기에 군인을 모델로 한 〈청동 시대〉는 인간의 근육과 관절의 세밀한 묘사에서 생동감이 느껴지는 작품입니다. 특히 표정이 압권입니다. 살짝 감은 눈이 깊은 생각에 잠긴 것 같지만 자세히 보면 눈썹은 찡그렸고 입술은 조금 벌어져 있습니다. 마치 조용하게 내면을 관찰하는 듯 자신을 성찰하고 있는 모습이죠.

당시 조각 예술은 완벽한 인체라는 이념에 사로잡혀 신체 비율을 미화하고 이상화시킨 그리스식 조각이 대세였습니다. 그런데 로댕은 그동안 조각에서 선보였던 틀을 깨고 인간 본연의 신체를 그대로 조각에 녹여냈습니다. 그는 이 청동상을 완성한 후 당대 최고의 예술가 등용문인 파리 살롱전에 출품하기 위해 1877년에 다시 파리로 돌아왔습니다. 그리고 드디어 살롱전에 출품하고 입선까지 했습니다.

하지만 로댕의 〈청동 시대〉는 살롱전에서 선보이자마자 엄청난 논란에 휩싸였습니다. 파리 미술계가 이 작품은 로댕이 직접 조각한 것이 아니며, 모델의 신체 위에 석고를 씌워서 사람을 그대로 본뜬 작품이라는 의혹을 제기한 것입니다. 이는 〈청동 시대〉가 너무 사실적이었기 때문에 생긴 논란이었습니다.

일반적인 청동 조각품의 주조 과정은 간단하지만 전문 기술을 필요로 합니다. 먼저 점토를 이용해서 형태를 만들고, 여기에 석고를 발라서 거푸집을 제작합니다. 이 거푸집에 다시 석고를 부은 후 원형을 만듭니다. 그리고 모래를 이용해 다시 거푸집을 제작해 여기에 청동 쇳물을 부어 완성합니다. 그런데 이 과정을 무시하고, 조각가의 손으로 형태를 만든 게 아닌 사람 위에 직접 석고를 발라서 본떴다는 말은 예술가에게 굉장한 모욕과 같았습니다. 사실 이런 의혹은 벨기에에서 작품을 완성했던 당시에도 한 차례 떠올라 논란이 되었으며, 그 소문이 파리 미술계에까지 전해진 것이었습니다. 급기야는 로댕의 〈청동 시대〉를 살롱전에서 철수시키자는 이야기까지 나왔습니다.

이 모든 상황이 억울했던 로댕은 적극적으로 논란을 해결했습니다. 먼저 벨기에에서 모델이 됐던 군인을 데려와 심사위원 앞에서 옷을 벗기겠다고 했습니다. 실제 모델과 청동상을 비교하려는 것이었죠. 하지만 벨기에 군 당국이 청년의 출국을 허가하지 않아 이 계획은 실패했습니다. 소명이 힘

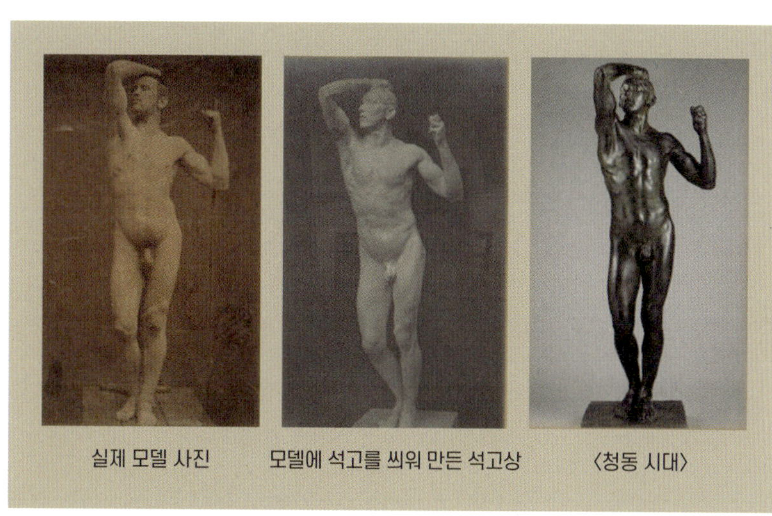

로댕이 조사위원회에 보낸 소명 자료

들어지자, 이번에는 예술부 차관에게 편지를 썼습니다. 덕분에 조사위원회를 열게 되었고 로댕은 조각상과 실제 모델 사진, 논란 그대로 실제 모델에 석고를 씌워 만든 석고상을 위원회에 보냈습니다.

로댕은 이 세 가지를 비교해 보면 실제 인물이 작품보다 더 뚱뚱한 편임을 알게 될 거라고 했습니다. 또 논란처럼 모델을 그대로 본뜬 것과 자신의 예술성이 녹아 있는 작품의 차이도 명확하다고 주장했죠. 자료를 확인한 살롱전의 위원들과 당시 권위 있는 예술가들은 로댕의 주장을 받아들이면서 그를 옹호했습니다. 뿐만 아니라 로댕의 작업을 지켜봤던 벨기에의 미술가들도 "로댕은 넘치는 재능 덕분에 앞으로 당대 최고의 조각가가 될 것"이라 지지하면서 로댕은 논란에서 벗어날 수 있었습니다.

이후 아이러니하게도 〈청동 시대〉에 대한 평가는 완전히 뒤집어졌습니다. 이제껏 보지 못한 새로운 풍의 조각상이라는 호평을 받은 것입니다. 게다가 추종 세력까지 생기면서 미술계에는 새로운 지각변동이 일어났습니다. 37세의 무명의 조각가가 촉망받는 신예 작가로 성장하는 순간이었죠. 로댕과 같은 시기에 활동했던 미술가이자 비평가인 가스통 바렌Gaston Varenne은 〈청동 시대〉를 다음과 같이 평가했습니다.

> '로댕의 〈청동 시대〉는 특히나 감동을 주는 작품이다. (…) 그것은 어제의 로댕이 새로 태어나고자 하는 로댕, 내일의 로댕과 싸우는 것이라고 할 수 있다.'

로댕을 잡을 사람은 로댕뿐이라는 의미의 이 말은 과거와 다른 새로운 길을 개척한 로댕에 대한 극찬이었습니다. 이후 로댕을 추종하는 세력까지 생기면서, 로댕은 미술계에 센세이션을 불러일으켰습니다.

로댕의 인생작 〈생각하는 사람〉은 어떻게 탄생했나?

조각은 회화와 달리 작품의 규모가 크기 때문에 재료비나 인건비가 높고 주문이 들어오지 않으면 작업하기 힘든 분야입니다. 그런데 〈청동 시대〉를 계기로 로댕의 명성이 높아지자 돈이 되는 굵직한 작품 의뢰가 들어오기 시작했습니다. 그러면서 프랑스 정부에서 주도하는 장식미술박물관 신축 사업의 핵심 작업을 맡는 기회도 얻었습니다. 박물관 입구를 장식할 거대한 청동 문의 주제를 선정할 권한도 로댕에게 주어졌죠. 그는 고민할 것도 없이 '지옥'을 주제로 결정했습니다. 이렇게 탄생한 것이 로댕의 인생

작품인 〈지옥의 문〉입니다.

〈지옥의 문〉은 지옥에 떨어진 다양한 인간 군상의 처절한 최후를 보여주는 작품으로 높이 6m, 넓이 4m, 깊이 1m의 대작입니다. 가까이에서 보면 섬뜩할 정도로 매우 정교한 작품입니다. 로댕은 이 작품을 통해 인간의 열망과 야수성, 그리고 잔인한 본성을 가진 200명의 군상을 생생하게 표현했습니다. 그는 자신의 예술 세계를 집대성한 이 작품에만 무려 20년의 세월을 바쳤습니다.

로댕은 〈지옥의 문〉을 만들 때 이탈리아 피렌체 산 조반니 세례당에 있는 로렌조 기베르티Lorenzo Ghiberti의 〈천국의 문〉에서 영감을 얻었습니다. 〈천국의 문〉은 15세기 작품으로 아담과 이브의 창조, 노아의 방주, 다윗과 골리앗 등 《구약성서》의 주요 이야기가 담겨 있습니다. 작품을 본 미켈란

로댕의 〈지옥의 문〉(1880-1900)

로렌초 기베르티의 〈천국의 문〉(1430년경)

젤로가 감탄해서 '천국의 문'이라는 이름을 지어주었다고 합니다.

〈지옥의 문〉은 전 세계에 총 7점만 존재합니다. 청동 주조 작품은 거푸집이 있어 사실상 무한대의 개수로 찍어낼 수 있습니다. 그런데 로댕의 〈지옥의 문〉은 프랑스 정부의 허락하에 한정된 수량만 작품을 찍어낼 수 있죠. 7점 중 한 점은 우리나라에 있습니다. 1984년에 삼성문화재단이 〈지옥의 문〉과 〈칼레의 시민들〉을 100억 원 정도에 구입한 것으로 알려져 있습니다.

그런데 로댕은 왜 '지옥'이라는 주제를 선택했을까요? 13세기에 이탈리아의 시인 단테Dante는 저승 세계를 여행한다는 주제로 〈지옥편〉, 〈연옥편〉, 〈천국편〉까지 총 3부로 구성된 서사시 《신곡》을 발표했습니다. 특히 〈지옥편〉은 19세기까지 많은 예술가에게 영향을 주었는데, 로댕 역시 〈지옥편〉의 묘사가 너무도 생생해서 즐겨 읽었다고 합니다.

재미있게도 로댕이 〈지옥의 문〉에서 가장 먼저 만든 작품은 그의 이름을 후세에까지 남긴 〈생각하는 사람〉입니다. 이 작품은 매우 널리 알려지고 전 세계적으로 사랑받았기 때문에 단독 작품으로 아는 사람이 많습니다. 하지만 원래는 〈지옥의 문〉에 있는 높이 약 71㎝의 조각상입니다. 워낙 인기가 많다 보니 이후 큰 버전으로도 제작되었죠. 〈생각하는 사람〉도 〈지옥의 문〉처럼 하나가 아닙니다. 필라델피아 로댕 박물관, 파리 루브르 박물관, 오르세 박물관, 도쿄 국립서양미술관 등 총 40점이 세계 곳곳에 있습니다. 로댕의 모든 작품은 먼저 석고상으로 만들어졌는데, 이 석고상 틀에 맞춰 청동으로 찍어낸 것입니다. 프랑스 정부는 작품의 수를 관리하는 차원에서 딱 40점만 만들었습니다.

1880년경에 만든 〈지옥의 문〉의 일부인 〈생각하는 사람〉은 지옥에서 벌

〈지옥의 문〉 속 〈생각하는 사람〉(1880)

어지는 인간들의 처절한 최후를 내려다보는 인물입니다. 그는 온몸의 근육을 거칠게 부풀린 채 턱을 팔에 깊이 묻고 생각에 집중하고 있는데, 마치 지옥에 빠진 인간들의 고통을 느끼는 듯한 모습입니다. 로댕은 작품을 완성한 뒤 다음과 같은 말을 남겼습니다.

"나의 작품 〈생각하는 사람〉은 그의 뇌와 찌푸린 이마, 벌어진 콧구멍, 굳게 다문 입술로만 생각하지 않습니다. 팔과 등과 다리의 모든 근육, 꽉 움켜쥔 주먹과 오므리고 있는 발가락까지도 생각하고 있다는 것을 보여줍니다."

작품 속 인물이 왼손을 왼쪽 무릎에 놓고 구부린 오른팔도 왼쪽 무릎 위에 얹은 채 불편한 자세를 취하고 있는 것은 어쩌면 인간사에는 고통이 동반된다는 것을 의미하는지도 모르겠습니다.

로댕은 이 조각을 처음 구상할 때 〈지옥의 문〉 바로 위 가로대에 걸터앉은 인물을 떠올렸습니다. 그가 지은 최초의 작품명은 '생각하는 사람'이 아닌 '시인'이었습니다. 〈지옥의 문〉이 시인 단테로부터 출발했기에 그러한 제목을 지은 것입니다. 작품명이 '생각하는 사람'으로 바뀐 것은 미켈란젤로가 만든 로렌초 데 메디치의 조각상 〈생각〉과 관련 깊습니다. 처음 〈생각하는 사람〉을 만들 때 주조를 돕던 사람들이 미켈란젤로의 〈생각〉과 비슷하다고 하자 작품명을 바꿔서 지었다고 합니다.

미켈란젤로의 〈생각〉(1531-1534년경)

로댕이 미켈란젤로의 〈생각〉에서 제목에 대한 영감을 얻었다면 자세는 그의 또 다른 작품 속 인물에게서 영감을 얻었습니다. 바티칸의 시스티나 예배당에 그려진 〈최후의 심판〉의 등장인물 중 하나로 지옥의 입구에서 두려움에 떨고 있는 사람입니다. 로댕은 이 인물을 모티브 삼아 〈생각하는 사람〉을 만들었습니다. 결국 로댕의 〈생각하는 사람〉의 자세 역시 자신이 존경했던 미켈란젤로의 영향을 받은 결과물인 셈입니다.

당시 로댕의 〈생각하는 사람〉이 큰 화제가 되면서 〈지옥의 문〉에 대한 관심도 급격히 높아졌습니다. 매주 토요일이면 로댕의 작업실에 그의 추종자들이 떼를 지어 몰려와 작업을 구경하곤 했죠. 로댕에게 조각을 배우고자 하는 문하생들도 점차 그 수가 늘어 수십 명에 달했다고 합니다.

미켈란젤로의 〈최후의 심판〉(1536-1541)과 두려움에 떠는 사람

로댕에게 막대한 영향을 미친 클로델

로댕의 명성이 치솟던 1883년, 그의 앞에 운명의 여인이 등장했습니다. 로댕의 뮤즈이자 치명적 스캔들의 주인공인 카미유 클로델이었죠. 19세의 조각가 지망생이던 그녀는 스승의 소개로 로댕의 문하생이 되자 한껏 기대에 부풀었습니다.

로댕이 많은 제자 중에서 클로델을 특별하게 여긴 이유는 그녀의 조각 실력이 탁월했기 때문입니다. 로댕은 인체를 조각할 때 특히 손을 중요하게 생각했습니다. 그는 1만 2,000여 점의 손을 조각했는데 그중 1만 점을 깨부

쌌을 정도로 손의 표현에 정성을 쏟았습니다. 그래서
문하생들에게도 손의 조각을 연습시켰습니다. 클로델
은 주먹을 쥔 손, 잘린 손과 뒤틀린 손, 만지고 싶도록
아름다운 손, 엄마를 붙잡는 아이의 손 등 다양한 형
태를 갖가지 재료로 만들며 빠르게 기술을 터득했습
니다. 클로델의 재능을 알아본 로댕은 〈지옥의 문〉 속
인물들의 손과 발을 그녀에게 맡겼습니다.

카미유 클로델

　사실 클로델은 활동 당시에는 저평가받은 예술인입
니다. 훗날 그녀의 작품이 재조명되면서 당대 유명 조각가의 작품과 비교
해도 뒤지지 않을 만큼 섬세하고 독창적인 작품으로 평가받았습니다. 현재
는 클로델도 로댕과 같이 천재 조각가라 불립니다.

　로댕은 뛰어난 재능에 아름답기까지 한 어린 제자에게 점차 호감을 느꼈
습니다. 그래서 그녀에게 〈지옥의 문〉의 일부가 될 조각상 〈다나이드〉의 모
델을 제안했습니다. 이 작품은 그리스 신화 속 다나오스Danaus 왕의 딸들
인 다나이드Danaids에게서 영감을 얻은 것입니다. 다나오스 왕에게는 50명
의 딸이 있었는데, 모두 이집트 왕국의 왕자들과 결혼할 예정이었습니다.
그런데 왕은 사위들이 자신을 죽일 거라는 예언을 들었고, 딸들에게 첫날
밤이 되면 남편을 살해하라고 명령했습니다. 딸들은 아버지의 명령을 따랐
으나 단 한 명의 딸만은 그러지 못했습니다. 그렇게 구사일생으로 살아남
은 왕자가 복수를 위해 왕을 죽이면서 예언은 이루어졌습니다. 이후 남편
을 죽인 49명의 딸은 지옥에서 밑 빠진 독에 물을 채우는 형벌을 받게 되었
습니다. 로댕은 〈다나이드〉에서 영원한 형벌로 고통받는 딸들을 웅크린 모
습으로 표현했습니다.

그런데 지옥에서 고통받는 여인의 모습이 너무도 아름답습니다. 이는 아마도 로댕이 모델인 클로델에게 빠졌기 때문일 것입니다. 실제로 클로델이 로댕의 뮤즈가 되기 전까지 로댕의 작품은 거칠고 남성적이었습니다. 그런데 클로델을 모델로 세운 뒤에는 부드럽고 섬세한 작품이 탄생했습니다. 그래서일까요. 로댕은 〈다나이드〉가 완성된 후, 이 작품을 〈지옥의 문〉

로댕의 〈다나이드〉(1885-1889)

에서 제외했습니다. 작품이 너무도 관능적이고 아름다워서 지옥과는 어울리지 않는다고 생각했기 때문입니다.

이렇게 로댕이 클로델에게 빠져들고 있을 때 클로델 역시 예술적으로 소통할 수 있는 로댕을 깊이 사랑하게 됐습니다. 사랑에 빠진 로댕은 또다시 클로델에게 모델을 제안했습니다. 그렇게 탄생한 작품이 〈지옥의 문〉에 설치된 조각상 〈키스〉입니다. 이탈리아의 실화를 모티브로 한 이 작품 속 인물은 형수와 시동생입니다. 두 사람이 사랑에 빠져 아슬아슬한 첫 키스를 나누는 순간, 이 모습을 목격한 남편에 의해 죽음을 맞이합니다. 마치 사실혼 관계인 로즈를 저버리고 불륜에 빠진 로댕과 클로델 같습니다. 관능적이고 노골적인 욕망이 느껴지는 〈키스〉는 로댕이 클로델에게 품은 열정을 투사한 작품으로 평가받습니다. 두 사람의 나이 차는 무려 24세였습니다.

작품을 함께할수록 두 사람의 사랑은 더욱 깊어졌습니다. 당시 클로델을 향한 로댕의 마음을 알 수 있는 편지가 남아 있습니다.

로댕의 〈키스〉(1887)

'카미유, 어쩔 수 없는 내 사랑. 너를 위해서라면 나는 눈앞에 느껴지는 광기도 두렵지 않다. (…) 너의 손에 나의 키스를 보낸다. 나의 연인, 내게 깊이를 헤아릴 수 없는 뜨거운 환희를 안겨주는 그대.'

로댕은 사교 모임이나 행사가 있을 때면 로즈 대신 클로델과 함께 참석했습니다. 어느새 파리 미술계에는 두 사람의 소문이 널리 퍼졌습니다. 사람들은 로댕에게 로즈가 아닌 클로델의 안부를 물었고 뒤에서는 그의 불륜에 대해 수군거렸다고 합니다. 이 사실을 듣고 가장 충격을 받은 것은 클로델의 엄마였습니다. 그녀는 어떻게 로댕의 정부로 살 생각을 했냐며 화를 냈고, 구설수에 오른 딸을 집에서 쫓아냈습니다.

하지만 두 사람에게 주변의 불편한 시선은 중요하지 않았습니다. 오히려

사랑을 키워나가며 꿋꿋하게 〈지옥의 문〉
작업에 함께 매달렸죠. 그렇게 탄생한 〈지옥
의 문〉은 각각의 조각만으로도 뛰어나다는
평가를 받았습니다. 〈지옥의 문〉에서 손꼽
히는 작품들로는 감옥에 갇힌 채 배고픔을
이기지 못하고 아들들의 시신을 먹는 이탈
리아의 한 백작을 모티브로 한 〈우골리노와
그의 아들들〉과 금지된 사랑으로 형벌을 받
는 남녀를 표현한 〈달아나는 사랑〉, 그리고
《성경》 속 태초의 인간인 아담이 모티브가
된 〈세 망령〉 등이 있습니다.

　이들의 몸은 대부분 뒤틀려있는데, 죄를
지은 지옥 속 군상들의 고통을 로댕이 역동
적으로 표현한 것입니다. 하지만 클로델의
전폭적인 지원에도 불구하고 로댕은 〈지옥
의 문〉을 완성하지 못한 채 생을 마감했습
니다. 우리에게 알려진 청동 〈지옥의 문〉은
로댕 사후 10년 후부터 제작한 것입니다. 그
러나 워낙 완성도가 높은 데다 미완성으로
볼 수 없는 구성을 갖춘 〈지옥의 문〉은 로댕
의 예술 세계를 집대성한 작품으로 평가받
습니다.

〈우골리노와 그의 아들들〉

〈달아나는 사랑〉

〈세 망령〉

로댕과 클로델의 역작 〈칼레의 시민들〉

클로델은 로댕의 대표작 중 하나인 〈칼레의 시민들〉에도 도움을 주었습니다. 〈칼레의 시민들〉은 14세기 프랑스의 도시 칼레를 구하고자 목숨을 바치려 한 6명의 영웅을 기념하는 청동상입니다. 작품의 배경은 프랑스와 잉글랜드 사이에 벌어진 백년전쟁으로, 잉글랜드 왕 에드워드 3세Edward III 가 이끄는 군대가 칼레시를 점령했을 때의 일입니다. 잉글랜드군에 저항한 칼레의 시민들이 학살당할 위기에 놓이자 에드워드 3세는 한 가지 제안을 했습니다. 칼레시의 지도자급 인사 6명을 자신에게 넘긴다면 나머지 사람들은 살려주겠다는 것이었죠. 이에 6명의 인사가 시민들을 구하기 위해 교수형을 각오하고 스스로 밧줄을 감은 채 에드워드 3세 앞에 섰습니다. 칼레시는 이러한 역사적 사건을 기념하고자 로댕에게 작품을 의뢰했습니다.

그런데 〈칼레의 시민들〉 속 인물들은 우리가 흔히 알고 있는 영웅의 조각상과 달랐습니다. 당당하고 기품 있는 모습이 아니라 희생 앞에서 주저하거나 고통스러워하는 인간적인 고뇌와 공포를 그대로 드러내고 있었죠. 로댕은 위대한 업적을 남긴 기존의 영웅상을 깨부수고, 두렵고 고통스러운 상황에서도 책임과 의무를 다하기 위해 희생하는 평범한 영웅이 더 위대하다는 사실을 보여주고자 했습니다. 한마디로 기존의 영웅상에 대한 개념을 완전히 뒤엎은 것입니다. 이 같은 표현 방식은 로댕이 현대 조각의 거장이라 불리는 이유이기도 합니다.

그 외에도 이 조각상에서 주목할 만한 부분은 손과 팔의 근육 표현이 매우 사실적이라는 것입니다. 감정을 극대화하는 생생한 핏줄 표현과 큼지막한 손은 클로델이 작업했습니다. 당시 클로델은 〈칼레의 시민들〉에서 담당

〈칼레의 시민들〉(1886)

한 손과 발의 작업량이 너무 많아서 개인 작업도 제대로 하지 못한 채 작품의 손과 발을 만드는 데 매달렸다고 합니다.

그런데 작품을 의뢰한 칼레시는 로댕이 만든 〈칼레의 시민들〉을 거부했습니다. 당시 작품을 확인한 칼레시는 다음과 같은 반응을 보였습니다.

"우리가 보여주고자 한 위대한 선조의 모습은 이런 것이 아니다. 의기소침한 태도는 우리의 신념에 어긋난다. 군상은 좀 더 기품이 있어야 한다. (…) 우리는 로댕에게 인물 각각의 포즈와 군상 전체의 실루엣을 정정하라고 강력히 주장하지 않을 수 없다."

칼레시는 영웅에게서는 잘 차려입은 옷에 우아한 모습, 성인군자 같은 면모가 드러나야 한다고 생각했습니다. 그런데 두려움을 느끼는 인간의 모습이라니, 전혀 영웅처럼 보이지 않는다고 판단한 것이죠.

당시 〈칼레의 시민들〉은 보수적인 사람들로부터도 엄청난 비난을 받았

〈칼레의 시민들〉 속 영웅들의 얼굴

습니다. 쏟아지는 비난과 상관없이 로댕은 1년 후 프랑스 최고 훈장인 '레지옹 도뇌르 훈장'을 받으며 현대 조각의 창시자로 인정받았습니다. 그럼에도 칼레시의 재정 문제로 작품은 한동안 마구간 신세를 졌고 7년이 지나서야 칼레의 공원에 설치됐습니다. 현재는 칼레 시청 앞으로 옮겨져 많은 사람이 방문하는 명소가 되었습니다.

불같은 사랑의 주인공, 로댕과 클로델

〈지옥의 문〉과 〈칼레의 시민들〉을 작업하며 함께하는 시간이 길어질수록 로댕과 클로델의 사랑도 깊어졌습니다. 두 사람의 사랑이 절정에 달했던 1887년, 파리 미술계에서는 로댕과 클로델의 관계를 모르는 사람이 거의 없을 정도였습니다. 로댕과 사실혼 관계에 있던 로즈마저 클로델의 존재를 알고 있었죠. 로댕은 불편한 시선에 구애받지 않고 클로델과 마음껏 사랑을 나누며 작품도 만들기 위해 프랑스 투렌 지역 어느 마을의 성을 빌렸습니다. 두 사람은 성 근처 강에서 수영도 하며 밀회를 즐겼습니다. 로댕이 파리에 볼일을 보러 갈 때면 클로델은 자신의 블라우스와 바지, 수영복을 사다 달라고 부탁하며 평범한 연인처럼 행복한 시간을 보냈습니다. 두 사람은 파리로 돌아간 후에도 종종 이곳에서 여름을 보냈다고 합니다.

당시 로댕은 클로델의 흉상만 12개를 만들었습니다. 특히 두 사람이 가장 사랑했던 시기에 만든 〈카미유의 얼굴〉과 〈모자를 쓴 카미유〉는 꿈속에 있는 듯한 표정과 클로델의 내면을 표현한 아름다운 두상으로 손꼽힙니다. 클로델도 로댕에게서 영감을 받아 흉상을 만들었습니다. 작품을 통해 클로

〈카미유의 얼굴〉(1884)

〈모자를 쓴 카미유〉(1884)

델이 로댕을 사랑하는 마음을 엿볼 수 있는데, 로댕의 트레이드 마크인 수염과 주름을 매우 섬세하고 정성스럽게 표현했습니다. 또한 고뇌에 찬 로댕의 모습을 생동감 있게 나타냈죠. 이후 클로델은 이 작품을 살롱전에 출품해 주목받았습니다.

로댕과 클로델의 사랑이 이토록 깊어진 것은 천재성을 가진 두 예술가의 감성이 잘 통했기 때문입니다. 로댕은 자신의 집 건너편에 클로델의 집을 마련해주면서까지 클로델을 가까이 두고 싶어 했습니다. 당시 로댕이 클로델에게 보낸 편지를 보면

클로델의 로댕 흉상(1892)

그의 마음을 확인할 수 있습니다.

'당신을 열렬하게 사랑하오! 난 더 이상 견딜 수가 없소. 당신을 하루라도 보지 않고는 살 수가 없소. 당신은 내게 너무도 두려운 존재요. 당신 곁에 있을 때면 내 영혼은 힘을 얻는 듯하오. 내게 이토록 뜨겁고 강렬한 기쁨을 주는 당신. 당신의 아름다운 육체 앞에서 두 무릎을 꿇고 당신을 포옹하고 싶소!'

로댕의 불같은 마음을 잘 알았던 클로델 또한 로댕의 모델을 자처하거나 함께 작품을 만드는 데 집중했습니다. 하지만 사랑이 깊어지자 클로델의 마음에 큰 변화가 찾아왔습니다. 두 사람의 관계가 더 발전하기를 꿈꾼 것입니다. 그녀는 로댕의 정부나 불륜녀라는 딱지에서 벗어나 두 사람의 사이를 인정받고 싶었습니다. 게다가 로댕이 클로델과 만나면서도 종종 다른 여자들과 염문을 뿌리자 이러한 마음은 더욱 커졌습니다. 그녀는 로댕에게 자신에게만 충실할 것을 맹세하는 서약을 요구했습니다. 그러자 로댕은 사랑의 서약은 물론 로즈와의 관계도 정리하고 이탈리아로 떠나 클로델과 결혼하겠다고 약속했습니다.

하지만 로댕은 로즈와의 관계를 정리하지 않았습니다. 오히려 먼 여행을 떠날 때면 로즈에게 마음을 담은 편지를 보내곤 했습니다. 다음은 편지의 일부입니다.

'사랑하는 로즈, 어젯밤 당신의 꿈을 꾸었소. 그 당시 쓸 수 있었다면 그 감동을 여러 가지 다정한 표현으로 옮겼겠지만 (…) 나의 이

로즈는 로댕과 클로델의 관계를 알고 있었지만 변함없이 가정을 돌보았습니다. 사실 로댕은 클로델을 만나기 전에도 여러 여자와 염문을 뿌렸습니다. 다만 클로델만은 다른 여자들과 달랐습니다. 그녀는 로댕과 깊은 관계를 맺었고, 로즈는 그런 클로델이 로댕에게 특별한 존재라고 생각해 오랜 시간 괴로워했습니다. 언젠가는 덤불에 숨어 집 안을 몰래 훔쳐보는 클로델을 발견한 로즈가 그녀에게 총을 겨눈 일도 있었다고 합니다.

로즈가 클로델을 의식한 데는 열등감이 작용한 것으로 추측합니다. 로즈도 로댕의 조수 겸 모델을 했으나, 제대로 된 교육을 받지 못해 로댕의 예술을 이해할 능력이 없었습니다. 반면 클로델은 로댕과 함께 작품에 대해 고민하고 조언을 건네기도 했죠. 그런 클로델이 로즈에게는 눈엣가시였을 것입니다. 하지만 로댕이 떠날지도 몰라 불만이 있어도 말하지 못하고 지켜보기만 했다는 이야기도 있습니다.

파국으로 치달은 스캔들

이렇게 로댕이 로즈와 클로델의 사이를 오가고 있을 때, 클로델은 자신을 정식 아내로 받아주겠다는 로댕의 말을 믿고 기다렸습니다. 하지만 돌아오는 것은 로댕의 우유부단한 행동뿐이었습니다. 점점 지쳐가던 클로델은 로댕의 내연녀가 아닌 예술가로서 당당히 인정받겠다고 결심했습니다.

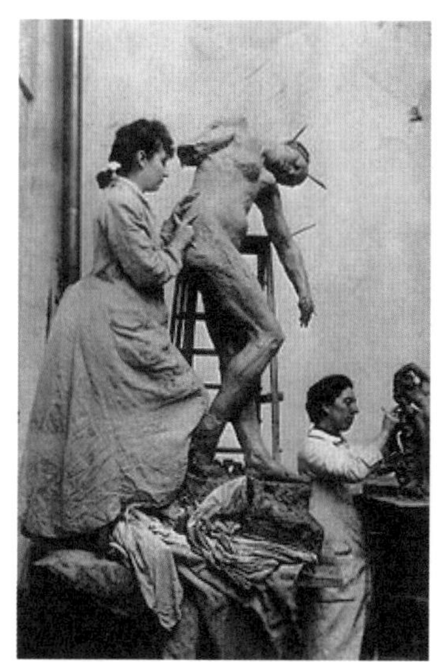

〈샤쿤탈라〉를 만드는 카미유 클로델과 완성작

이후 개인 작업에 몰두했고 1888년에 〈샤쿤탈라〉를 완성했습니다. 샤쿤탈라Sakuntala는 고대 인도의 서사시 속 등장인물의 이름으로, 기구한 운명으로 헤어진 연인의 재회를 표현한 작품입니다. 관능적인 순간을 담고 있으나 한편으로는 부드럽고 섬세하죠. 클로델은 〈샤쿤탈라〉로 파리 예술계 최고 권위를 자랑하는 살롱전에서 입상했습니다. 로댕의 내연녀가 아닌 조각가로서 인정받는 순간이었죠.

그러나 카미유 클로델은 1년 후 조각가로서 큰 위기를 맞았습니다. 한 조각가가 발표한 작품이 〈샤쿤탈라〉와 매우 비슷하다는 이유였습니다. 〈영원한 우상〉이라는 그 작품은 〈샤쿤탈라〉와 전체적인 구조와 역동적인 자세가 흡사했습니다. 그뿐 아니라 긴장된 동작에서 느껴지는 격렬한 에너지와 육감적인 특징도 닮았죠. 클로델은 두 작품이 비슷하다는 것보다 〈영원한 우상〉의 작가가 로댕이라는 사실에 큰 충격을 받았습니다. 당시 파리 미

클로델의 〈샤쿤탈라〉(1888)

로댕의 〈영원한 우상〉(1889)

술계는 클로델이 로댕의 작품을 모방했다며 맹비난을 퍼부었습니다.

클로델이 로댕보다 먼저 작품을 발표했음에도 비난받은 것은 당시 로댕은 이름난 조각가였고, 클로델에게는 로댕의 내연녀라는 딱지가 붙어 있었기 때문입니다. 그래서 "로댕이 클로델의 작품을 미리 손 봐줬다", "클로델이 로댕 작품을 보고 베꼈다" 같은 소문이 퍼졌습니다. 게다가 당시는 여성예술가의 입지가 매우 좁았기 때문에 아무리 클로델의 실력이 좋아도 그저 로댕의 여자밖에 될 수 없었습니다. 하지만 최근 미술사에서는 로댕이 클로델의 아이디어를 몰래 가져왔다고 추정하기도 합니다.

그렇다면 클로델의 재능을 알고 있는 로댕은 표절 시비에 어떤 반응을 보였을까요? 이미 파리 미술계를 넘어 아니라 사회적으로도 성공 가도를 달리고 있던 그는 큰 부담을 느꼈다고 합니다. 표절 시비뿐 아니라 오랜 기간 로댕을 따라다닌 제자와의 스캔들은 더 많은 것을 가진 그에게 엄청난

리스크였습니다. 결국 로댕은 아무런 대응도 하지 않았고 오히려 새로운 여자들에 대한 소문만 무성해졌습니다.

이때 클로델은 또 다른 시련을 겪었습니다. 임신한 지 얼마 되지 않은 로댕의 아이를 잃고 만 것입니다. 죄책감과 상실에 빠진 클로델은 로댕에게 편지를 썼습니다.

'우리 둘만의 집, 우리 둘만의 아틀리에, 우리 둘만의 식탁, 둘이 함께 가는 미술관, 둘이 함께 초대할 수 있는 친구들과의 작은 파티… 당신은 내게 이런 것들을 약속했었지요. 우리 둘이 남편과 아내로 숨김없이 함께할 수 있을 거라고 말했었지요. 그 약속을 지켜주세요.'

하지만 그녀의 부탁에도 로댕은 이유를 설명하지 않은 채 약속을 지키지 않았습니다. 그제야 클로델은 로댕이 결코 로즈를 떠나지 않을 거라고 확신했습니다. 이후 두 사람의 관계는 서서히 멀어졌습니다. 클로델은 로댕을 향한 마음을 접었고, 로댕은 미안은 했는지 그녀 몰래 조각 작업을 후원할 뿐이었습니다.

시간이 흘러 1897년, 두 사람의 관계는 끝내 파국을 맞이했습니다. 당시 클로델은 표절 시비 논란을 뒤엎을만한 회심작 〈성숙의 시대〉를 만들었는데, 이를 본 로댕이 절대 출품하지 말라며 압박한 것입니다. 작품을 보면 늙은 여자가 나이 든 남자를 끌고 가고, 그 뒤로 젊은 여자가 무릎을 꿇고 남자한테 매달리는 모습입니다. 남자는 두 여자 사이에서 고민하고 있습니다. 누가 봐도 남자는 로댕이고 늙은 여자는 로즈였으며, 간절하게 손을 내

클로델의 〈성숙의 시대〉(1895-1899)

민 여자는 클로델을 떠올릴 수밖에 없었습니다. 이 작품이 발표되면 또다시 스캔들에 휘말릴 거라고 생각한 로댕은 클로델의 출품을 완강하게 막았던 것입니다.

이 외에도 로댕이 석고상이었던 〈성숙의 시대〉가 청동으로 완성되지 못하도록 막았다는 설도 있습니다. 당시 청동 제작은 고가의 비용이 들어 국가의 지원이 필요했습니다. 로댕은 석고상의 청동 제작을 결정하는 국립예술위원회의 심사위원이었는데 〈성숙의 시대〉는 심사에서 탈락했습니다. 로댕이 개입했다는 물증은 없으나 어느 정도 심증이 가는 부분이죠. 결국 〈성숙의 시대〉를 출품하지 못하게 된 클로델은 크게 낙담했고, 이 일을 계기로 로댕도 완전히 돌아서면서 15년간 뜨거웠던 두 사람의 사랑은 완전히 막을 내렸습니다.

로댕의 그늘에 가려진 비운의 천재 조각가

철저히 혼자가 된 클로델은 로댕의 내연녀라는 꼬리표를 떼고 작품으로 인정받기 위해 조각에 모든 에너지를 쏟았습니다. 그렇게 그녀의 또 다른 걸작 〈왈츠〉가 탄생했습니다. 두 남녀가 밀착한 채 왈츠를 추는 모습을 표현한 이 작품은 기울어진 대각선의 축과 물결치는 드레스의 역동적인 움직임을 생생하게 드러내고 있습니다. 또 표현하기 힘든 움직임과 섬세하게 잡아낸 남성의 탄탄한 근육은 힘이 느껴지는 듯합니다. 무엇 하나 놓치지 않은 걸작이라고 하겠습니다. 본래 이 작품 속 남녀는 누드였으나 평론가들로부터 외설적이라고 거부당하자 여성에게만 치마를 입혀 몸을 가리는 것으로 수정했다고 합니다.

그러나 〈왈츠〉는 파리 살롱전에서 또다시 거부당했습니다. 여성 조각가가 남성 누드 조각상을 만들어 전시하는 것이 외설적이라는 이유였습니다. 클로델과 로댕의 관계가 뜨거웠던 시절부터 만들기 시작한 이 작품은 당시 평론가들로부터 관능미와 표현력을 인정받았습니다. 다만 나체 무용수는 외설적이라는 이유로 공개 전시는 허용하지 않았습니다. 결국 클로델은 여성에게만 치마를 입혀 수정한 뒤 1893년에 다시 출품했는데, 이번에도 외설적이라면서 거부당한 것입니다.

클로델의 〈왈츠〉(1889-1905)

이대로 포기할 수 없었던 클로델은 공공 조각으로는 성공할 수 없음을 깨닫고 개인 수집가들이 구매하는 장식품을 만들기 시작했습니다. 당시 완성한 〈파도〉와 〈수다쟁이〉라는 작품은 클로델 특유의 감성과 세밀함이 돋보인다는 평가를 받고 있습니다. 그 외에도 노년의 추한 모습을 형상화해 인간의 고통을 상징적으로 표현한 〈클로토〉 시리즈가 있습니다. 이 작품은 여러 가지 버전이 있는데 사진 속 작품은 몸통과 완성작입니다. 축 처진 가슴과 앙상하고 주름진 몸은 매우 사실적인데 클로델이 로댕의 아내 로즈를 떠올리고 만들었다는 이야기도 있습니다. 그녀를 증오하는 마음이 기이한 걸작으로 완성된 것이죠.

조각가로 보란 듯이 성공하겠다는 바람과 달리 클로델의 작품은 좀처럼 팔리지 않았습니다. 해마다 전시회에 출품했지만 평론가들은 그녀의 작품을 로댕의 아류작으로 폄하하느라 바빴습니다. 결국 클로델은 경제적 빈곤에 처했습니다. 보수를 다 받지 못한 어느 모델은 그녀의 작업실에 찾아와 조각들을 부쉈고, 한 주조공은 그녀를 노동쟁의조정위원회에 고소했습니다. 또 기관의 연체금 때문에 200프랑의 벌금형을 받기도 했습니다. 그녀는 더 이상 버틸 힘도, 어떠한 희망도 없었습니다. 당시 클로델의 상황을 보여주는 그녀의 편지가 남아 있습니다.

'진심으로 드리는 말씀입니다. 제게서 뭐든 구매하실 수 없다면, 제게 고객을 데려와 주시기 바랍니다. 10월 집세를 내자니 다급히 돈이 필요한 실정입니다.'
'우리 사이에 있을 미래의 거래를 위해 100프랑을 보내주십시오. 그것이 없고서야 저는 재난의 대홍수 속으로 사라지고 말 것입니

〈파도〉(1897-1903)

〈수다쟁이들〉(1897)

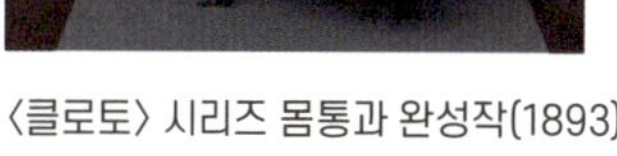

〈클로토〉 시리즈 몸통과 완성작(1893)

다. 집주인은 다시 제 집기들을 압류하기 시작했습니다. 제 바람에 응하는 섬세한 관심을 가져주실 거라 생각해 봅니다.'

'주조업자가 하루가 멀다 하고 제 집에 와 계산서를 들이밀고 있습니다. 그 계산을 치르는 것이 저라고 딱히 결정된 바 없는 상황이니 저로선 이만저만 난처한 게 아닙니다.'

이 편지는 클로델이 후원자 겸 중개상에게 보낸 것입니다. 그녀는 점점 절망했고 불행한 하루하루를 보냈습니다.

부와 명예를 모두 거머쥔 로댕

클로델이 나락으로 떨어질 때 로댕은 세계적인 스타로 발돋움할 기회를 잡았습니다. 1900년 파리에서 세계박람회가 열리자 전시장 바로 옆에서 대규모 개인 전시회를 개최한 것입니다. 이때 로댕은 석고상, 청동상, 대리석상 등 168점을 한데 모았습니다. 많은 기대를 모은 〈지옥의 문〉 석고 버전을 최초로 공개하기도 했죠. 또 미술계와 대중에게 충격과 놀라움을 안긴 파격적인 작품도 전시했습니다.

로댕은 프랑스 문학협회로부터 프랑스의 위대한 소설가 오노레 드 발자크Honoré de Balzac를 기념하는 조각상을 의뢰받았습니다. 그는 발자크라는 인물을 조사하고 작품을 완성하기까지 7년의 세월을 바쳤습니다. 특히 이미 세상을 떠난 발자크의 골격과 체형을 파악하기 위해 그를 닮은 모델을 찾으려고 애쓰는가 하면, 발자크의 단골 양복점에서 그의 치수와 똑같은 코트를 만들어 석고에 담그기도 했습니다. 발자크의 전체적인 골격을 파악한 뒤에는 여러 개의 조각상을 만들며 모델링 작업까지 거쳤습니다.

치밀한 연구 끝에 완성한 작품을 공개하자 사람들은 경악했습니다. 프랑스 문학의 거장이 두꺼비를 닮았기 때문입니다. 결국 로댕의 작품 세계를 이해하지 못한 문학협회는 작품을 거부했습니다. 하지만 오늘날 미술사에서는 이 같은 혁신적인 작품이 현대 조각의 장을 열었다며 로댕을 높이 평가하고 있습니다.

로댕의 〈발자크〉(1898)

그런데 아이러니하게도 전시회는 로댕을 국제적인 스타로 만들어주었습니다. 비록 의문이 드는 작품은 많지만 독창적이다 보니 대중들이 집중해서 들여다보기 시작했고, 그 분위기가 이어져 미술계까지 큰 화제가 된 것입니다. 게다가 당시 로댕의 작품은 어마어마하게 팔려나갔는데 수입금만 약 20만 프랑으로 현재 가치 16억 원에 달했습니다. 이후 전 세계 수많은 미술관에서 그의 대표작을 구입했으며, 덴마크의 코펜하겐시는 로댕을 위한 특별 전시실도 만들었습니다. 전시회로 세계적 예술가로 자리 잡은 그의 나이는 60세였습니다.

그는 1903년에는 프랑스에서 수여하는 두 번째 레지옹 도뇌르 훈장을 받았으며, 다른 나라의 유명 대학에서는 명예 박사 학위를 받으면서 승승장구했습니다. 당시 영국 더비 지역에서 발행한 일간지 기사를 보면 예술가로서 로댕의 위상을 확인할 수 있습니다.

'오귀스트 로댕은 예술의 존엄성을 존중하는 사람들, 그리고 고통
과 난관을 뚫고 이상을 실현하기 위해 분투하는 조용한 이들을
존경하는 사람들에게 감탄을 자아내는 이름입니다.'

로댕과 클로델의 마지막은?

전시회를 통해 세계적 스타이자 조각계의 거장으로 명성을 떨치던 로댕
도 어느덧 60세가 됐습니다. 하지만 그의 고질병인 바람기는 여전했습니
다. 클로델과 헤어진 후에도 여러 여인과
불륜을 반복한 것입니다. 국제적으로 이
름을 알린 그는 이제 외국 여성들을 만
나곤 했습니다. 로댕이 만난 수많은 여
인 중 깊은 관계를 유지한 인물은 영국
화가 그웬 존Gwen John과 프랑스의 공작
부인 클레르 드 슈아죌Claire de Choiseul
이었습니다.

먼저 그웬은 로댕의 모델을 하다가 연
인으로 발전한 경우입니다. 1904년, 로댕
은 파리에서 활동했던 그웬에게 작품의
모델을 제안했습니다. 당시 로댕은 64세

그웬 존

로댕과 클레르 드 슈아죌

였고 그웬은 28세로, 두 사람의 나이 차는 무려 36세였습니다. 하지만 그웬의 집착으로 로댕은 그녀에게 접근 금지를 신청했다고 합니다.

그웬과 연인이 된 로댕은 동시에 뉴욕의 저명한 변호사의 딸이자 프랑스 귀족과 결혼해 공작부인이 된 클레르와 사랑에 빠졌습니다. 그녀도 로댕보다 24세나 어렸습니다. 클레르는 미국의 부호 수집가들에게 로댕을 소개하며 작품 판매를 도왔습니다. 덕분에 매년 1만 2,000달러 수준이었던 로댕의 수입은 8만 달러까지 상승했습니다. 오늘날 가치로 환산하면 매년 33억 원가량을 벌어들인 것입니다. 하지만 로댕의 작품이 탐났던 공작부인이 그의 드로잉 상자를 훔치면서 두 사람의 관계도 끝났습니다. 놀랍게도 로댕은 그웬과 클레르를 사귀던 시기에 지인의 소개로 하나코花子라는 일본 무용수와도 사랑에 빠졌습니다. 하나코의 동양적인 매력에 푹 빠진 로댕은 그녀를 모델로 삼았습니다.

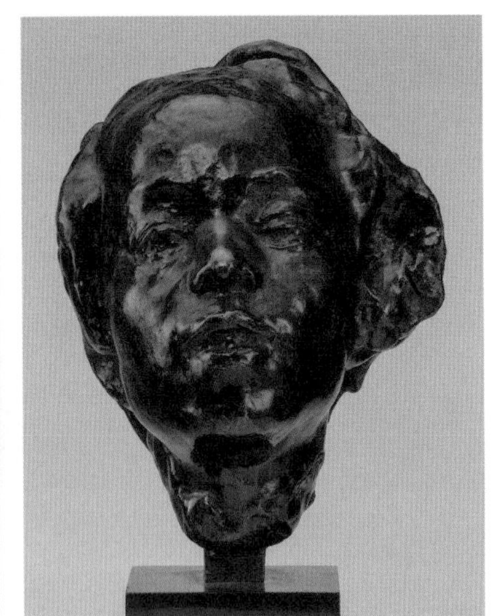

하나코와 그녀의 두상(1908)

로댕이 바람을 피우며 승승장구할 때 클로델은 많은 미술가가 참여하는 세계박람회 전시에서조차 탈락했습니다. 그러면서 정신적으로 피폐해진 그녀는 이상 증세를 보이기 시작했습니다. 예술가들과 상인, 비평가 등 모두가 결속해 자신을 원망하고 죽이려 한다고 믿었고, 자신이 커다란 음모의 희생양이 되었다고 생각하게 된 것입니다. 이때 클로델의 모든 분노는 로댕에게 향했습니다. 그녀는 자신의 경력을 단절시키고 삶을 망치려는 사람들이 로댕의 사주를 받았다고 믿었습니다. 이렇게 편집증적 망상 증세를 보이던 클로델은 끝내 자신의 분신과 같은 조각들마저 부수고 말았습니다. 그러다 작업실 문을 걸어 잠그고 문에는 바리케이드를 친 채 고립된 삶을 이어 나갔고, 1913년에는 정신병원에 수감됐습니다. 당시 그녀의 나이는 49세였습니다.

그런데 클로델이 정신병원에 갇힌 지 3년이 지난 1916년, 76세의 로댕이 뇌졸중으로 쓰러졌습니다. 당시 가까스로 정신을 차린 그는 가장 먼저 로즈에게 뒤늦은 청혼을 했습니다. 이때 로댕은 자신의 옆을 지켜주는 사람은 로즈뿐이라는 생각에 결혼을 결심했다고 합니다. 하지만 일각에서는 수많은 내연녀가 있는 그가 법적인 상속자 하나 없이 죽으면 자신의 유산이 어떻게 흩어질지 몰라 결혼한 것으로 추측합니다. 이로써 두 사람은 약 53년 만에 법적 부부가 됐습니다.

하지만 결혼한 지 2주밖에 되지 않은 어느 날 로즈가 급성폐렴으로 세상을 떠났습니다. 한평생 로댕과의 결혼을 원했으나 그 꿈을 이룬 것은 2주라는 짧은 시간이었죠. 같은 해 로댕도 병세가 악화되어 1917년 11월 17일 77세의 나이로 생을 마감했습니다. 로댕은 많은 조문객의 애도 속에 프랑스 뫼동에 있는 로댕미술관의 〈생각하는 사람〉 조각상 아래에 영원히 잠들었습니다.

노년의 로댕과 로즈

하지만 로댕과 달리 클로델의 말년은 너무나 처참했습니다. 정신병원에서 나갈 수 있기를 간절히 원했지만 그녀를 도와주는 사람은 아무도 없었습니다. 클로델의 원망은 여전히 로댕을 향했는데 당시 그녀가 남긴 글이 있습니다.

정신병원에서의 클로델

'이 모든 게 사실은 악마 같은 로댕의 머릿속에서 비롯한 것이다. 그에게는 오로지 한 가지 생각뿐이었다. 자기가 죽은 뒤 내가 예술가로서 비상하여 자기보다 더 명성을 떨치게 되지 않을까 하는 것. (…) 그러니 그가 죽은 다음에도, 그가 살아 있을 때처럼 내가 불행해야 했다. 그는 전적으로 성공했다. 나는 지금도 불행하니까!'

결국 클로델은 아무런 작품 활동도 하지 못한 채 30년간 정신병원에 갇혀 살았습니다. 촉망받던 여성 조각가의 삶이 완전히 무너져내린 것입니다. 이후 그녀는 79세에 생을 마감할 때까지 가족에게 외면받았고, 무연고 시신으로 매장되었습니다.

로댕은 클로델을 통해서 영감을 받았고 수많은 작품을 남겼습니다. 그의 천재성은 세기를 뛰어넘어 큰 업적을 남겼고 '현대 조각의 아버지', '조각의 거장', '천재 조각가' 등의 수식어로 인정받았습니다. 한편 그의 사생활은 '제자를 파멸로 이끈 스승', '세기의 바람둥이', '스캔들의 주인공'이라는 어둠

의 꼬리표를 남겼습니다. 위대하지만 지나치게 인간적이었던 로댕의 삶을
통해 그의 작품이 예술과 역사를 이해하는 데 더 큰 재미를 안겨주었기를
바랍니다.

벌거벗은 백인 우월주의

마틴 루터 킹 vs 맬컴 엑스

하상응

● 인종 차별, 그중에서도 흑인 차별을 주도하는 백인 우월주의는 미국의 유구한 역사이자 오늘날까지도 미국 정치사를 뜨겁게 달구는 이슈입니다. 2020년 5월에 백인 경찰의 과잉 진압으로 흑인 남성 조지 플로이드가 사망한 사건부터 2023년 8월에 미국 플로리다에서 흑인을 혐오한 백인 우월주의자가 흑인 세 명의 목숨을 앗아간 총격 사건까지, 백인 우월주의자들이 선동하는 인종 차별의 역사는 여전히 진행 중입니다.

미국 CNN에 따르면 흑인 10명 중 8명이 백인 우월주의로 인종 차별을 경험했다고 합니다. 그만큼 백인 우월주의는 미국의 최고 가치인 자유와 평등을 위협하는 과제로 남아 있습니다. 특히나 도널드 트럼프Donald Trump가 제45대 미국 대통령이 된 2017년 이후 이러한 현상이 증가하더니 흑인을 대상으로 한 범죄가 급격히 늘었습니다. 이후 2021년에 미국의 제46대 대통령이 된 조 바이든Joe Biden은 "백인 우월주의는 추악한 악(惡)이자 독(毒)"이라며 인종 차별 철폐를 주장하기도 했습니다.

문제는 누가 이런 생각을 하는지 알 수 없다는 것입니다. 앞에서는 모두가 평등하다고 말하지만 뒤에서는 전혀 다른 생각을 할지도 모른다는 의심이 생긴 것이죠. 실제로 2019년 미국에서는 백인 우월주의끼리 주고받는 사인이 문제가 됐습니다. 얼핏 OK처럼 보이는 손동작인데 펼친 세 개의 손가락은 W를, 동그라미는 P자를 가리킨다고 합니다. 합치면 'White Power', 즉 '백인의 힘'이라는 뜻입니다. 흑인과 함께 찍은 사진에서 백인이 이런 손동작을 하는 모습이 종종 발견되는데, 스스로 백인 우월주의자라고 인증하는 것입니다.

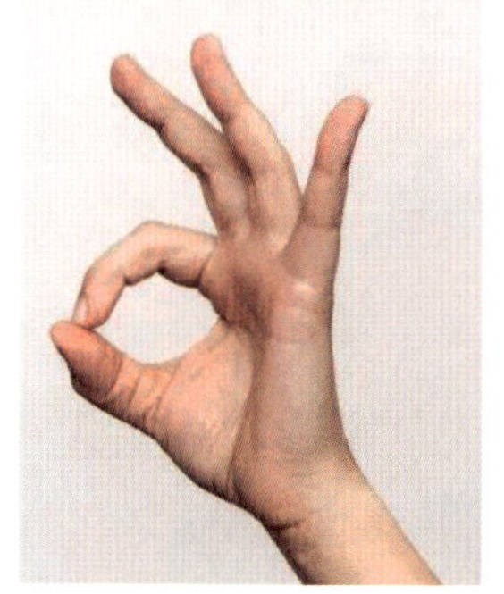

백인 우월주의자 인증 손동작

미국 사회에서 백인 우월주의자의 차별에 흑인들이 가장 첨예하게 맞섰던 시기는 1960년대입니다. 냉전 시대를 지나며 반전 운동이 활발했던 이때, 흑인에게 강력한 메시지를 전달했던 두 명의 흑인 영웅이 있었습니다. 이들은 백인 우월주의에 맞서 누구보다도 치열하게 투쟁했습니다. 그런데 흑인 차별 철폐라는 같은 목표를 이루기 위해 한 사람은 평화를, 다른 한 사람은 폭력을 주장했습니다. 이들은 서로를 '백인을 돕는 배신자', '흑인의 절망만 장황하게 늘어놓는 사람'이라며 비난하기도 했죠. 안타깝게도 두 사람은 각자의 꿈을 이루지 못하고 비극적인 죽음을 맞이했습니다.

과연 흑인 차별을 없애려던 두 영웅은 백인 우월주의가 만연했던 미국 사회를 어떻게 뒤흔들었을까요? 그리고 이들은 왜 끝내 비극을 맞을 수밖에 없었던 걸까요? 지금부터 백인 우월주의에 맞선 두 영웅이 걸었던 길에 숨어 있는 역사적 진실을 낱낱이 벌거벗겨 보겠습니다.

노예 해방과 백인 우월주의의 탄생

백인 우월주의 단체가 본격적으로 등장한 것은 아이러니하게도 노예 해방이 일어난 직후였습니다. 1865년, 4년여의 남북전쟁을 마친 미국 남부와 북부는 연방헌법을 수정했습니다. 「미국 수정 헌법 제13조」를 추가해 노예제를 폐지했고, 남부에 살던 약 400만 명의 흑인은 자유를 얻었습니다. 이후 「미국 수정 헌법 제14조」를 추가하며 흑인의 시민권을 인정했습니다. 이제 법적으로 흑인은 노예가 아니었죠. 그런데 남부의 딥 사우스 지역에서는 노예 해방과 상반되는 상황이 심상치 않게 벌어졌습니다.

그림은 1867년 1월 19일 자 신문에 실린 삽화입니다. 그림 중앙의 기둥 아래에는 흑인 한 사람이 팔이 묶인 채 서 있습니다. 그가 이런 모습을 한 이유는 '벌금 대신 노역에 동원돼 팔려 가는 해방 노예'라는 하단의 문구를 통해 알 수 있습니다. 노예제가 폐지됐음에도 돈을 주고 흑인 노예를 거래하는 것입니다.

놀랍게도 이는 법의 빈틈을 노린 합법적인 거래였습니다. 노예제가 폐지되기 전, 플랜테이션 농장이 밀집해 있는 미국 남부의 딥 사우스 지역은 값싼 흑인 노예로 노동력 문제를 해결해 왔습니다. 그런데 노예제가 폐지되면서 노동력이 부족해지자 이를 다시 흑인으로 채울 방법을 고민했습니다.

벌금을 내지 못해 팔려 가는 흑인 노예

이때 「미국 수정 헌법 제13조」 내용 중 '해당자가 정식으로 기소되어 판결로서 확정된 형벌이 아닌 이상'이라는 문구에 주목했습니다. 이는 법원에서 형이 확정돼 수감된 사람은 노예제 폐지에서 예외로 둔다고 해석할 수 있기 때문입니다. 이때부터 흑인들은 사소한 일로도 범죄자가 되었습니다. 감옥에 수감된 흑인을 백인들이 노예로 부리기 위해서였습니다.

이를 위해 백인은 흑인이 범죄자이기 때문에 자신들이 노예처럼 부리는 게 당연하다는 분위기를 형성했습니다. 언론을 통해 흑인이 흉악한 범죄를 저지르고 사회에 도움이 안 되는 게으름뱅이라는 기사와 만평을 쏟아내기 시작했습니다. 결국 부랑자와 고아 등 남부의 수많은 흑인이 사소한 죄목으로 대거 체포됐고 강제 노역장으로 팔아 넘겨졌습니다. 이렇게 남부 지역 백인이 흑인은 범죄자라는 편향된 인식을 심어주면서 '파렴치한 흑인은 마음대로 다뤄도 된다'라는 백인 우월주의가 퍼져나갔습니다.

당시 이렇게 잡아들인 흑인은 테네시주 내슈빌이라는 도시 거주 흑인의 약 30%였으며, 4년 뒤에는 두 배 가까이 증가했습니다. 대다수가 이제 막 노예 신분을 벗었기에 변호사를 선임할 돈은커녕 부과된 벌금을 낼 돈도 없었습니다. 그러니 하는 수 없이 다시 팔려나가 노예처럼 일하는 수밖에 없었습니다.

노예제가 폐지됐음에도 백인이 법을 악용하면서까지 흑인을 괴롭힌 또 다른 이유는 KKK였습니다. 백인 우월주의와 인종 차별 등을 내세우는 폭력 비밀 조직으로, KKK는 '단체', '가족'이라는 뜻의 그리스어와 영어를 결합한 Ku Klux Klan(쿠 클럭스 클랜)의 약자입니다. KKK 하면 머리부터 발끝까지 하얗게 입고 고깔모자를 쓴 모습이 떠오르지만, 원래는 남북전쟁 직후 남부군 참전용사였던 백인 6명이 머리에 가면과 두건만 쓴 복장으로

KKK 복장을 한 회원들(1872)

시작한 사교 모임이었습니다. KKK의 등장 이후 남부에는 백인 우월주의 단체가 대거 등장하기 시작했습니다.

악명 높은 백인 우월주의 단체인 KKK는 원래 소수였습니다. 그런데 '백인이 사회·정치적으로 우월함을 입증하려면 흑인을 철저히 굴복시켜야 한다'라는 이들의 목적에 동의하는 사람이 늘면서 규모가 급격히 커졌습니다. 유령 같은 복장을 하고 흑인을 골려주던 이들의 활동은 남부의 테네시와 앨라배마, 조지아, 미시시피 등 딥 사우스 지역으로 퍼졌고 흑인을 폭행하거나 괴롭히는 방식으로 확대됐습니다. 이 시기 수천 명의 백인이 KKK에 가입했습니다.

그러던 중 이들이 대거 결집하는 사건이 벌어졌습니다. 1870년에 미국 정부가 헌법으로 흑인의 투표권을 보장한 것입니다. 「미국 수정 헌법 제15조」

는 '미국 시민의 투표권은 인종, 피부색 또는 이전 예속 상태를 이유로, 미국 또는 어떤 주에 의해서도 부정되거나 제한되지 아니한다'라고 선포했습니다. 흑인에게 투표권이 주어지자 KKK는 이를 필사적으로 막으려 했습니다. 남북전쟁 직전인 1860년 인구 조사에 따르면 미국 흑인의 95%가 남부에 살았고, 딥 사우스의 일부 주에서는 백인보다 흑인 인구가 더 많았습니다. 이는 흑인이 투표할 수 있게 되면 흑인에게 유리한 공약을 내세우는 당이 승리할 수 있다는 뜻이었습니다. 이에 남부 백인들은 기득권이 흑인에게 넘어갈지도 모른다고 판단했습니다.

위협을 느낀 KKK는 각종 방법을 동원해 흑인이 투표할 엄두조차 내지 못하도록 했습니다. 예를 들면 흑인의 집에 쳐들어가 총을 겨누며 다짜고짜 누구에게 투표했냐고 묻는 식이었죠. 이때 KKK가 원하는 답을 하지 않은 흑인들은 나무에 묶이거나 채찍질을 당했습니다. 심한 경우 총에 맞거나 올무에 목이 묶여 죽기도 했습니다. 1870년 사우스캐롤라이나주의 한 마을에서는 선거 전에 KKK가 공화당 흑인 하원의원을 총으로 쏴 죽이는 일도 있었습니다. 백인의 권리를 대변하지 않는 당, 즉 당시 공화당을 지지하는 흑인들을 색출해 투표권을 행사하지 못하도록 위협한 것입니다. 이 외에도 KKK는 흑인에게 유세하거나 자신들과 성향이 다른 당에서 일하는 백인을 찾아가 목을 올무로 잡아매고 나무에 묶었습니다. 그리고 이들의 집에 불을 질러 더는 흑인에게 투표를 권하거나 흑인의 투표를 바라지 않도록 만들어버렸습니다.

흑인들은 KKK의 협박에도 어렵게 얻은 투표권을 포기하지 않았습니다. 힘겹게 투표를 이어간 결과 1873년에 딥 사우스 지역 중 하나인 루이지애나주에서 백인의 권리를 보호하는 주지사 후보가 당선에 실패했습니다. 하

KKK에 잡혀 목이 묶인 백인

지만 KKK를 포함한 백인 우월주의자들은 결과를 받아들이지 않았고, 투표에 이의를 제기하며 군대를 이끌고 법원을 에워쌌습니다. 그러자 여성과 어린이까지 포함해 민병대를 조직한 흑인들도 법원으로 향했습니다. 이때 작은 대포로 무장한 백인들이 법원을 향해 발포하며 치열한 전투가 이어졌습니다. 이 과정에서 백인 측 주요 인사가 사망하자 격분한 백인 우월주의 단체는 법원 근처에 모인 흑인들을 학살하기 시작했습니다. 흑인 중 일부가 총에 맞거나 교수형을 당하며 법원 주변은 아수라장으로 변했습니다. 이때 목숨을 잃은 흑인 남성만 최소 150명에 이르는 것으로 알려졌습니다.

그렇다면 대규모 학살을 저지른 KKK와 백인 우월주의자들은 어떻게 됐을까요? 당시 연방 정부는 날로 잔혹해지는 백인 우월주의 집단을 막고자 '선거를 방해할 목적으로 모이거나 백인의 권리를 위해 특정인을 위협하고 해치는 행위를 금지'하는 일명 KKK법을 만들었습니다. 이 법에 따라 학살을 저지른 100여 명이 기소됐습니다. 하지만 단 세 명에게만 음모 혐의를 적용하는 데 그쳤습니다. 게다가 3년 뒤에는 미국 대법원이 법 자체를 위헌으로 판결하면서 유죄를 받은 세 명마저 그대로 풀려났습니다.

이렇게 별다른 제재 없이 KKK가 활발히 활동하자 딥 사우스에는 수많은 백인 우월주의 집단이 생겨났습니다. 루이지애나주에는 1867년 '백동백 기사단', 1874년 '화이트 리그'라는 백인 우월주의 단체가 탄생했습니다. 미시시피주에서는 '레드 셔츠'라는 군사 조직이 결성됐죠. 특히 백인 우월주의자가 많았던 루이지애나주에서는 흑인 중심으로부터 국가를 구한다는 명분으로 상인과 정치인들이 KKK나 백동백 기사단에 가입했습니다.

백동백 기사단은 비밀 유지를 위해 아무나 받아들이지 않았습니다. 회원이 되려면 일주일간 투표를 거친 뒤 면접을 통과해야 했죠. 이들은 비밀

백인 우월주의 집단의 탄생

을 유지하기 위해 서로의 정체까지 숨겼는데, 면접을 볼 때도 눈을 가리고 지도자가 기다리는 회의실로 가는 등 개인의 정체를 잘 드러내지 않았습니다. 때문에 일상에서는 조직의 일원이라는 사실을 밝히지 않으면 같은 조직원인 줄도 몰랐습니다. 그러자 이들은 말하지 않고도 조직원임을 확인할 수 있는 사인을 만들었습니다. 왼손 검지를 왼쪽 눈에 무심하게 대고 나머지 손가락은 모두 주먹을 쥔 채 상대를 보면 같은 조직원임을 눈치챌 수 있었죠.

정식으로 백동백 기사단이 된 사람들은 군사 훈련도 받았습니다. 가령 흑인 학살 명령이 떨어지면 총기 상점과 무기 판매소에서 무기를 가져올 수 있었는데, 그 비용은 단체에서 지급했습니다. 흑인의 정치 참여를 막기 위해 전폭적으로 지원한 것입니다. 백동백 기사단원은 KKK와 연계해 흑인을 살해하고 시신을 강에 던지는 등 흑인에게 강력한 위협의 메시지를 전파했습니다.

화이트 리그는 앞선 두 조직과 달리 딥 사우스에 흑인 중심 정치가 발을 딛지 못하도록 공개적으로 군사 행동을 취했습니다. 이들이 조직의 행위를 정당화한 명분은 다음과 같습니다.

"백인이 지배하는 곳에서 흑인은 평화롭고 행복하다. 흑인이 지배하는 곳에서 흑인은 굶주리고 억압받는다."

흑인이 백인의 지배를 받을 때 모두가 행복하므로 백인이 아닌 흑인을 위한 정치를 용납할 수 없다는 것입니다. 한마디로 정치에 참여하지 말라는 의미였죠. 백인 우월주의 단체는 흑인들을 향해 "세상이 바뀌었다고 착각하지 말라"고 경고하기도 했습니다.

1874년, 화이트 리그는 자신들의 근거지인 루이지애나주에서 흑인들의 정치적 입김이 커지자 군사 쿠데타를 계획했습니다. 먼저 흑인의 팔다리를 부러뜨려 산 채로 불에 태우거나 교수형에 처하는 등 수십 명을 학살했습니다. 그리고 루이지애나주 중심 도시인 뉴올리언스로 향했습니다. 그곳에 5,000명을 배치해 경찰과 민병대를 공격하고 주지사 사임을 강요하며 시청과 주 의사당을 장악했습니다. 또 흑인 사회에 두려움을 심어주기 위해 한 마을의 흑인 남성 10%를 살해했습니다. 결국 연방 정부는 군사를 보내 상황을 정리했지만 이들에게 별다른 제재는 가하지 않았습니다. 이후 흑인을 지지하는 당의 세력이 점차 약해지기 시작했고 2년 뒤에는 이들이 바라던 대로 백인 중심의 당이 권력을 잡았습니다. 다수인 흑인이 밀려나고 소수인 백인 우월주의가 완전히 뿌리 내린 것입니다.

남부의 또 다른 백인 우월주의 단체인 레드 셔츠는 말 그대로 붉은 셔츠를 입고 다니는 준군사 테러리스트 조직입니다. 이들 역시 자신의 이익을

쿠데타로 뉴올리언스를 점령한 화이트 리그

대변하는 백인 정치인들의 군대 역할을 자처했습니다. 이들이 붉은 셔츠를 입는 이유는 자신들을 눈에 더 잘 띄게 해 흑인을 위협하려는 수법이었습니다. 다음은 1898년 어느 잡지에서 묘사한 레드 셔츠에 관한 기사 일부입니다.

'붉은 셔츠단이 행진할 때, 그들의 등장은 흑인들에게 길을 비키라는 신호였기에 그들이 흑인 마을을 지나갈 때면 마치 묘지에 있는 것처럼 사람이 살지 않는 것 같은 모습이었다.'

레드 셔츠는 핏빛의 붉은 셔츠만 입는 게 아니었습니다. 카우보이모자를 쓰고 벨트에는 권총을, 품에는 소총을 안고 질주했다고 합니다. 그들은 투표하는 흑인들 사이로 총을 난사하는 공포 그 자체였습니다. 이렇듯 남부의 흑인들은 목숨을 걸고 투표장에 출입해야 했습니다. 백인 우월주의 단체 때문에 연방헌법에 명시된 자유를 제대로 누리고 살 수 없는 것이 당시

레드 셔츠 단원들

현실이었습니다.

백인 우월주의가 만든 흑인 차별

백인 우월주의 단체가 별다른 제재를 받지 않자 흑인 학살은 남부 전역으로 퍼졌습니다. 미국의 흑인 대학인 터스키기(Tuskegee) 대학의 연구 조사에 따르면 이 시기 흑인은 백인과 언쟁하거나, 존중을 요청하거나, 동료 간에 인망이 없다는 이유만으로도 학살의 대상이 됐습니다. 그러다 보니 흑인 학살을 유희처럼 여기고 살해 현장을 전시하며 자랑거리로 삼는 일까지 벌어졌습니다. 백인들은 흑인 폭행과 살해를 기념하겠다며 현장 사진을 엽서로 만들어 다른 지역 사람들에게 보내기도 했습니다.

1916년 텍사스주에서 일어난 흑인 린치 사건은 현장 사진과 함께 당시의 끔찍한 상황을 묘사한 엽서가 남아 있습니다. 어느 날 제시 워싱턴Jesse Washington이라는 흑인이 일하던 농장의 여주인이 성폭행 흔적과 함께 사망한 채로 발견됐습니다. 이때 한 백인이 제시를 농장 근처에서 봤다고 말하자 그는 곧장 체포됐습니다. 증거는 없었습니다. 오랜 심문에 지친 제시는 죄를 인정했고 백인 관중들은 사형이 선고된 그를 납치해 마구잡이로 폭행했습니다. 그러고는 손가락과 발가락, 생식기까지 자르고는 피로 뒤덮인 그의 몸에 불을 붙였습니다. 보안관을 비롯해 그 누구도 이 같은 행동을 막지 않았으며 아무도 체포되지 않았습니다. 백인들은 제시의 처참한 모습을 찍은 사진을 엽서로 만들어 기념으로 간직했습니다. 누군가는 엽서 뒷면에 당시 상황을 묘사하는 글을 남기기도 했습니다.

'어젯밤 우리가 했던 바비큐 파티 사진입니다. 사진 왼쪽에 X표 한 것이 접니다. _당신의 아들 조'

터스키기 연구기관은 1882년부터 1968년까지 3,446명의 흑인을 포함해 흑인에게 우호적인 백인까지 4,743명이 이런 식으로 처형당했다고 발표했습니다. 흑인을 대상으로 한 집단 린치와 살해가 당시 남부에서는 흔한 풍경이었던 것입니다.

놀랍게도 백인들은 이 현장을 보기 위해 여행을 오기도 했고, 부모들은

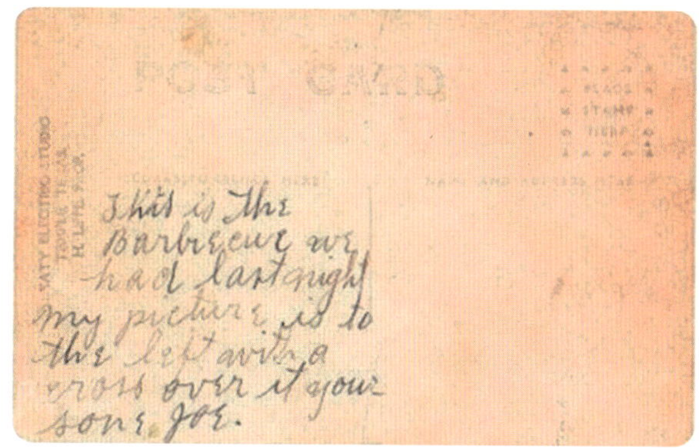

텍사스 흑인 린치 사건 엽서

아이들의 린치 감상을 허락했습니다. 흑인을 차별하고 괴롭히는 모습을 보고 아이들의 백인 우월주의가 굳건해지길 바란 것입니다. 어떤 현장에서는 린치에 참여할 백인을 모집하는 신문 광고를 내는가 하면, 주에서는 특별 열차를 운영해 관객을 실어날랐습니다.

이 시기 활동한 재즈 가수 빌리 홀리데이Billie Holiday는 흑인 린치에 대한 노래 〈이상한 열매(Strange Fruit)〉를 발매했습니다. 흑인이 백인에게 폭력을 당한 다음 나무 위에 목이 매달린 풍경을 묘사한 곡입니다. '남부의 나무에는 이상한 열매가 열린다. 잎사귀와 뿌리에는 피가 흥건하고, 남부의 산들바람에 매달린 검은 몸들이 흔들린다'라는 참혹한 가사는 흑인들의 마음을 두드렸습니다.

그런데 이때 흑인 학살이라는 잔인한 방법뿐 아니라 일상에서도 백인 우월주의를 심화하는 흑인 차별법이 남부 주에서 시행됐습니다. 코미디 뮤지컬에서 백인 배우가 연기한 멍청한 흑인 캐릭터의 이름을 딴 「짐 크로Jim Crow 법」은 공공시설에서의 백인과 흑인 분리가 핵심 내용입니다.

사진은 모두 공공기관에서 백인과 유색인종의 분리를 의무화한 모습입니다. 첫 번째 사진은 입구가 분리된 영화관으로, 백인은 1층 입구를 이용하고 흑인 계단을 올라가야 영화관으로 들어갈 수 있었습니다. 두 번째 사진은 백인 식수대에 비해 현저하게 작은 흑인 전용 식수대입니다. 세 번째 사진은 백인 여성과 백인 남성 전용 화장실과 남녀공용 흑인 화장실이고, 네 번째 사진은 오직 백인만 들어갈 수 있는 수영장의 표지판입니다.

이 외에도 백인 전용 병원은 「짐 크로 법」을 내세워 흑인의 치료를 거부하기도 했습니다. 이때 흑인을 상대하는 병원이 거의 없어 많은 흑인이 제때 치료받지 못해 목숨을 잃었습니다. 간혹 흑인을 치료해주더라도 흑인은

「짐 크로 법」을 적용한 공공시설

아픔을 느낄 수 없다고 생각해 마취도 하지 않고 수술했다고 합니다. 또 텍사스주에서는 1914년에 통행 금지법을 통과시켰는데 밤 10시 이후 흑인은 집 밖으로 나올 수 없다는 내용이었습니다. 만약 법을 지키지 않는다면 백인에게 폭행당할 것을 감수해야 했습니다.

그런데 흑인과 백인을 공공장소에서 분리한 것은 자유인이 된 흑인들에게 시민권을 주고 그들을 동등하게 대한다는 「미국 수정 헌법 제14조」를 위배한 것입니다. 그럼에도 「짐 크로 법」을 시행한 것은 1896년 미국 대법원이 '플래시 대 퍼거슨 사건'을 다루며 인종 차별법의 합헌성을 인정한 판결을 내렸기 때문입니다. 이때 연방대법관들은 「미국 수정 헌법 제14조」에서 말하는 '동등한 대우'를 창의적으로 해석했습니다. 흑인과 백인을 구분하되 동등하게 대한다면 법 위반이 아니라는 것입니다. 즉 입구는 달라도 백인과 흑인 모두 영화를 보고, 화장실을 이용하는 것은 동등한 서비스를 제공했다는 논리였죠. 이렇게 '분리하되 평등하다'라는 말로 포장한 이 법 때문에 남부 흑인들은 열악한 대우를 당연하게 받아들여야 했습니다. 법적으로 금지된 '차별'을 '분리'로 바꾸면서까지 차별을 멈추지 않은 것입니다.

이런 상황에서도 흑인은 「짐 크로 법」을 따르며 스스로를 지킬 수밖에 없었습니다. 이때 출간된 책이 흑인의 생존 지침서라 불리는 《그린 북》입니다. 당시 남부에 처음 간 흑인들은 숙박 시설을 찾지 못해 헤매는 일이 많았습니다. 그러자 1936년에 한 집배원이 편지를 배달하면서 표시한 차별

《그린 북》에서 소개하는 숙박 시설

없는 숙소, 식당, 주유소 등 흑인이 갈 수 있는 장소와 시설 등을 모아 책으로 만들었습니다. 《그린 북》은 1960년대까지 업데이트되며 1만 5,000부나 팔렸습니다. 이렇듯 흑인은 백인 우월주의에 근거한 차별 속에서도 생존을 위해 숨죽여 살아야 했습니다.

백인 우월주의자 vs 흑인, 에밋 틸 사건

백인 우월주의에 근거한 차별은 노예제가 폐지된 뒤에도 100여 년간 계속됐습니다. 그런데 흑인들이 백인 우월주의에 맞서 잃어버린 권리를 되찾겠다고 결심하게 만드는 사건이 일어났습니다. 시카고에 살던 14세 흑인 소년 에밋 틸Emmett Till은 사촌들과 여름을 보내기 위해 미시시피주의 도시 머니(Money)를 방문했습니다. 어느 날 에밋은 백인 부부가 운영하는 식료품점에서 풍선껌을 골라 계산했습니다. 이때 에밋과 여주인 사이에 실랑이가 벌어졌습니다. 여주인의 말에 따르면 이때 에밋이 자신을 모욕하는 성희롱 발언을 했다고 합니다. 며칠 후 삼촌 집에 있던 에밋은 납치됐고, 사흘 뒤 인근 강가에서 시신으로 발견됐습니다. 얼굴은 퉁퉁 붓고 한쪽 눈이 훼손된, 생전에 심하게 고문을 당한 모습이었습니다. 신원 확인도 불가능할 만큼 참혹해 반지로 에밋임을 확인했을 정도였죠.

얼마 후 검거된 납치범들은 에밋이 풍선껌을 산 식료품점 여주인의 남편과 그의 이복형제였습니다. 이들은 흑인인 에밋이 백인인 식료품점 여주인에게 추근대며 그녀의 손을 잡고 허리를 움켜잡았다고 주장했습니다. 게다가 남부에서는 백인 유부녀를 추행하는 흑인은 법정에 갈 필요도 없이 알

에밋 틸 납치 용의자들

아서 손을 본다는 태도를 보였습니다.

범인의 주장을 들은 에밋의 어머니는 기가 막혔습니다. 14세의 어린 아들이 참혹한 주검으로 돌아온 것도 모자라, 흑인이 그런 짓을 저질렀으니 죽어 마땅하다는 용의자들의 뻔뻔한 태도에 슬픔과 분노를 느낀 것입니다. 그녀는 백인 우월주의로 흑인을 살해하는 미국 사회에 경종을 울리기 위해 장례식장을 방문한 이들에게 아들의 시신을 공개했습니다. 장례식에서 에밋의 시신을 본 사람들은 울음을 터뜨리거나 분노를 감추지 못했습니다. 죽은 에밋의 얼굴은 어머니의 증언대로 머리뼈가 부서졌고, 머리부터 발끝까지 구타를 당해 만신창이가 된 처참한 모습이었습니다. 얼마 후 에밋의 사진이 잡지와 신문에 실렸고 사건은 미국 전역에 알려졌습니다. 분노의 목소리가 커지자 미시시피 주지사는 철저하게 사건의 진상을 조사할 것

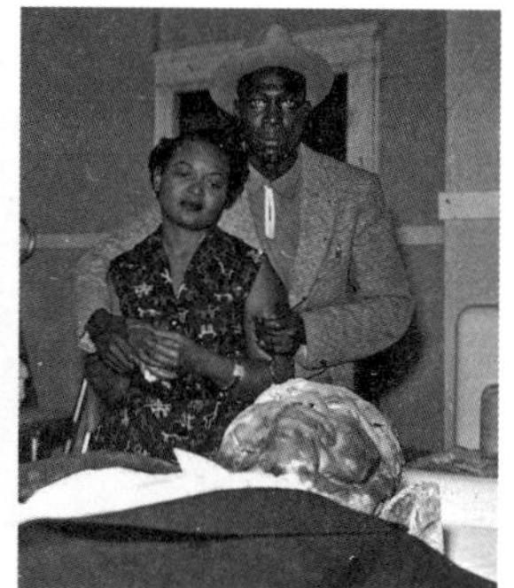

잡지에 공개된 에밋의 사진

을 약속했습니다.

이 시기는 흑인 차별이 극에 달해 아무런 잘못이 없는 흑인도 마구잡이로 납치해 죽이는 경우가 많았습니다. 게다가 경찰도 제대로 된 수사 없이 그냥 덮어버리곤 했습니다. 이렇게 묻힐 뻔한 에밋의 죽음을 그의 어머니가 아들의 시신까지 공개하며 경찰 조사가 이루어지도록 한 것입니다.

주지사까지 나서면서 범인으로 지목된 형제는 재판을 받았습니다. 식료품점 여주인은 거짓까지 섞어가며 추행당했다고 증언했습니다. 그리고 배심원단은 고작 67분의 심의 끝에 무죄로 평결했습니다. 용의자들이 무죄 판결을 받은 것은 배심원단이 모두 백인이었기 때문입니다. 백인이 기소당했다는 소식에 미시시피 지역 백인들이 결집했습니다. 이들은 지역 백인 사업가들로부터 1만 달러를 기부받아 용의자들의 변호를 지원했습니다. 또 배심원단을 전원 백인으로 구성하도록 추진했습니다. 덕분에 두 백인은 무죄를 선고받았습니다.

이후 무죄로 풀려난 백인 형제는 4만 달러의 대가를 받고 한 잡지에 살인 무용담을 털어놓았습니다. 잡지에서 밝힌 내용에 따르면 이들은 에밋의

에밋 틸 살해 혐의 재판의 배심원단

눈을 뽑은 후 머리에 총을 쏘고 시신에 바퀴를 묶어 강물에 던졌다고 합니다. 더욱 충격적인 사실은 범인들이 죽고 난 후 백인 여주인이 에밋에게 성추행당했다는 증언이 거짓말이라고 자백한 것입니다.

백인 우월주의자 vs 흑인, 몽고메리 버스 사건

에밋 틸 사건이 발생한 지 얼마 지나지 않았을 무렵 흑인들이 백인 우월주의에 맞서는 사건이 또다시 일어났습니다. 1955년 남부 앨라배마주 몽고메리, 로자 파크스Rosa Parks라는 흑인 여성은 일을 마치고 집으로 돌아가는 버스에서 흑인 전용 좌석에 앉았습니다.
그런데 한 백인이 자리가 없어 서서 가게 됐
고, 버스 기사는 그녀와 다른 흑인 승객 세
명을 향해 백인에게 자리를 양보하라고 명
령했습니다. 이때 다른 세 명의 흑인은 일
어났지만 로자는 양보를 거부했습니다. 그
러자 버스 기사는 경찰을 불렀고 그녀는 몽
고메리에서 시행하는 「짐 크로 법」을 위반
했다는 죄목으로 체포됐습니다.

로자 파크스 머그샷

이 소식을 들은 몽고메리의 흑인들은 체포가 부당하다고 생각했습니다.
이미 1년 전 연방대법원에서 '브라운 대 교육위원회' 재판으로 피부색에 따
라 학생들의 교육을 분리하거나 차별해서는 안 된다는 판결을 내렸기 때문
입니다. 이 판결에 따라 각 주의 법도 자연스럽게 바뀌어야 하는데 딥 사우
스에 해당하는 이곳은 여전히 흑인 차별법을 고수했습니다. 즉 로자는 자
신이 사는 지역의 불합리한 처우에 대항했던 것입니다. 훗날 미국의 흑인
민권운동가이자 정치인이었던 제시 잭슨Jesse Jackson 목사는 잡지 인터뷰
에서 과거 로자와 나눈 대화를 공개하며 그녀가 자리를 양보하지 않은 또
하나의 이유를 밝혔습니다.

"로자는 버스 뒤쪽으로 가는 것에 대해 생각했다고 말했습니다. 하지만
그때 그녀는 에밋 틸을 떠올렸고, 그렇게 할 수 없었다고 말했습니다."

에밋 틸 사건이 딥 사우스 지역에 사는 흑인들에게 대항할 용기를 준 것
입니다.

그런데 이때 이 사건을 해결하기 위해 한 사람이 나섰습니다. 몽고메리

에 있는 흑인 교회의 목사 마틴 루터 킹Martin Luther King입니다. 남부 흑인 중산층 가정에서 자라 신학대학과 대학원까지 엘리트 코스를 밟은 그는 몽고메리에서 흑인 사회를 위해 목소리를 낼 수 있는 인물이었습니다. 또한 교육 수준이 높은 지식인이자 목사 자격으로 백인 정치인들과 교류하면서 소통할 수 있는 소수의 흑인 지도층이기도 했습니다. 그는 법을 지키면서도 흑인의 분노를 표출해 버스에서의 차별을 없앨 방법으로 버스를 이용하지 않는 보이콧을 제안했습니다. 비폭력 운동의 시초이자 몽고메리 버스 보이콧 사건은 이렇게 시작됐습니다.

킹 목사가 보이콧을 적극 홍보하자, 몽고메리에 사는 대부분의 흑인은 걸어서 이동하거나 흑인이 운전하는 택시를 이용하는 등 각자의 방식대로 보이콧에 동참했습니다. 그는 몽고메리 개선협회(MIA, Montgomery Improvement Association)라는 단체까지 조직해 버스 보이콧 운동을 계속했

마틴 루터 킹

습니다. 당시 몽고메리에서 운행하는 버스 승객의 약 80%가 흑인이었기에 이대로 가다가는 버스 회사가 망하는 것은 시간문제였습니다. 하지만 금방 사그라들 거라며 별다른 조치를 취하지 않았습니다.

그러자 킹 목사는 새로운 방식으로 버스 회사를 압박했습니다. 버스를 대체할 카풀 시스템을 만든 것입니다. 먼저 몽고메리 개선협회와 함께 최대 325대의 개인 차량을 무료로 이용할 수 있도록 했습니다. 여기에 흑인 교회들이 운전기사를 동원해 40대가 넘는 배차 시스템을 운영했습니다. 이로써 매일 3만여 명의 흑인이 문제없이 출퇴근할 수 있게 되었습니다. 그 결과 버스를 타는 흑인 승객이 75% 이상 줄었고, 버스 회사의 매출도 급감했습니다.

이때 일부 백인들도 보이콧에 동참했습니다. 버스를 타지 않는 것은 물론 흑인 가정부를 둔 어떤 백인은 그녀를 자신의 차에 태워서 출근시키기도 했습니다. 심지어는 자신의 가정부가 버스에 탔다는 이유로 해고한 백인도 있었습니다. 신뢰할 수 없는 사람이라고 생각했기 때문입니다.

상황이 이렇게 되자 백인 우월주의자들도 보고만 있지는 않았습니다.

대기 중인 카풀 차량

카풀을 하는 흑인 승객과 기사에게 기습 테러를 하거나 자동차를 망가트리기도 했습니다. 게다가 백인 경찰들까지 카풀을 하는 정거장에서 멀찌감치 대기하다가 흑인을 태우는 사람들에게 각종 명목으로 범칙금을 부과하며 보이콧을 방해했습니다. 두 달간 그들이 발부한 교통위반 통지서만 100건이 넘었고 범칙금과 자동차 수리비도 어마어마하게 쌓여갔습니다. 킹 목사는 이럴 때일수록 평정심을 유지했습니다.

몽고메리에서 버스 보이콧을 시작한 지 3개월이 지났을 무렵 킹 목사와 보이콧에 참여한 89명이 체포됐습니다. 정당한 이유 없이 보이콧을 감행하고 앨라배마주의 법을 위반했다는 혐의였죠. 그런데 이는 오히려 킹 목사에게 기회가 됐습니다. 그가 의연하게 재판을 받고 계속해서 흑인의 자유를 외치는 모습이 세계 곳곳에 전해지며 그들에게 재정적인 지원을 보내온 것입니다.

1956년 11월, 킹 목사는 1년이 넘는 기간 동안 백인 우월주의와 흑인 차별에 차별에 맞서 싸운 끝에 승리했습니다. 미국 연방대법원이 도시나 주 정부가 버스에서 흑인과 백인을 분리하는 것이 위법이라는 판결을 내린 것입니다. 이제 미국 어느 곳에서도 흑인을 차별할 수 없었습니다.

몽고메리 버스 보이콧 운동을 성공으로 이끌며 리더십을 인정받은 킹 목사는 미국 전역을 넘어 세계적 명성을 얻었습니다. 5만여 명의 흑인이 보이콧 운동을 벌였지만 단 한 번의 폭력이 없었다는 사실에 '미국의 간디'라 불렸고, 《성경》에서 민족을 구출해낸 '모세'로 평가받기도 했습니다. 또 세계 곳곳에서 각종 불평등 문제에 대한 조언을 구하기 위해 그를 찾았습니다.

할렘의 지도자, 맬컴 엑스

그런데 이때 백인 우월주의를 다른 시각으로 보는 흑인이 등장했습니다. 시민운동가 맬컴 엑스Malcolm X였죠. 그는 백인 우월주의에 맞서는 킹 목사의 방식에 동의하지 않았습니다. 다음은 그의 생각을 담은 연설입니다.

"그들(백인)은 늑대입니다. 우리는 그들의 양입니다. 양치기인 '목사'는 언제나 여러분과 저에게 백인에게서 달아나지 말라고 가르칩니다. 그리고 동시에 백인들과 맞서서는 안 된다고 가르칩니다. 그는 여러분과 저를 배반한 반역자입니다. 우리의 생명을 맡기지 마세요, 안 됩니다."

맬컴은 백인을 늑대에, 흑인을 늑대에게 쫓기는 양에 비유했습니다. 아무리 늑대가 잘해준다 한들 결국 잡아먹힌다는 것입니다. 그리고 양을 이끄는 양치기인 목사, 즉 마틴 루터 킹이 흑인을 향해 백인에게 맞서지 말라고 가르친다며 불만을 나타냈습니다. 그리고 그를 향해 '흑인을 배반한 반역자'라는 말까지 사용하며 그를 따라서는 안 된다고 주장했습니다.

맬컴의 주장이 다소 과격하게 들릴 수 있지만, 당시 많은 흑인이 차별로 죽거나 폭력에 시달리다 보니 점차 그의 발언에 지지를 보냈다고 합니다. 특히 흑인들이 힘을 합쳐 커뮤니티를 만들고 경쟁력을 키워야 한다는 주장이 큰 공감을 얻었습니다.

맬컴이 백인과 킹 목사 모두에 불신을 갖게 된 것은 그의 어린 시절과 관련이 있습니다. 그는 1925년 미국 북부 네브래스카주의 오마하

맬컴 엑스

라는 곳에서 태어났습니다. 당시 북부는 백인 우월주의자를 피해 건너온 남부의 흑인이 증가하면서 점차 백인 우월주의 단체의 테러 타깃이 되었습니다. 맬컴의 집은 평범했지만, 그의 아버지가 백인 우월주의 단체에 맞서 싸웠기 때문에 그의 가족은 끊임없이 생명을 위협받았습니다. 맬컴이 아기였을 무렵에는 KKK에 의해 동네에서 쫓겨났고, 네 살 무렵에는 또 다른 백인 우월주의 집단이 집을 불태웠습니다.

어린 맬컴의 불행은 여기서 끝나지 않았습니다. 그가 여섯 살이 됐을 무렵의 일입니다. 백인 우월주의 단체의 짓인지 아니면 우연한 사고인지 밝혀지지 않았지만 아버지가 전차에 치여 세상을 떠난 것입니다. 그리고 몇 년 후 백인 사회 복지사들은 그의 어머니가 자식들을 키울 능력이 되지 않는다고 판단해, 맬컴을 포함한 어린 자녀들을 소년원과 위탁 가정으로 보내버렸습니다. 어머니는 남편의 사고사에 이어 가정까지 무너지자 그 충격으로 정신병원에 입원했습니다. 가족과 생이별을 한 맬컴의 나이는 겨우 12세였습니다.

이 시기 어린 맬컴의 꿈은 완전히 꺾여버렸습니다. 공부를 잘해서 변호사의 꿈을 키웠던 맬컴에게 선생님이 흑인은 공부보다 연장 쓰는 기술을 배워 목수가 되는 게 낫다고 말한 것입니다. 맬컴은 자신이 백인보다 못한 존재라는 생각에 무력감을 느꼈습니다. 15세가 되자 학교를 떠나 보스턴으로 간 그는 구두닦이와 열차 내 판매원 생활을 했습니다. 그렇게 모은 돈으로 코카인을 흡입하며 자신이 흑인이라는 사실을 잊으려 했습니다. 또 백인처럼 되고 싶은 마음에 곱슬머리를 펴기도 했습니다. 사진 속 맬컴의 헤어스타일은 독한 화학약품으로 머리카락을 직모로 편 콩크(conk)라는 것입니다. 상당히 번거로우며 머리 가죽이 벗겨지는 아픔을 참아야 하죠.

이렇게나 백인의 기준에 맞추려 애썼던 맬컴이 백인을 증오하게 된 계기는 감옥이었습니다. 친구들과 강도단을 조직해 범죄를 저지른 그는 스무 살에 감옥에 갇혔습니다. 이때 네이션 오브 이슬람(Nation of Islam)이라는 새로운 사상을 받아들이게 됐습니다. 1930년대에 창설된 네이션 오브 이슬람은 미국 내 흑인이 믿는 이슬람 조직으로, 일라이자 무하마드Elijah Muhammad가 지도자로 있었습니다. 맬컴이 이

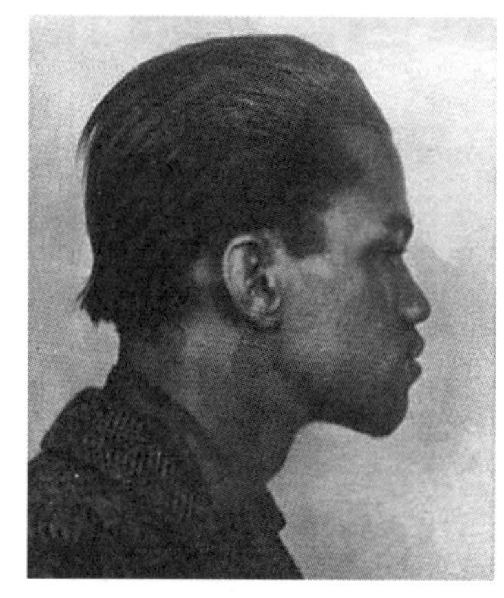

콩크를 한 맬컴의 머그샷

종교에 빠져든 것은 백인을 악마로 규정하고, 아프리카 대륙에서 온 흑인의 역사와 문화를 중요시한다는 교리 때문이었습니다.

극단적인 기독교 교리를 바탕으로 백인 우월주의를 실천하는 KKK 같은 단체로부터 가정을 잃은 맬컴은 흑인을 위대하게 여기는 네이션 오브 이슬람에 빠졌습니다. 백인을 따라 했던 과거를 치욕스럽게 여길 정도였죠. 이때 맬컴은 이름까지 바꿀 만큼 이 사상에 심취했습니다. 본래 그의 이름은 맬컴 리틀Malcolm Little이었으나 이슬람교를 받아들이자 자신의 성이 푸른 눈을 가진 백인 악마가 흑인에게 붙인 것처럼 느껴졌습니다. 그래서 리틀(Little)이라는 성을 아프리카에 있는 이름 모를 성이라는 뜻의 엑스(X)로 바꿔버렸습니다. 그는 개명을 통해 더는 백인 중심 사회가 이끄는 대로 살지 않겠다며 흑인의 정체성을 확립했습니다.

개명 후 맬컴 X의 수감 생활은 완전히 달라졌습니다. 학교도 제대로 마치지 못했던 맬컴 X는 올바른 글쓰기로 영어를 익혀나갔습니다. 그리고 사회학, 역사학, 종교, 철학 등 다양한 분야의 책을 읽었습니다. 그 지식을 바

탕으로 어떤 주제의 논쟁이든 맞서 싸우는 기술도 익혔습니다. 모범수로 변신한 맬컴 X는 감옥에 들어간 지 7년 만인 1952년에 가석방되었습니다.

사회에 나온 맬컴 X는 가장 먼저 뉴욕 할렘에 네이션 오브 이슬람의 교리인 '흑인 우월주의'를 전파했습니다. 그가 할렘에서 활동한 이유를 알기 위해서는 당시 시대 상황을 살펴봐야 합니다. 1930년대 미국은 경제 대공황 이후 뉴딜 정책을 펼치며 정부에서 적극적으로 대출을 지원했습니다. 이때 부동산 가치에 따라 대출금액을 책정했는데, 정부는 흑인 거주 지역은 하락 가능성이 가장 크다고 평가했고 대출과 보험 등 금융 서비스에 제한을 두었습니다. 그러다 보니 흑인이 사는 지역은 부동산 가치가 떨어진다는 인식이 생겼고, 할렘 같은 흑인 거주지가 탄생했습니다. 심지어 흑인의 주택 구매를 금지하는 지역도 생겨나면서 점차 흑인 거주지로 모여들 수밖에 없었습니다. 이후 남부에서 유입된 흑인까지 할렘으로 쏟아져 들어오면서 이 지역은 질병, 빈곤, 실업 등의 문제를 떠안은 빈민가를 이루게 되었습니다.

이런 상황에서 맬컴 X는 울분에 찬 흑인 하층민의 삶에 관심을 가졌습니다. 그리고 할렘에서 가난하게 사는 흑인의 삶을 백인의 탓으로 여겼습니다. 이런 그의 생각을 알 수 있는 연설이 있습니다.

"우리 민족은 백인의 과학적 조종을 받으며 빈곤의 삶을 살고 있습니다. 당신은 가난하지 않습니다. 백인은 당신을 가난으로 몰아넣습니다. (…) 당신은 우연히 마약 중독자가 된 게 아닙니다. (…) 빈곤 속의 노예 제도, 20세기 노예 제도가 우리를 도시의 가장 가난한 지역에서 살도록 강요하기 때문입니다."

이는 흑인의 가난이 백인과 그들의 우월주의 사상이 만든 결과라는 것입니다. 맬컴 X는 이러한 문제를 해결하기 위해 뉴욕뿐 아니라 필라델피아와 보스턴 등의 빈곤한 흑인들을 설득해 이슬람 개종을 유도했습니다. 그의 노력은 곧 네이션 오브 이슬람의 인정을 받았고, 맬컴은 미국에서 가장 크고 권위 있는 할렘의 사원 지도자로서 흑인 우월주의를 전파했습니다.

1960년에는 네이션 오브 이슬람에서 발간하는 신문을 통해 본격적으로 백인이 강요하는 것들에 흑인이 세뇌당하고 있음을 지적했습니다. 그의 생각을 담은 삽화에는 백인과 흑인 노예가 등장합니다. 백인은 채찍으로 흑인을 때리며 자신의 종교인 기독교를 강요합니다. 맬컴 X는 이 만화에서 기독교는 과거 백인 농장주가 노예인 흑인을 종속시키고 복종하게 만든 종교라고 설명했습니다. 따라서 흑인의 주체성을 회복하기 위해서는 기독교를 버리고 이슬람교를 따라야 한다고 주장했습니다. 또 흑인은 원래 고유한 언어와 이슬람교라는 종교를 가지고 있었지만 백인 기득권층의 강요로 기독교를 받아들였다고 꼬집었습니다. 즉 자신도 모르는 사이에 종교와 문화, 언어가 백인이 조종한 대로 따르고 있다는 것입니다.

네이션 오브 이슬람에서 발간하는 신문에 실린 삽화

백인 우월주의를 향한 맬컴 X의 공격은 하층민 흑인에게 폭발적 반응을
불러일으켰습니다. 네이션 오브 이슬람의 신도도 50만 명을 돌파했습니다.
맬컴 X는 쿠바의 혁명가 피델 카스트로Fidel Castro, 이집트의 가말 압델 나
세르Gamal Abdel Nasser 대통령, 기니의 독립을 이끈 아메드 세쿠 투레Ahmed
Sékou Touré 대통령 등과 만나며 흑인의 영향력을 입증해나갔습니다. 얼마
후 그는 네이션 오브 이슬람의 2인자로 올라섰습니다.

맬컴 X와 무하마드 알리

이때 맬컴 X의 영향으로 인생이 달라진 유명인이 있습니다. "나비처럼
날아서 벌처럼 쏜다"라는 말로 유명한 전설적인 복서 무하마드 알리Mu-
hammad Ali입니다. 그는 통산 61전 56승을 거둔 당대 최고의 복서였습니다.
56승 가운데 무려 37회를 KO로 이겼다고 합니다. 그는 특히 미국에서는
복싱선수뿐 아니라 베트남 반전 운동에 앞장선 인물로도 유명합니다.

1960년 로마 올림픽에서 금메달을 딴 알리는 여전히 백인 우월주의자에
게 무시 받는 흑인의 삶에 지쳐가고 있었습니다. 어느 날인가에는 고향인
남부 켄터키주의 한 식당에 들어갔다가 흑인에게는 음식을 팔지 않겠다는
식당 주인의 거절을 받기도 했죠. 이런 상황에서 네이션 오브 이슬람에서
발간한 신문에 실린 만화를 보며 흑인으로서의 정체성과 백인 우월주의에
대한 증오를 키워나갔습니다. 이후 다음과 같이 주장하는 맬컴 X의 연설
을 듣게 되었습니다.

"마틴 루터 킹 박사는 한쪽 뺨을 때리면 다른 쪽 뺨도 내밀라는 비겁한

철학을 주장합니다. 흑인들이 전부 그런 철학을 지지한다는 인상을 받게 되면 백인들은 흑인 몸에 손을 대는 만행을 저지를 것입니다. 계속 흑인을 괴롭힌다면 백인은 손도 잃고 목숨도 잃게 될 것입니다."

알리는 백인 앞에서 늘 참는 흑인의 모습이 아니라 백인에게도 큰소리치며 당당한 맬컴 X의 모습에 빠졌습니다. 뜻이 맞았던 두 사람은 곧 둘도 없는 친한 사이가 됐습니다. 이때 알리는 차별받고 위축된 흑인의 굴레에서 벗어나 흑인의 우월함을 강조하는 네이션 오브 이슬람에도 입문했습니다. 이때부터 그의 인생은 달라지기 시작했습니다.

사실 알리의 진짜 이름은 캐시어스 클레이Cassius Clay였습니다. 그는 맬컴 X를 만나 네이션 오브 이슬람에 가입한 뒤 무하마드 알리로 이름을 바꿨습니다. 맬컴 X와 같은 이유로 개명한 것입니다

"캐시어스 클레이는 백인들이 준 노예의 이름이다. 지금부터 난 자유롭고 누구에게도 속하지 않으며 노예도 아니므로, 백인들의 이름을 반납하고 아름다운 아프리카인의 이름을 선택한다."

무하마드 알리와 맬컴 X

1964년에 이슬람식 이름을 받아들인 알리는 헤비급 챔피언전에서 승리한 후 공개적으로 네이션 오브 이슬람에 가입했음을 선언하며 개명했다는 사실을 밝혔습니다. 하지만 언론은 한동안 그의 새로운 이름을 사용하지 않았습니다. 기독교인이자 언론계 주류였던 미국 백인에게 이슬람식인 알리의 이름이 거부감을 주었기 때문입니다. 일부 흑인 선수들조차 그의 바뀐 이름에 거부감을 드러낼 정도였죠. 알리는 언론과 선수들이 자신의 이름을 제대로 부르지 않을 때마다 불만을 드러내며 정정해 주었습니다. 이전의 흑인 선수들에게서는 볼 수 없었던 거칠지만 당당한 모습이었죠. 이는 종교가 다른 흑인들에게도 통쾌함을 안겨주었습니다.

같은 목표, 서로 다른 길

백인 우월주의를 비난하며 흑인의 정체성을 찾으려던 맬컴 X지만 킹 목사의 사상에는 유독 비난의 목소리를 냈습니다. 맬컴 X는 킹 목사가 주장하는 비폭력 사상에 불만을 품었습니다. 몽고메리 버스 보이콧의 성공 이후 킹 목사는 각종 백인 우월주의 단체의 공격 대상으로 떠올랐습니다. 전세계가 그에게 관심을 보이던 1956년, 그의 집이 백인 우월주의자들의 공격을 받아 폭파하는 사건이 일어났습니다.

누군가가 킹 목사의 집에 다이너마이트를 설치했고, 그것이 터지면서 창문이 깨지고 현관 바닥에 구멍이 뚫려 기둥이 무너진 것입니다. 당시 대규모 집회에서 연설 중이던 킹 목사는 서둘러 집으로 돌아와 아내와 태어난 지 10주 된 아기가 괜찮은지 확인한 후 조용히 걸어 나와 군중 앞에 섰습니

폭탄 테러로 무너진 마틴 루터 킹의 집

다. 그리고 분노에 휩싸여 총과 무기를 들고나온 흑인 무리와 백인 기자들에게 이렇게 말했습니다.

"자제심을 잃지 맙시다 (…) 우리는 백인 형제들을 사랑해야 합니다. 그들이 우리에게 무슨 짓을 했든 말입니다."

절대로 폭력을 쓰지 않겠다는 그의 의지가 고스란히 드러나는 순간이었습니다.

하지만 킹 목사를 향한 테러는 계속됐습니다. 애틀랜타로 이주한 그의 집 앞에는 불탄 십자가가 놓이기도 했습니다. 십자가를 태우는 행위는 20세기 초 KKK와 백인 우월주의 단체가 흑인을 위협하기 위해 자주 사용한 증오의 상징 중 하나였습니다. 이런 상황에서도 킹 목사는 기독교적 사상을 바탕으로 복수심을 드러내지 않은 채 평온한 모습을 보였습니다.

킹 목사는 비폭력 시위로 20회 이상 체포되고 수감 생활도 했지만, 절대로 비폭력 사상을 포기하지 않았습니다. 1963년에 남부 앨라배마주 버밍엄에서 백인 우월주의자들의 차별에 항의해 비폭력 시위를 벌이다 체포됐을 때조차 편지로 비폭력 시위가 필요한 이유를 역설했습니다.

불탄 십자가와 마틴 루터 킹

'귀하는 성명서에서 우리의 행동이 평화적이라 할지라도 폭력을 조장하기 때문에 비난받아야 한다고 주장합니다. (…) 지금이 바로 민주주의의 약속을 실현하고, 우리 국가 정책을 인종이라는 불의의 모래톱에서 벗어나 인간의 존엄이라는 견고한 바위로 끌어올려야 할 때입니다.'

당시 버밍엄의 백인 성직자 8인은 흑인들의 주장에는 동조하지만 그들의 조급한 방식은 득보다 실이 크다며 비폭력 시위를 중단하라는 성명을 발표했습니다. 그러자 수감 중이던 킹 목사가 흑인 차별 문제를 비폭력 시위로 해결해야 하는 이유를 담은 편지를 보낸 것입니다.

그런데 왜 맬컴 X는 비폭력에 반대했을까요? 그는 킹 목사의 비폭력은 무방비라고 생각했습니다. 목숨을 잃을 수 있다는 것입니다. 그런 맬컴 X가 "흑인도 필요하다면 폭력을 사용해야 한다"라고 더욱 강력하게 주장하게 된 사건이 일어났습니다. 1962년, 네이션 오브 이슬람 신도들이 모임을 위해 LA 사원 앞에 모였습니다. 이들 가운데 세탁소를 운영하던 한 흑인은 신도들이 세탁을 맡긴 옷을 나눠주고 있었습니다. 이때 순찰 중이던 경찰이 옷을 건네받던 한 사람을 마구잡이로 구타했습니다. 서로 옷을 주고받는 모습이 훔친 옷을 나누는 현장이라고 생각한 것입니다. 그러자 폭력 행위를 막기 위해 주변에 있던 흑인들이 달려들면서 사건에 연루된 14명의 흑인 중 7명이 총에 맞았고 한 명이 사망했습니다.

당시 경찰은 총을 쏘면서 위협했는데, 이슬림 사원 앞에 있던 흑인들은 무기도 소지하지 않았습니다. 그럼에도 사망한 흑인을 제외한 13명 중 12명이 체포에 저항하거나 강제로 끌고 가는 경찰을 때렸다는 이유로 기소됐습니다. 이들은 끝내 무죄 판결을 받았으나 한 명은 사지가 마비되고 말았습니다. 이에 맬컴 X는 기자회견을 열었습니다. 그는 백인 경찰을 미치광이, KKK로 표현했습니다. 그리고 종교에서는 법에 순종하도록 가르치지만 누구나 자신을 공격하는 사람을 방어할 수 있어야 한

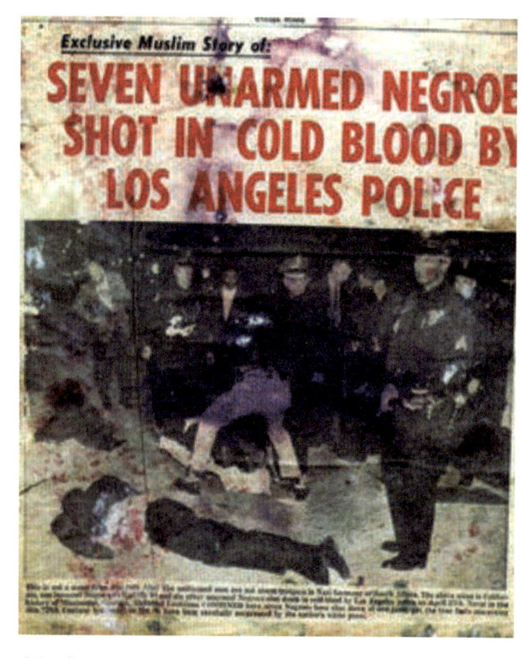

흑인 총격 당시 신문 기사

다고 말했습니다. 폭력을 사용하라는 것이 아니라, 폭력에 대응할 힘을 갖춰야 한다는 것이었죠. 평소 백인들의 폭력에 시달려 온 흑인들은 킹 목사보다 맬컴 X의 주장에 동조했습니다. 반면 폭력을 옹호하지 않는 사람들은 맬컴 X가 자신의 권력을 이용해 또 다른 폭력을 저지르지는 않을지 걱정했다고 합니다.

'눈에는 눈, 이에는 이'라는 맬컴 X의 생각은 그가 발간한 신문의 삽화에서도 확인할 수 있습니다. 그림 속 남자는 무릎을 꿇고 샌드백을 치려고 하지만, 되돌아오는 샌드백에 계속 맞을 뿐입니다. 이런 그는 "무하마드의 말이 맞아, 무릎을 꿇으면 절대 이길 수 없어"라고 말합니다. 백인 앞에 무릎 꿇고 있으면 계속 당하기만 한다는 뜻으로, 비폭력이라는 킹 목사의 방식으로는 흑인이 억압과 차별에서 결코 벗어날 수 없다는 것입니다.

이때 킹 목사는 처음으로 폭력을 옹호하는 맬컴 X를 비난했습니다. 그는 1965년 1월 『플레이보이』와의 인터뷰에서 다음과 같이 말했습니다.

"그가 지금은 어떻게 느끼는지 알 수 없지만 나는 그가 폭력에 관한 말을 줄이기를 바란다. 폭력이 우리의 문제를 해결해줄 수는 없기 때문이다. 맬컴 X는 긍정적이고 창조적인 대안은 내놓지 않으면서 그저 흑인의 절망

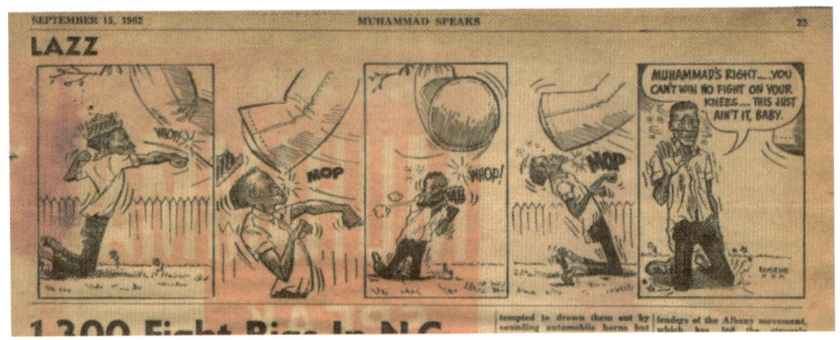

맬컴이 발행하는 신문 『Muhammad Speaks』 속 삽화

만을 장황하게 늘어놔 자신과 우리 흑인들에게 크나큰 피해를 주었다고 생각한다. 그가 그랬던 것처럼 흑인 빈민가에서 흑인들에게 무장하고 폭력을 행사할 준비를 하라며 그들을 부추기는 것은 비탄을 초래할 뿐이다.”

이렇듯 킹 목사도 폭력에 관해서만은 절대 양보하지 않았습니다.

무엇보다 맬컴 X는 킹 목사가 백인의 힘을 빌려 흑인의 권리를 찾으려는 것을 이해할 수 없었습니다. 특히 자신이 눈엣가시로 여기는 대통령 존 F. 케네디John F. Kennedy와 킹 목사의 만남이 달갑지 않았습니다. 미국의 제35대 대통령 케네디와 킹 목사의 인연은 각별했습니다. 1960년 10월 19일 애틀랜타 리치 백화점 식당에서 인종 분리 시위에 동참하다 체포된 킹 목사를 감옥에서 꺼내준 인물이 당시 대선 후보였던 케네디였습니다. 상대 후보인 리처드 닉슨Richard Nixon에게 뒤처지고 있던 케네디는 흑인 사회에서 명망이 높은 킹 목사를 도와줌으로써 흑인들의 지지를 얻는 데 성공했습니다. 서로 윈-윈한 것이죠.

그렇게 케네디와 인연을 맺은 킹 목사는 그가 대통령이 되면 흑인 차별에 관심을 보일 것으로 기대했습니다. 그는 흑인 차별을 없애는 데 절대적으로 백인들의 도움이 필요하다고 생각했습니다. 차별을 엄격히 금지하는 법적 장치를 계속해서 마련하려면 백인, 그것도 정치 권력자의 역할이 중요했기 때문입니다. 그래서 비폭력에 반대하는 흑인들이 무장 폭동을 일으키자 케네디 대통령에게 편지를 써서 연방 정부의 적극적인 조치를 부탁하기도 했습니다.

결국 킹 목사와 맬컴 X는 흑인 차별 철폐라는 목표는 같았으나 이루려는 방식이 전혀 달랐습니다. 킹 목사가 백인과 공존하며 사는 방법을 찾았다면, 맬컴 X는 백인과 흑인이 공존하는 것은 있을 수 없는 일이라고 생각

마틴 루터 킹과 케네디 대통령

했습니다. 그는 백인이 흑인의 삶에 간섭하지 못하도록 흑인들이 힘을 길러 자립하는 미래를 꿈꿨습니다.

각자의 이상을 향해 가는 길이 전혀 달랐던 두 사람의 관계가 절정을 맞이한 것은 1963년의 일입니다. 킹 목사는 워싱턴 D.C에서 열린 '직업과 자유를 위한 워싱턴 행진'에 참석해 백인은 우월주의를 버리고 흑백이 공존하는 미국을 위해 노력해야 한다는 연설을 남겼습니다. 이때 그가 외친 "나는 꿈이 있습니다(I Have a Dream)"라는 메시지는 흑인 민권운동에 불을 붙였습니다.

이 행사에는 백인과 흑인 할 것 없이 25만여 명이 참가해 함께 걸었습니다. 킹 목사는 모든 사람이 인종과 출신에 상관없이 평등하게 대우받을 권리를 지녔다고 말하며 평화적 공존을 강조했습니다. 그러나 맬컴 X는 행사의 주체가 흑인이 아닌 백인이라는 사실에 불만을 보였습니다. 백인이 행진

직업과 자유를 위한 워싱턴 행진

을 통제하고 백인의 지시대로 노래 부르며 피켓을 드는 행동은 백인에게 굴복하는 것이라고도 말했죠. 그러면서 이 행진을 "백인 광대와 흑인 광대가 함께 출연하는 소풍이자 서커스"라고 비난했습니다.

또 맬컴 X는 더는 백인을 믿을 수 없기에 킹 목사의 '꿈'이라는 단어에도 민감하게 반응했습니다. 이후 그는 '꿈' 대신 어떤 단어를 넣어 다음과 같은 연설을 했습니다.

"아니요, 나는 미국인이 아닙니다. 나는 미국 숭배주의의 흑인 희생자 2,200만 명 중 하나입니다. 위선의 탈을 쓴 민주주의의 희생자 중 한 사람일 뿐입니다. 나는 미국이라는 체제의 희생자 중 한 사람으로서 말하고 있습니다. 그리하여 나는 희생자의 눈을 통해 미국을 바라봅니다. 그 어떤 아

메리칸드림도 보지 못합니다. 나는 오직 미국의 악몽을 꿉니다."

맬컴 X는 현실이 '악몽'이라며 흑백 통합은 백인에게만 도움이 된다고 반박했습니다. 하지만 당시 흑인들은 킹 목사의 주장에 더 공감했습니다. 공존의 방법을 터득하지 않고 흑인과 백인이 분리돼 사는 게 불가능하다고 생각한 것입니다. 이러한 노력이 전 세계적으로 알려지면서 킹 목사는 그 공로를 인정받아 35세에 역대 최연소 노벨평화상 수상자가 되었고, 흑인의 영웅으로 떠올랐습니다.

피할 수 없는 악연의 고리

이렇게 백인 우월주의에 맞섰던 두 흑인 영웅은 폭력과 비폭력이라는 의견 차이가 아닌 전혀 다른 이유로 비극을 향해 달려가고 있었습니다. 먼저 맬컴 X의 신변에 문제가 생기기 시작했습니다. 1964년 6월, 한때 그가 발간했던 신문에는 목이 잘린 맬컴 X의 머리가 두개골 더미를 향해 굴러가며 끊임없이 말하는 삽화가 실렸습니다. 맬컴 X의 머리가 향하는 곳은 반역자의 무덤이었습니다. 네이션 오브 이슬람의 목소리를 대변하는 신문에서 맬컴 X를 무

『Muhammad Speaks』에 실린 맬컴 X 비난 삽화

참히 비난한 것입니다.

네이션 오브 이슬람의 2인자였던 맬컴 X는 어쩌다 반역자가 된 것일까요? 당시 그는 미국을 뒤흔든 한 사건의 여파로 몸살을 앓고 있었습니다. 케네디 대통령이 암살된 것입니다. 나라가 시끄러운 그때 맬컴 X는 말을 아끼라는 네이션 오브 이슬람 지도자의 명령을 어기고 언론에 케네디의 죽음을 '자업자득'이라고 표현했습니다. 백인과 백인 우월주의자들이 격렬히 반발하자 네이션 오브 이슬람은 맬컴 X에게 근신 처분을 내렸고, 그는 화를 내며 단체에서 탈퇴했습니다. 이후 네이션 오브 이슬람이 맬컴 X를 배신자로 간주한 것입니다.

이 시기 네이션 오브 이슬람을 탈퇴한 맬컴 X는 사우디아라비아의 메카로 성지순례를 다녀왔습니다. 이때 인종에 상관없이 친절하게 대하는 무슬림 신도들을 보며 공존하는 삶이 가능하다는 깨달음을 얻었습니다. 그러면서 백인이 악마라는 생각을 버리고 흑인의 실질적 권리를 되찾아주는 일들에 관심을 갖기 시작했습니다.

하지만 이미 배신자로 낙인찍힌 그는 늘 신변의 위협을 받아야 했습니다. 결국 그는 그동안의 사상대로 폭력 대응을 실천했습니다. 한 잡지에서 창밖을 몰래 훔쳐보며 총을 들고 있는 모습을 공개한 것입니다. 그는 인터뷰에서 이렇게 고백했습니다.

"저는 아내에게 탄약을 사용하는 방법을 가르쳤고 백인, 흑인, 아시아인 등 강제로 안으로 들어오려는 모든 사람에게 발포하도록 지시했습니다."

자신의 신념에 반대하는 사람들과 암살자들의 공격 가능성을 경계한 것입니다. 집에도 탄약을 넣은 소총을 준비해 둔 맬컴 X는 흑인의 소총 휴대를 강력히 주장했습니다. 또 백인 사회에 폭력을 앞세운 흑인의 반격이 시

작될 것을 경고하며 흑인들의 폭력성에 불을
붙였습니다.

　총으로 맞서던 맬컴 X는 이듬해인 1965년
뉴욕 할렘에서 연설을 준비하던 중 괴한의 총
에 맞아 사망했습니다. 범인은 그가 몸담았던
네이션 오브 이슬람의 일원이었습니다. 폭력
을 옹호하던 그가 자신의 가르침을 받아 폭력
을 실천한 이에게 목숨을 잃은 것입니다. 백인
우월주의에 맞서 함께 싸웠지만 끝내 같은 편
이었던 이들에게 암살당한 그의 나이는 불과
39세였습니다.

소총을 들고 창밖을 보는 맬컴 X

정부의 감시를 받게 된 마틴 루터 킹

　한편 킹 목사 역시 오랜 시간 또 다른 세력의 공격에 시달렸습니다. 상대
는 협박 편지를 보내며 그를 압박했습니다.

　　'킹, 당신의 저급한 계급과 비정상적인 행동을 생각해 미스터나 목
　　사, 박사 따위의 품위 있는 호칭은 붙이지 않겠다. 당신은 완전한
　　사기꾼이자 우리 흑인 모두에게 큰 골칫거리라는 사실을 스스로
　　알 것이다. 이 나라 백인 중에도 사기꾼이 이미 많지만 지금 어디
　　에도 당신과 맞먹는 사기꾼은 없다고 확신한다. 킹, 모든 사기꾼이

그러하듯 너에게도 끝장날 날이 다가오고 있다.'

킹 목사는 자살을 종용하는 듯한 편지에 위협을 느꼈습니다. 편지는 34일의 기한을 주겠다고 했는데, 이는 그의 노벨평화상 수상이 예정된 날이었습니다. 그런데 협박 편지를 보낸 정체는 놀랍게도 미국 연방수사국인 FBI였습니다. 이 시기는 냉전 시대로 FBI는 유명인들을 사찰했습니다. 그러던 중 1963년 워싱턴 행진을 보면서 그가 미국의 미래를 위협할 수 있는 인물이라고 판단했습니다. 게다가 당시 미국 전역에서 흑인 폭동이 일어나자 흑인의 구심점이 되는 인물로 킹 목사를 특정한 것입니다.

FBI가 감시 대상을 관리하는 방법은 사생활을 캐내고 증거를 만들어 협박하는 것이었습니다. FBI는 킹 목사의 주변에 감시원을 심고 위장한 요원을 침투해 집 근처에 도청 장치를 설치했습니다. 그리고 그의 모든 통화를 도청했습니다. FBI는 킹 목사를 감시하고 도청한 뒤 작성한 수십 장의 문서에 그가 개인과 정부 기관으로부터 자금 지원을 받았으며, 이 돈으로 개최한 워크숍에서 매춘부와 난잡한 파티를 벌였다는 내용을 담았습니다. 뿐만 아니라 그가 비밀리에 바람을 피우거나 도덕적 일탈을 하는 현장을 녹음했다고 주장했습니다. 그를 부도덕한 인물로 낙인찍어 몰락시키려는 계획이었죠. 그러나 2025년 7월, 도널드 트럼프 대통령은 행정명령으로 킹 목사의 사망과 관련한 문서를 공개했으나 그의 역사적 평가를 뒤집을 만한 내용은 없는 것으로 밝혀졌습니다.

FBI의 수장은 계속해서 킹 목사를 쥐고 흔들었고, 그가 노벨평화상을 수상할 때도 적극적으로 움직였습니다. 1964년 11월 19일자『뉴욕 헤럴드 트리뷴』에는 "FBI 국장은 마틴 루터 킹을 '미국에서 가장 악명 높은 거짓말

마틴 루터 킹을 비난하는 신문 기사

쟁이'라 부른다"라는 헤드라인의 기사가 실렸습니다.

킹 목사는 공개적으로 자신을 깎아내리며 비난하는 FBI를 두고 다음 일
정을 소화할 수밖에 없었습니다. 그에게는 꼭 이뤄야 할 한 가지 목표가 있
었기 때문입니다. 「미국 수정 헌법 제15조」가 흑인의 투표권을 인정함에도
여러 꼼수로 흑인들이 제대로 권리를 행사하지 못하는 현실을 바로 잡는
일이었죠. 킹 목사는 여러 흑인 지도자와 함께 셀마에서 몽고메리로 가는
비폭력 거리 행진을 계획했습니다. 이것이 바로 미국 인권운동이 정치적,
감정적으로 최고조기를 맞이한 1965년 '셀마 대행진'입니다.

그런데 킹 목사는 행진 첫날부터 위기에 봉착했습니다. 600여 명의 인권
행진대가 셀마를 출발해 몽고메리로 향하던 중 한 경관이 발포한 총에 맞
은 흑인이 사망한 것입니다. 273쪽 사진 속 다리는 몽고메리로 가는 길목인
데, 이곳에서 흑인들과 마주친 경찰들은 행진을 위협하며 곤봉과 최루가스
를 사용해 무자비하게 진압했습니다.

셀마 대행진

　그래도 킹 목사는 포기하지 않고 2차, 3차 행진을 주도했습니다. 3차 행진에는 첫 행진보다 3배나 많은 2만 5,000여 명의 시위대가 참여했습니다. 결국 케네디의 뒤를 이은 린든 존슨Lyndon Johnson 대통령은 초당적 지지로 의회를 통과한 투표권법(Voting Rights Act, 흑인의 투표를 막는 법규와 관행을 모두 금지하는 법)에 사인했고, 행진대는 육군의 호위를 받으며 몽고메리 주의회 의사당에 입성했습니다.

　셀마 행진은 끝났지만 킹 목사에게 닥친 시련은 끝나지 않았습니다. 이제는 같은 흑인들로부터 공격받은 것입니다. 사건은 1965년 LA의 흑인 거주지인 왓츠에서 벌어진 백인 순찰대원의 무리한 체포였습니다. 이 사건에 분개한 흑인들은 6일간 대규모 폭동을 벌였는데 이 과정에서 34명이 사망하고 1,000여 명이 부상을 입는 등 수많은 사상자가 발생했습니다. 이틀 후 킹 목사가 현장을 찾았으나 흑인들의 불만은 사그라지지 않았습니다. 게다가 어떤 이유에서인지 울분의 화살이 킹 목사를 향하기 시작했습니다.

당시 흑인들의 불만을 나타낸 만평을 보면 킹 목사의 비폭력을 조롱하는 것을 알 수 있습니다. 왼쪽 그림을 먼저 살펴보면 폐허 속 한가운데 킹 목사와 기자가 서 있습니다. 이때 킹 목사는 여전히 "내일도 비폭력 행진을 할 계획"이라고 말하고 있죠. 상황을 파악하지 못하는 킹 목사를 비판하는 것입니다. 오른쪽 그림은 폭동의 연기가 진동하는 가운데 킹 목사를 '우리는 극복하리라'라는 곡이나 연주하는 네로 황제로 묘사했습니다. 이 역시 킹 목사가 진정한 흑인 문제에 접근하지 못했다는 것을 비판하는 것입니다. 이는 대표적인 흑인 지도자로서 하층민인 흑인의 삶이 더 나아지지 않은 것에 대한 책임론이기도 했습니다.

게다가 킹 목사는 베트남 전쟁 반대 집회에서 "베트남 침공은 미국이 표방하는 모든 것에 대한 신성모독"이라고 발언한 이후 거센 비난을 받고 있었습니다. 한 잡지는 그의 반전 연설을 가리켜 '하노이 라디오 방송에서나 들을 법한 미국에 대한 선동 비방'이라며 비판했습니다. 후대 학자들은 FBI의 공작으로 그의 명성에 흠집이 나기 시작하자 갖가지 비방이 잇따른 것으로 해석하기도 합니다. 결국 FBI가 깔아놓은 덫에 걸려든 것입니다.

하지만 킹 목사는 자신의 신념을 버리지 않았고 비폭력으로 백인 우월주의에 맞서자는 메시지를 전파했습니다. 이런 그에게 죽음의 그림자가 닥쳐

마틴 루터 킹을 비난하는 만평

왔습니다. 연설을 위해 들른 테네시주 멤피스 지역의 모텔 2층 발코니에서 백인 우월주의자가 쏜 총에 맞아 사망한 것입니다. 그의 나이는 맬컴이 사망한 것과 같은 39세였습니다. 1999년, 테네시주 멤피스의 지방법원은 킹 목사의 암살에 FBI가 관여됐다고 판결했습니다. 그러나 2017년 미국 법무부는 킹 목사의 암살 배후에는 음모가 없었다고 결론 내렸습니다.

사람들은 킹 목사의 죽음에 절망했습니다. 앞으로는 진짜 권리를 얻을 수 없다고도 생각했죠. 실제로 이후 흑인 차별 철폐 운동은 사그라들었습니다. 킹 목사를 대체할 흑인 지도자가 나타나지 않았기 때문입니다. 다만 흑인들은 킹 목사와 맬컴 X가 떠났을 때 슬퍼하는 동시에 그들의 뜻을 이어가겠다는 각오를 다졌습니다.

킹 목사와 맬컴 X는 모두 39세에 암살로 생을 마감하며 끝내 꿈을 이루지 못했습니다. 그렇다면 두 사람의 비극적 죽음은 미국 사회에 무엇을 남겼을까요? 미국은 대표적인 흑인 지도자였던 마틴 루터 킹의 생일인 1월 21일을 국가 공휴일로 지정했습니다. 사람들은 이날을 흑인과 백인이 공존하는 사회의 중요성을 깨닫는 계기로 삼고 있습니다.

한편 폭력을 옹호하는 듯한 연설로 흑인이 백인과 분리돼 자립하기를 바랐던 맬컴 X는 미국 사회에서 오랫동안 주목받지 못했습니다. 하지만 최근에는 끊임없이 흑인의 정체성을 확립하려 한 그의 이름이 계속해서 언급되는 중입니다. 무엇보다 이들의 죽음은 생전에 단 한 차례 만남을 가졌던 두 사람이 만약 힘을 합쳤다면 그들이 원했던 꿈에 더 빨리 도달하지 않았을까 하는 아쉬움으로 남았습니다. 사람들은 최종 목표가 같았던 두 사람이 한 번만 더 만났다면 현재 미국 내 흑인 사회는 크게 달라졌을 것이라 생각

1964년 워싱턴 D.C에서 만난 두 사람

합니다.

지금까지 두 영웅을 통해 백인 우월주의에 맞선 미국 흑인의 역사를 살펴봤습니다. 흑인 하층민의 삶을 좀 더 깊이 들여다본 맬컴 X, 그리고 흑인이 나아가야 할 길을 제시했던 마틴 루터 킹. 두 영웅이 가는 길은 달랐지만 지향했던 바는 결국 같았습니다. 흑인이 더 나은 삶을 사는 것, 자유와 평등의 권리를 누리고 사는 것이었습니다. 두 사람의 이야기가 우리 삶에서 추구해야 할 것을 되새기는 기회가 되기를 바랍니다.

벌거벗은 건축의 비밀

가우디 VS 바르셀로나

임석재

● 유네스코 세계문화유산은 국가나 민족을 넘어 인류가 공동으로 보호해야 할 가치가 있는 중요한 장소를 지정한 것입니다. 그런데 어느 건축가가 남긴 작품 중 무려 7개가 세계문화유산에 등재되면서 파격적인 기록을 세웠습니다. 역사 유적도 아니고 개인이 남긴 작품이 다수 등재되는 것은 매우 이례적인 일입니다.

안토니 가우디

기록의 주인공은 시대를 앞서간 환상적인 건축으로 역사에 거대한 획을 그은 스페인의 천재 건축가 안토니 가우디Antoni Gaudí입니다. 카사 바트요, 키시 밀리, 구엘 공원, 카사 비센스, 콜로니아 구엘 지하 경당, 구엘 궁전, 사그라다 파밀리아 성당은 세계문화유산에 등재된 그의 작품입니다.

미술이나 음악과 달리 건축은 막대한 돈이 들기 때문에 대부분 의뢰를 받아 작업합니다. 그래서 건축가의 개성을 드러내기 어렵습니다. 그런데 가우디는 자신만의 철학을 발전시키고, 그것을 건축에 반영해 위대한 예술 작품으로 남겼습니다. 세계에서 가장 유명한 건축가이자 '건축의 신'이라 불리는 가우디의 최고 업적은 스페인 바르셀로나의 역사를 새로 쓴 것입니다. 본래 바르셀로나는 특색 없는 산업도시였습니다. 그런데 가우디의 건축물이 도시를 채우며 전 세계 유일무이한 가우디 보유 도시로 등극했습니다. 덕분에 매년 19조 원에 달하는 관광 수입을 벌어들이는 중입니다. 수입의 상당수가 가우디의 영향력이라고 할 수 있죠. 그중에서도 가우디의 대표작인 사그라다 파밀리아 성당의 입장료 수입은 1년에 약 9,000만 달러, 우리 돈으로 1,200억 원에 달합니다. 한 건축물의 입장료 수입만 이 정도니 도시 곳곳에 있는 가우디 건축물들의 수입까지 더하면 엄청난 금액일 것입니다.

가우디는 어떻게 전 세계를 끌어당기는 놀라운 건축물을 지을 수 있었을까요? 그리고 건축물마다 숨겨놓은 비밀은 과연 무엇일까요? 지금부터 바르셀로나의 운명을 바꾼 괴짜 건축가 가우디가 이뤄낸 신비로운 건축의 비밀을 벌거벗겨 보겠습니다.

고집 센 건축학교의 문제아

가우디는 1852년 6월 25일 바르셀로나 근교의 아름다운 도시 타라고나의 작은 마을에서 태어났습니다. 가난한 대장장이 집안의 막내아들이었던 그는 심한 난산을 거쳐 세상에 나온 탓에 곧 죽어도 이상하지 않을 만큼 허약했습니다. 어려서는 폐병으로 몇 번이나 죽을 고비를 넘겼고, 연이어 류머티즘 관절염까지 걸려 혼자서는 제대로 걷지도 못했죠. 앞서 어린 아들과 딸을 병으로 잃었던 가우디의 어머니는 또 아이를 잃을까 노심초사 걱정했습니다. 한 살 터울의 형은 그런 가우디를 수레에 태워서 학교에 데려다주곤 했습니다.

가난하지만 서로를 아껴주는 가족들의 보살핌을 받으며 자란 가우디는 몸이 약해 학교에서 공부하기보다 홀로 자연을 관찰하는 시간이 많았습니다. 그의 고향 타라고나는 지중해와 접한 도시로 평야 지대에는 숲을 따라 강의 지류가 흐르는 그림 같은 풍경이 펼쳐진 곳이었습니다. 가우디는 빛나는 태양 아래 나무와 꽃을 보며 감탄했고, 새와 동물들의 움직임을 관찰하며 마음껏 상상을 펼쳤습니다. 이때의 경험은 가우디의 건축 인생에 큰 영향을 주었습니다.

이 시기 가우디의 마음을 사로잡은 것이 건축입니다. 로마 제국의 전성기 시절 제2의 도시로 번영했던 타라고나는 곳곳에 유서 깊은 건축물과 유적들이 남아 있었습니다. 로마의 원형 경기장과 중세 시대에 건축한 대성당을 비롯해 현재 유네스코 세계문화유산에 등재된 중세의 수도원 등이 유명합니다. 가족의 보살핌 속에 서서히 건강을 회복한 가우디는 타라고나의 유적을 찾아다니며 서서히 건축에 관심을 가졌습니다. 어느새 그는 오래 기억되는 위대한 건축물을 만들고 싶다는 소망을 품었습니다.

아버지의 대장간도 가우디에게 많은 영향을 끼친 장소입니다. 그의 아버지는 4대에 걸쳐 구리 세공품을 만들이 온 유서 깊은 집안의 대장장이었습니다. 가우디는 아버지의 조수로 일하며 다양한 금속 재료를 접하고 불을 다루는 법, 금속을 제련하는 방법 등을 익혔습니다.

타라고나의 로마 원형 경기장

건축가가 되고 싶다는 아들의 마음을 알고 있던 아버지는 가우디의 꿈을 적극적으로 지지했습니다. 당시 유럽은 산업혁명으로 기계와 공장이 빠르게 발달하면서 대장간 같은 수공업은 서서히 몰락하고 있었습니다. 때문에 아버지는 아들이 자신의 뒤를 이어 대장장이가 되면 먹고살기 힘들 것이라 생각했습니다. 그는 가지고 있던 땅 대부분을 팔아 막내 가우디는 건축학교에, 큰아들은 의대에 보내기로 했습니다.

아버지의 든든한 지원 속에서 16세의 가우디는 형과 함께 스페인 제2의 도시 바르셀로나로 향했습니다. 당시 바르셀로나는 급격한 산업화로 몰려든 사람들 때문에 주거 환경이 열악했습니다. 생활비가 부족했던 가우디 형제는 가난한 동네의 햇빛도 잘 들지 않는 건물에서 생활했습니다. 낯설고 고된 타향살이에도 형이 버팀목이 되어준 덕분에 가우디는 공부에 매진할 수 있었습니다. 그렇게 5년이 지난 1873년, 가우디는 목표로 하던 바르셀로나 건축학교에 입학했습니다.

그곳에서 가우디는 괴짜로 통했습니다. 건축에 대한 열정은 넘쳤으나 고집이 너무 셌기 때문이었죠. 그는 자신이 맞는다고 생각하면 교수가 아무리 지적해도 뜻을 굽히지 않았습니다. 그의 고집을 보여주는 일화가 하나 있습니다. 가우디는 건축학교 2학년 기말 과제로 '공동묘지 입구'를 설계했습니다. 그런데 이때 시험장에서 고집을 부리는 바람에 교수와 크게 다퉜습니다.

그림은 가우디가 직접 그린 공동묘지 입구 투시도입니다. 관찰력과 섬세함, 그리고 뛰어난 그림 실력 덕분에 사진으로 착각할 만큼 뛰어난 작품입니다. 투시도는 평면적인 설계도와 달리 건물을 눈에 보이는 그대로 그리는 3차원 이미지입니다. 아파트 모델 하우스 같은 곳에 걸린 건물 그림이

가우디가 설계한 공동묘지 입구 투시도

투시도죠. 문제는 가우디가 투시도에 사람을 넣어야 한다고 주장한 것입니다. 그는 단순히 건물만 설계해서 그릴 게 아니라, 고인의 죽음에 가슴 아프게 우는 사람들과 장례 행렬도 넣어야 비로소 공동묘지의 설계가 완성된다고 생각했습니다. 하지만 가우디의 주장을 들은 교수는 사람을 넣지 말라고 했고, 가우디가 주장을 굽히지 않자 시험장에서 그를 내쫓았습니다. 가우디도 화가 나 문을 박차고 뛰쳐나갔습니다.

가우디가 건축학교에 다니던 150년 전에는 투시도에 사람을 그려 넣는 일이 매우 드물었습니다. 건물을 하나의 예술품으로 생각했기에 건물만 그리는 게 관례였습니다. 그런데 가우디는 건물을 이용하는 사람까지 그려 넣어야 한다고 생각했습니다. 고집을 꺾을 수 없던 가우디는 끝내 졸업 작품에 사람을 그려 넣었습니다. 그가 졸업 작품으로 설계한 대학 강당의 채색 단면도에는 곳곳에 사람들이 있습니다. 강당에서 강의하는 교수와 수업을 듣는 학생들이죠. 가우디는 이 문제를 두고 교수와 언쟁을 벌였음에도 졸업 작품에 사람을 그려 넣을 만큼 좀처럼 생각을 바꾸지 않는 사람이었습니다.

가우디의 영향인지 알 수는 없지만, 현대에는 가우디처럼 건축 투시도에 사람을 넣는 것이 일반적입니다. 건물을 이용할 사람들의 감정과 분위기, 즉 사람이 담겨야 건축이 완성된다고 생각하기 때문입니다. 어쩌면 가우디의 생각은 시대를 너무 많이 앞서 나갔던 것 같습니다.

가우디는 실력은 뛰어났으나 건축에 관한 생각이 교수들과 달라 사사건건 부딪쳤습니다. 당시 유럽에서는 고대 그리스와 로마의 건축을 모방하는 스타일이 유행했습니다. 교수들은 신고전주의라 부르는 이 방식을 정답인

가우디의 졸업 작품 〈대학 강당 채색 단면도〉

것처럼 가르쳤습니다. 하지만 가우디는 앵무새처럼 획일적인 건축만 알려주는 수업에 불만을 품었습니다. 그러면서 교수들의 눈 밖에 났습니다. 건축학교 학장인 엘리에스 로젠트Elies Rogent는 특히나 가우디를 못마땅하게 여겼는데, 가우디가 자신의 설계도를 신랄하게 비판했기 때문입니다. 두 사람의 관계는 졸업식 날 나눈 것으로 전해지는 대화에서 알 수 있습니다.

> 학장: 내가 오늘 건축사 칭호를 천재에게 주는 것인지, 미치광이에게 주는 것인지 모르겠네.
> 가우디: 그건 저도 모르겠습니다만, 이제 내가 진정한 건축가라는 걸 보여줄 때가 온 것 같군요.

초보 건축가의 비극

졸업이 얼마 남지 않았을 무렵, 어릴 때부터 대학 시절까지 가우디와 함께하며 의지해 온 형이 죽었습니다. 몇 달 뒤에는 고향에 계신 어머니마저 병으로 세상을 떠났습니다. 연달아 장례를 치른 가우디의 비극은 아직 끝나지 않았습니다. 마지막 남은 형제인 누나마저 죽은 것입니다. 졸업을 전후해 사랑하는 형과 어머니, 누나까지 잃은 가우디는 큰 슬픔에 빠졌고 우울증에 시달렸습니다. 게다가 홀로 남은 60대 중반의 아버지가 가우디를 찾아와 함께 살게 되면서 당장 돈을 벌어야 한다는 현실적인 문제까지 닥쳤습니다.

건축학교를 졸업하고 26세에 건축사 자격증을 취득한 가우디는 극도의 슬픔을 이겨내기 위해 일에 모든 것을 쏟아붓기로 했습니다. 그는 바르셀로나 산 하이메 광장 근처에 건축 사무실을 열었습니다. 그러나 이미 쟁쟁한 건축가들이 활약하고 있던 바르셀로나에서 변변한 실적도 없는 초짜 건축가에게 일을 맡기는 사람은 없었습니다. 가우디는 작은 일도 마다하지 않고 도맡았는데, 어째서인지 하는 일마다 자꾸 엎어졌습니다. 겨우 일을 맡아서 설계를 마치면 갑자기 건축주가 파산했고, 공모전에 응시하면 떨어지기 일쑤였죠.

그러던 중 가우디에게 새로운 일이 들어왔습니다. 바르셀로나 광장에 설치할 가로등을 디자인해 달라는 의뢰였습니다. 다른 사람이 하던 일을 도중에 물려받은 프로젝트였지만 가우디는 최선을 다했습니다. 문제는 제작비였습니다. 당시 바르셀로나 시청이 제시한 제작비는 최대 336페세타로, 현재 가치로 몇백만 원 정도였습니다. 그런데 가우디는 7배쯤 되는 2,300페세타를 시청에 청구했습니다.

당시 거리를 비추던 가로등과 가우디가 디자인한 가로등을 비교해 보면 그 이유를 알 수 있습니다. 19세기 후반 바르셀로나의 일반적인 가로등은 밋밋한 모양에 한두 개의 등이 달려 있었습니다. 그런데 가우디는 6개의 등을 만들고 그 중심에는 철을 섬세하게 세공한 투구 모양 장식을 올린 다음 날개를 활짝 편 독수리까지 넣어서 예술성을 더했습니다. 언뜻 봐도 훨씬 많은 재료비에 장인의 작업비까지 추가되면서 제작 단가가 몇 배나 뛸 수밖에 없었던 것입니다.

이후 가우디는 제작비를 받으려고 시청과 몇 개월이나 싸웠지만, 시청은 끝내 요구한 금액의 3분의 1만 지급했습니다. 가우디는 턱없이 낮은 가격이 불만스러웠지만 울며 겨자 먹기로 받아들일 수밖에 없었습니다. 이때

19세기 후반 가로등   가우디의 가로등

그는 절대로 바르셀로나시가 하는 일은 맡지 않겠다고 결심했습니다. 사실 시청도 어이없기는 마찬가지였습니다. 원래는 바르셀로나 시내 전역에 새로운 가로등을 설치하려 했으나 너무 비싸서 두 곳에만 설치하고 말았던 것입니다.

가우디의 데뷔작, 카사 비센스

건축 의뢰는 없고 시청과의 관계도 틀어진 가우디는 먹고살 길이 막막했습니다. 이 시기 그는 여러 건축가의 조수로 일하거나 가구 디자인을 의뢰받곤 했습니다. 일종의 아르바이트를 한 셈입니다. 그러다 보니 대학을 졸업한 지 5년이 지났음에도 가우디에게는 내세울 만한 건축 데뷔작이 없었습니다. 그의 나이도 어느덧 31세가 되었습니다.

그때 가우디에게 일생일대의 기회가 찾아왔습니다. 스페인에서 산업혁명이 가장 먼저 시작된 바르셀로나에는 공업과 산업으로 돈을 번 신흥 부자들이 등장했는데, 이들을 중심으로 고급 주택을 짓는 일이 유행했습니다. 이런 분위기 속에서 한 자본가가 가우디에게 화려한 별장을 지어달라고 의뢰한 것입니다. 처음으로 주택 건축을 의뢰받은 가우디는 자신의 실력을 확실하게 보여주고 싶었습니다. 그래서 1883년부터 1888년까지, 무려 5년간 열정적으로 건축에 모든 노력을 쏟았습니다.

가우디의 데뷔작이 된 이 건물의 이름은 카사 비센스(Casa Vicens)입니다. 스페인어로 카사(Casa)는 집이라는 뜻이고, 비센스(Vicens)는 건축주의 이름입니다. 즉 비센스의 집이라는 뜻이죠. 게임 속 건물 같기도 하고 레고 블록으로 만든 것처럼 색감과 스타일이 매우 독특한 건물입니다. 당시에 이런 건축 스타일이 유행한 것일까요? 이 시기 바르셀로나에 지어진 다른 건물들을 보면 전혀 다른 것을 확인할 수 있습니다. 대체로 네모반듯하고 밋밋한 편입니다.

카사 비센스가 눈에 띄었던 것은 이슬람 건축 양식을 도입했기 때문입니다. 정확히 말하면 기독교 건축 양식에 이슬람 건축 양식을 혼합한 '무데하르 양식'입니다. 중세 유럽의 성당에서 볼 수 있는 직선미를 살린 튼튼한 기둥을 특징으로 한 건축에 이슬람의 모스크처럼 높은 첨탑과 화려한 타일 장식 등을 합친 것입니다. 이 무데하르 양식의 절정을 엿볼 수 있는 것이 카사 비센스의 첨탑입니다. 초록색과 크림색, 그리고 노란색 꽃이 그려

기시 비센스

19세기 후반 바르셀로나의 건물들

진 화려한 아라비아 타일로 뒤덮여 있죠. 가우디
는 자연의 모든 것이 색깔을 가지듯이, 건물들도
자신의 색을 가져야 한다고 생각했습니다. 가우디
가 처음 카사 비센스를 건축할 땅을 보러 갔을 때,
그곳에는 노란 꽃과 야자수가 많았습니다. 그래
서 타일을 사용해 자연이 지닌 화려한 색을 살려
낸 것입니다.

아라비아 타일은 비싼 고급 자재였기 때문에 이
렇게 많은 타일을 사용하는 것은 당시로서는 매
우 파격적인 일이었습니다. 하지만 가우디는 이
타일을 무한정으로 쓸 수 있었는데, 건축주인 비
센스Vicens가 아라비아 타일을 만드는 공장의 사

카사 비센스 첨탑

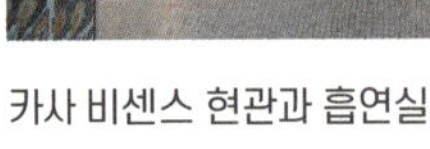

카사 비센스 현관과 흡연실

장이었기 때문입니다. 덕분에 가우디는 건물 외벽 외에도 다양한 곳에 값비싼 타일을 마음껏 사용했습니다. 건물에 들어서면 보이는 현관과 흡연실에도 지나치다 싶을 정도로 아라비아 타일을 거침없이 장식했죠. 특히 흡연실은 석고를 이용해 천장을 동굴의 종유석처럼 만든 다음 여기에 푸른색 타일을 붙였습니다. 이처럼 가우디는 무데하르 양식의 요소를 가져와

자신의 방식으로 재창조해 개성 넘치는 건물을 탄생시켰습니다.

그런데 바르셀로나 한복판에 종교가 다른 이슬람 양식의 건물을 지어도 괜찮았을까요? 다행히 스페인 사람들은 전통 양식의 하나로 받아들였습니다. 그 이유는 스페인의 역사를 거슬러보면 알 수 있습니다. 8세기, 이슬람 세력은 스페인 대륙을 침략했습니다. 이들은 순식간에 스페인과 포르투갈 대부분을 장악했습니다. 그런데 11세기가 되자 북부를 중심으로 가톨릭 세력이 결집하면서 반격에 나섰고, 이후 수백 년에 걸쳐 영토를 되찾는 전쟁을 벌였습니다. 그 결과 14세기경에는 이슬람 세력이 크게 줄었습니다. 이렇듯 오랜 기간 이슬람 문화와 기독교 문화가 공존한 스페인에서는 무데하르 양식이 탄생했고, 스페인

이슬람 세력 vs 기독교 세력

사람들은 이를 익숙하게 받아들였습니다. 실제로 스페인 곳곳에는 그라나
다의 알람브라 궁전과 세비야의 대성당 등 무데하르 양식으로 지은 건물이
있습니다.

무데하르 양식으로 건축한 알람브라 궁전(위)과 세비야 대성당(아래)

건축주인 비센스는 바르셀로나에서는 볼 수 없었던 새로운 스타일의 이 주택에 매우 만족했습니다. 건물을 짓자마자 사람들 사이에 찬사가 터져 나왔기 때문입니다. 하지만 완공 전까지만 해도 그는 고민이 많았습니다. 가우디의 고집과 완벽주의 성향으로 막대한 공사비가 들었기 때문이었죠. 전해오는 이야기로 비센스는 이 건물을 지으면서 경제적으로 휘청했고 공사비 때문에 빚까지 졌다고 합니다. 하지만 건물이 완공된 뒤 많은 사람이 카사 비센스의 화려한 타일 장식에 반했고 곧 바르셀로나에는 타일 장식이 유행했습니다. 덕분에 비센스의 타일도 날개 돋친 듯이 팔렸습니다.

철의 아름다움을 극대화한 구엘 궁전

비센스의 별장을 짓던 즈음 가우디의 건축 인생을 뒤바꿀 일이 벌어졌습니다. 가우디가 독보적 건축가로 자리매김하는 데 큰 도움을 준 에우세비 구엘Eusebi Güell과 만난 것입니다. 구엘은 바르셀로나에서 가장 성공한 30대 중반의 사업가이자 바르셀로나의 최고 부자 중 한 명이었습니다. 섬유 사업으로 큰돈을 번 구엘의 재산은 오늘날 기준 700억 원 이상으로 추산됩니다. 훗날 스페인의 경제 성장에 기여한 공로로 백작 작위를 받을 만큼 사업 수완이 뛰어난 인물이었죠.

두 사람의 만남은 우연에서 시작됐습니다. 한때 일거리가 없던 가우디가 부업으로 디자인한 장갑 전시용 가구가 파리 세계박람회에 출품되었고, 이를 보고 감탄한 구엘이 직접 가우디를 찾아온 것입니다. 이때부터 두 사람은 둘도 없는 친구가 되었습니다. 구엘은 가우디가 가진 건축에 대한 확고

한 생각을 이해해 주었고 그가 자유롭게 작업할 수 있도록 적극적으로 지지했습니다. 그는 사업으로 번 돈의 일부를 문화와 예술가를 위해 써야 한다는 생각으로 가우디가 무엇을 하든 아낌없이 후원했다고 합니다. 가우디는 그런 구엘을 무척 존경하고 따랐습니다. 가우디는 30대 초반부터 구엘 가문의 전담 건축가로 그가 의뢰하는 거의 모든 건축을 도맡았습니다. 구엘이 맡기는 일이라면 언제나 최우선으로 여겼죠. 구엘의 후원이 없었다면 지금의 바르셀로나도, 가우디도 없었을 것입니다.

두 사람의 사이가 점점 돈독해지던 1886년, 구엘은 가우디에게 그와 가족들이 함께 살 저택의 건축을 의뢰했습니다. 그의 요구사항은 매우 아름답고 고급스러운 건물을 완성해 달라는 것뿐이었습니다. 당시 구엘은 매형의 집인 '모하 궁전'에 경쟁의식을 갖고 있었습니다. 이보다 더 화려한 저택을 갖고 싶었던 구엘은 가우디에게 건축을 맡겼습니다.

모하 궁전

구엘 궁전

구엘 궁전 응접실의 화려한 천장 장식

구엘의 의뢰 조건을 들은 가우디는 반드시 그를 만족시키겠다며 수십 장의 설계도를 그리고, 4년간 엄청난 공을 들여서 구엘 궁전을 지었습니다. 가우디는 타일로 화려한 색을 입힌 카사 비센스와 달리 구엘 궁전의 건축 포인트로 '철'을 선택했습니다. 당시 다른 건축가들이 신경 쓰지 않았던 철을 장식재로 가공해서 화려한 스타일을 보여주려 한 것입니다.

위의 사진은 구엘 궁전에서 가장 먼저 손님을 맞는 응접실의 천장입니다. 놀랍게도 장식은 모두 철을 사용한 것입니다. 나무로 아름다운 격자를 짜고, 거기에 은과 금으로 도금한 철을 붙였습니다. 얇게 펴서 가공한 철은 금빛의 꽃을 피웠고, 구름 문양의 우아한 곡선을 보여주었으며, 회오리처럼 무수하게 꼬아 금빛 밧줄처럼 장식하기도 했습니다. 천장 바로 아래 두른 창틀도 섬세한 철제 격자무늬로 꾸민 것입니다. 수많은 금속 세공 기법과 모양을 사용해 산업 재료인 철을 예술품처럼 가공한 것이죠. 이뿐 아니라 코끼리의 상아와 거북이 등딱지 조각 등 비싼 재료도 아낌없이 사용했습니다.

그런데 이는 시작에 불과합니다. 가우디는 시선이 닿는 곳은 모두 철제로 장식했습니다. 응접실을 지나면 궁전의 중심인 거실이 나오는데, 이곳은 철의 미술관을 연상케 합니다. 먼저 약 20m 높이의 돔에서는 웅장함이 느껴집니다. 돔의 천장에는 여러 개의 채광창을 뚫어 빛을 투과시켰는데 마치 하늘에서 별빛이 반짝이는 듯한 광경을 연출합니다. 자연 채광과 아름다움을 함께 잡은 것이죠. 이 천장 역시 철을 사용해 만들었습니다. 무게를 지지할 수 있도록 조선소에 강철 대들보를 주문해서 이어 붙였고, 내부를 더 고급스럽고 화려하게 만들기 위해 다양한 종류의 철을 사용했습니

구엘 궁전의 거실과 돔 형태의 천장

다. 무게를 지탱해야 할 곳에는 단단한 강철을, 섬세하게 가공해야 할 곳에는 부드러운 연철을, 그리고 문양을 새겨넣어야 할 곳에는 주철을 사용한 것입니다. 가우디의 수많은 변주는 투박한 재료로 인식되던 철을 섬세한 장식재이자 기능까지 뛰어난 최고의 건축 재료로 재탄생시켰습니다.

이 같은 일이 가능했던 것은 어린 시절 아버지의 대장간에서 일했던 가우디가 금속에 대해 깊이 이해하고 있었기 때문입니다. 이 외에도 구엘 궁전에는 장인이 제작한 다양한 철제 장식이 있습니다. 작은 사슬 장식까지도 모두 철을 가공한 것이며 응접실에 들어가는 문도 주물 틀에 철을 부어 그림 그리듯이 정교한 문양을 만들어 낸 것입니다. 내부뿐 아니라 건물 외부에도 화려한 철제 장식이 있는데, 건물 입구에 있는 철로 만든 불사조는 살아있는 것처럼 생생한 모습입니다.

건축주인 구엘의 요청대로 궁전은 화려하게 완성되었습니다. 다만 최고의 수준으로 건축하기 위해 가우디는 값비싼 자재들을 아낌없이 사용했습니다. 한번은 가우디가 청구한 영수증을 본 구엘의 비서가 깜짝 놀라 구엘에게

장인이 제작한 철제 작품들

가우디의 작품들(구엘 와인 양조장, 카사 칼베트, 벨레스구아르트 저택)

달려갔을 정도였죠. 놀랍게도 구엘은 돈이 얼마가 들어도 상관하지 않았습니다. 자신의 이름을 내건 궁전으로 재력을 과시하고 싶었기 때문입니다.

가우디가 지은 궁전을 본 구엘은 매우 만족했습니다. 공사가 진행되던 1888년에는 바르셀로나에서 세계박람회가 열렸는데, 구엘은 이때 세계 각국 주요 인사들을 궁전으로 초청해 연회를 벌이기도 했습니다. 그중에는 유럽의 대표 왕가인 합스부르크와 부르봉 왕가의 왕녀, 이탈리아 국왕, 미국 대통령까지 있었죠. 건물을 완공한 뒤 개최한 신축 축하연에는 바르셀로나의 저명인사들과 작가, 예술가들까지 모여들면서 구엘 궁전은 더욱 유명해졌습니다. 이후 가우디는 구엘의 건축가로 활약하며 바르셀로나에 자신의 실력을 알렸습니다. 무명의 괴짜 건축가에서 건축계의 혜성으로 떠오른 그에게는 크고 작은 건축 의뢰가 쏟아져 들어왔습니다.

이후 가우디는 카사 칼베트 같은 주택부터 벨레스구아르트 저택 같은 고성 등을 건축했습니다. 특히 카사 칼베트가 바르셀로나시로부터 건축상까지 받으며 그의 명성도 더욱 높아졌습니다. 게다가 구엘이 가문의 양조장이나 시내의 극장 등 여러 의뢰를 맡겼기 때문에 가우디는 몸이 열 개라도 부족할 만큼 바빴습니다.

자연을 건축에 끌어들인 구엘 공원

가우디가 건축가로서 한창 경력을 쌓아가던 1900년경, 40대 후반이 된 가우디는 건축 인생에 큰 획을 그을 건축물을 의뢰받았습니다. 이 의뢰는 당시 스페인의 대혼란기와 관련이 있었습니다. 스페인의 식민지였던 쿠바에서 독립운동이 일어나 전쟁이 벌어졌는데, 쿠바를 탐냈던 미국이 끝내 스페인과 전쟁을 벌인 것입니다. 전쟁에서 패배한 스페인은 쿠바뿐 아니라 마닐라, 하와이 등의 식민지를 미국에 빼앗겼습니다. 식민지 무역이 단절되자 투자할 곳을 찾지 못했던 구엘은 돈을 벌기 위해 부동산으로 눈을 돌렸습니다. 그는 바르셀로나에 고급 주택 단지를 지어서 부자들에게 분양하겠다는 야심 찬 계획을 세웠습니다.

당시 유럽 부자들 사이에서는 복잡한 도시보다 자연을 즐길 수 있는 외곽에 사는 게 유행했습니다. 산업혁명으로 도시에 사람이 몰리자 자연으로 가서 즐기자는 분위기가 만들어진 것이죠. 이러한 영국의 상황을 본 구엘은 곧 스페인에서도 비슷한 유행이 불 것으로 생각했습니다. 그는 고급 주택 단지를 짓기 위해서 바르셀로나시가 한눈에 내려다보이는 서쪽 끝에 축구장 21개 크기의 땅 5만 평을 샀습니다. 구엘은 아름다운 지중해와 바르셀로나의 전경이 펼쳐진 이곳에 집을 짓는다면 반드시 성공할 것이라고 확신했습니다. 그런데 이곳을 방문한 가우디는 심각한 문제를 발견했습니다. 경사가 심한 해발 150m 이상의 고지대에 울퉁불퉁하고 기복이 심한 바위까지 있어 고급 주택 단지를 조성하기 어려웠던 것입니다.

구엘의 기대를 충족시켜 주고 싶었던 가우디는 고심 끝에 한 가지 방법을 생각해 냈습니다. '신이 빚어낸 건축물'인 자연의 원리를 반영하는 것이었죠. 그는 어떤 건축이든 기능적으로나 미학적으로 완벽하게 만들어 주는 것은 자연뿐이라고 믿었습니다. 그래서 불모지나 다름없는 땅을 개발할 핵심으로 자연을 내세웠습니다. 여기서 탄생한 것이 구엘 공원입니다.

가우디는 먼저 문제가 된 경사진 바위산에 길을 만들기로 했습니다. 그런데 나무와 바위 때문에 곧은 길을 내기 힘들었습니다. 고민 끝에 자연을 살릴 방법을 생각해 냈는데 나무를 피해 곡선으로 길을 내는 것이었습니다. 이를 위해 산을 서로 다른 높이의 60개 구역으로 나누고 그 사이사이에 길을 뚫었습니다. 급격한 경사로에는 긴 곡선으로 길을 내서 완만하게 만들었고, 길이 끊어지

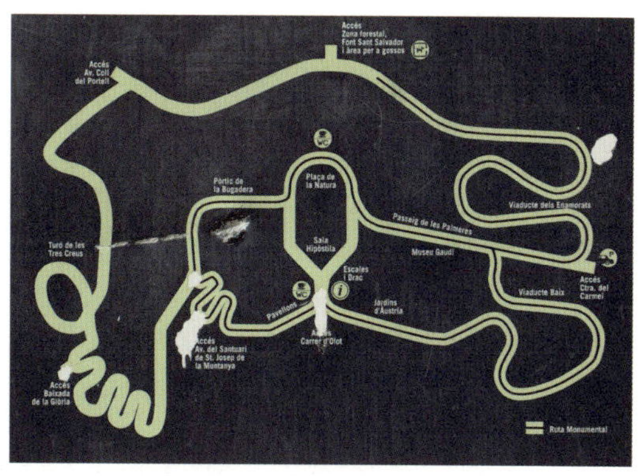

구불구불한 구엘 공원의 길

는 구간에는 산허리를 따라 축대를 세우고 다리를 올렸습니다. 이런 방식으로 사람이 다니는 산책로와 마차와 자동차가 다닐 도로까지 만들었습니다. 그렇게 60개의 대지가 자연스럽게 하나로 연결됐습니다.

하지만 경사가 심한 산에 마차가 다닐 만큼 튼튼한 다리를 만드는 것은 쉬운 일이 아니었습니다. 가우디는 이 문제를 친환경적인 요소를 도입해 해결했습니다. 302쪽의 사진에서 보듯이 그가 만든 다리의 기둥은 마치 자연에서 그대로 솟아난 것 같은 모습인데, 이는 시멘트나 다른 인공물을 전혀 쓰지 않고 공사 중에 나온 엄청난 양의 돌과 흙을 재사용한 것입니다. 이때 흙으로 채운 기둥 위에 나무를 심어 기둥 속으로 서서히 뿌리내리면서 시간이 갈수록 튼튼해지는 구조로 만들었습니다. 또 기울어진 곡선을 다리에 활용해 튼튼하면서도 안정적인 구조가 완성됐습니다. 신이 만든 자연 속에는 오직 곡선만이 존재하며 곡선이 건축의 구조를 가장 안정적으로 만든다는 사실을 깨달은 가우디는 곡선을 '신의 선'이라고 부르곤 했습니다.

흙과 돌 외에도 재사용한 재료가 더 있습니다. 가우디는 깨진 타일 조각들로 광장 벤치를 장식했습니다. 조각난 타일을 임의로 배치해 모자이크처

흙으로 채운 뒤 나무가 뿌리 내린 다리의 기둥

곡선을 활용한 다리

럼 이어 붙이는 '트렌카디스(trencadis) 기법'을 이용한 것이죠. 이는 카탈루냐 지방에서 전해져오던 장식법입니다. 도자기나 타일이 워낙 비쌌던 탓에 깨지면 버리는 대신 장식에 사용했는데, 가우디는 자신의 고향에서도 활용했던 이 방식을 대규모 건축에 처음 도입했습니다.

그런데 가우디는 자칫 딱딱할 수 있는 벤치를 인체공학적으로 만들고 싶었습니다. 그는 사람의 몸을 본떠서 벤치를 편안하게 만들기로 했고, 이를 위해 인부들의 옷을 벗긴 뒤 의자를 만들 반죽틀에 앉혔습니다. 그러고는 앉은 자세를 그대로 본떴습니다. 그 형태를 반영해 의자의 각도를 정하고 튀어나온 돌기까지 만들어 사람의 몸에 가장 편안한 인체공학적 벤치를 설계했습니다.

가우디는 구엘 공원을 만들며 자연뿐 아니라 숨은 기능까지도 세세하게

구엘 공원 벤치

신경 썼습니다. 특히 주목할 만한 것이 공원 입구에서 볼 수 있는 도마뱀 모양의 분수입니다. 알록달록한 도마뱀의 입에서는 물이 흘러나오는데, 물이 부족한 바위산이기에 물을 끌어올 수 있는 특별한 구조를 만들었습니다. 분수대 위에 있는 광장을 콘크리트가 아닌 자갈과 흙으로 만들어서 여기에 스며드는 비가 기둥을 타고 아래의 물 저장고로 가도록 설계한 것입니다. 탱크의 물이 가득 차면 분수대로 물이 흘러나오는 구조였죠.

이렇게 신경 써서 건축한 구엘 공원은 완전히 망했습니다. 경사가 높아 마차를 타고 다니던 부유층 고객이 불편해한 것입니다. 아무도 관심을 보

물탱크 구조와 도마뱀 분수

이지 않자 공사도 중단됐습니다. 당시 주택은 계획한 60채 중 단 두 채만 분양됐는데 한 채는 구엘의 변호사가, 나머지 한 채는 가우디가 샀다고 합니다. 가우디는 이곳에서 고령의 아버지, 누나가 남긴 조카와 함께 살았습니다. 그렇다면 막대한 돈을 들여 사업을 계획한 구엘은 어떻게 됐을까요? 그는 사업이 어려워지며 경제적 타격을 받았습니다. 하지만 이후에도 가우디에게 끝없는 신뢰를 보내며 좋은 친구로 남았습니다.

건축에 이야기를 입혀라, 카사 바트요

가우디는 평생의 후원자였던 구엘의 지지 덕분에 바르셀로나에서 건축가로서의 입지를 탄탄히 굳혔습니다. 경력과 실력이 절정에 달한 50대 초반, 가우디의 건축 인생을 건 한판승이 벌어졌습니다. 당시 바르셀로나 중심지에 새롭게 조성된 그라시아 거리에는 돈 많은 사업가들이 앞다퉈 섭외한 실력 있는 건축가들의 건물이 속속 들어서는 중이었습니다. 그라시아 거리에 건물 하나 짓지 못한 사람은 건축계에 명함도 내밀지 못한다는 말이 나올 정도였죠. 이 같은 바르셀로나의 건축 붐은 거리의 모습을 바꿔놓기 시작했습니다.

그 대표적인 건축물이 바로셀로나의 건축 거장 조셉 푸이그 이 카다팔크 Josep Puig i Cadafalch가 지은 '카사 아마트예르'입니다. 이 건물은 기하학적인 형태의 옥상과 화려한 타일 장식으로 화제를 모았습니다. 이 주택의 옆집에 사는 사업가 조셉 바트요Josep Batlló는 더 멋진 집을 갖고 싶었고, 가우디를 찾아가 그라시아 거리에서 가장 화려하고 아름다운 건물을 지어달

카사 아마트예르

카사 바트요

라고 요청했습니다. 이렇게 바르셀로나에서 가장 주목받던 두 건축가인 가우디와 카다팔크의 보이지 않는 대결이 시작됐습니다.

지난 30년간 건축가로 활동하며 수많은 건축 양식을 분석해 온 가우디는 자신이 넘쳤습니다. 그는 가장 화려하면서도 아름다운 방식으로 자신의 건축 철학을 선보이고 싶었습니다. 그렇게 탄생한 작품이 집주인의 이름을 붙인 '카사 바트요'입니다. 이 건축물에는 '용의 집'이라는 재미있는 별명이 붙었습니다. 옥상의 타일은 신비로운 용의 비늘 같았고, 옥상의 선은 꿈틀거리는 용의 등줄기처럼 보였기 때문입니다.

가우디가 카사 바트요를 용의 집처럼 꾸민 데는 여러 가지 추측이 있지만 카탈루냐 지역에서 널리 전해오는 전설을 반영했다는 설이 가장 유력합니다. 카탈루냐에는 포악한 용 한 마리가 살고 있었는데, 이 용을 달래기 위해서는 매번 사람을 제물로 바쳐야 했습니다. 그러던 어느 날 공주의 차례가 되자 '조르디'라는 기사가 나타나 검으로 용을 찔러 죽이고 공주를 구했습니다. 이후 카탈루냐는 조르디를 수호성자로 삼았습니다. 이 전설을 바탕으로 카사 바트요를 들여다보면 흥미롭게도 많은 부분이 들어맞습니다. 옥상에 박혀 있는 기둥은 조르디가 용을 찌른 검을, 해골처럼 보이는 창문은 용에 희생된 사람들을, 발코니의 기둥은 용에게 잡아 먹힌 사람들의 뼈를 연상케 합니다.

건물 안은 마치 용의 몸속에 들어온 것 같은 착각을 주는데, 용의 척추뼈 같은 난간이 있고 그 끝에는 용의 심장을 떠올리게 하는 붉은 구슬이 장식되어 있습니다. 가우디가 자연의 상징적인 이미지들을 풍부하게 활용

용의 척추뼈와 붉은 심장

중앙 정원의 물결치는 타일

해 건물에 이야기와 상상력을 불어넣은 것입니다.

카사 바트요를 본 사람들은 용 외에도 바다를 떠올립니다. 푸른색 타일과 물결무늬의 유리를 배치한 중앙 정원에 들어서면 지중해의 물결치는 바닷속으로 들어온 듯한 느낌이 들기 때문이죠. 이는 건물에 들어오는 빛을 계산한 가우디가 아래로 내려갈수록 점차 연한 색의 타일을 붙인 세심한 계산의 결과이기도 합니다.

두 건축가의 자존심이 걸린 승부는 가우디의 승리로 끝났습니다. 카사 바트요는 당시 그라시아 거리에서 가장 화려하고 아름다운 건물로 엄청난 주목을 받았습니다. 이 건물을 통해 가우디는 바르셀로나를 대표하는 건축가가 되었습니다. 건축사적으로도 카사 바트요는 20세기 건축을 대표하는 걸작으로 평가받습니다. 그 의미를 인정받아 유네스코는 2005년에 카사 바트요를 세계문화유산으로 등재했습니다.

신비한 바위산을 바르셀로나 한가운데로, 카사 밀라

카사 바트요는 그라시아 거리의 또 다른 건축 의뢰로 이어졌습니다. 이번 의뢰인은 부동산 개발업자인 밀라 부부였습니다. 카사 바트요에 반한 밀라 부부는 화려하고 빛나는 건물을 기대하며 가우디를 찾아왔습니다. 그런데 가우디가 완성한 건축물인 '카사 밀라'는 화려한 색채의 카사 바트요와는 완전히 달랐습니다. 이번에 그가 건축 포인트로 삼은 것은 '돌'이었기 때문입니다. 이즈음 가우디는 자신이 평생 영감을 받았던 한 장소를 건축에 담아내고 싶어 했습니다. 그는 바르셀로나 북쪽에 있는 몬세라트산을 카사 밀라의 모티브로 삼았습니다. 6만 개의 봉우리와 기암괴석이 독특한 모양을 이루고 있는 거대한 바위산이죠.

가우디는 신이 빚어놓은 것 같은 몬세라트산의 신비로운 모습을 바르셀로나 한가운데 구현하려 했습니다. 그는 곡선으로 된 돌산 모양의 건물을 짓기 위해 엄청난 공을 들였습니다. 흔히 보는 직선 건물은 자재를 똑같이 만들어서 한판씩 붙이면서 짓습니다. 그런데 카사 밀라처럼 건물 전체가 다른 곡선일 경우에는 수백 개, 수천 개의 돌을 조각 퍼즐처럼 각기 다른 모양으로 깎아야 합니다. 게다가 카사 밀라의 자재인 사암 바위는 너무 무거워서 사람이 아닌 기중기로 겨우 들어 올린 다음 딱 맞춰야 했습니다. 정밀한 각도까지 계산해 무거운 돌을 쌓아 올려 조립하는 것은 말도 안 되게

몬세라트산과 카사 밀라

힘든 작업입니다. 그만큼 많은 시간과 공임, 돈을 필요로 하죠. 게다가 완벽주의의 끝판왕인 가우디는 건물에 새기는 조각이 마음에 들지 않으면 몇 번이고 다시 할 것을 요구했습니다. 장인이 너무 힘들다며 울자 가우디가 도구를 빼앗아 들고 직접 조각했다는 이야기도 있습니다.

카사 밀라를 건축하는 과정은 어느 때보다 힘들었습니다. 하지만 가우디는 건축에 대한 신념과 고집으로 5년간의 노력 끝에 완공해 냈습니다. 하지만 이제까지 만든 건축물과 달리 카사 밀라는 비난에 시달렸습니다. 카사 밀라를 본 아이가 "엄마, 여기 지진이 났나요?"라고 묻는 만평이 등장할 정도였죠. 이는 카사 밀라의 특이한 형태를 지진 때문에 기울어진 것이 아니냐고 비꼰 것입니다. 당시 잡지들은 일제히 카사 밀라를 조롱하는 만평을 그려댔습니다. 그 결과 카사 밀라에는 미래형 비행기 격납고, 말벌집, 고기파이 같은 온갖 별명이 따라붙었습니다.

카사 밀라 때문에 기분이 상한 것은 건축주인 밀라 부부도 마찬가지였습니다. 그들은 건물보다 가우디에게 불만이 많았습니다. 건물을 지을 때부터 온갖 말썽에 시달렸기 때문입니다. 먼저 카사 밀라의 기둥 하나가 공공부지에 세워져 시청 담당자가 기둥을 빼라고 했지만 가우디는 눈도 깜짝하지 않았습니다. 그러자 시청 담당자는 공사를

카사 밀라를 조롱하는 만평

중단시키고 건축주인 밀라 부부에게 10만 페세타, 우리 돈으로 수억 원의 막대한 벌금을 물렸습니다. 이후로도 새로운 경고장이 계속 날아왔지만 밀라 부부는 건물이 완공될 날만 기다리며 참았습니다.

그러던 중 가우디와 밀라 부부 사이에 건물 장식물을 두고 큰 싸움이 벌어졌습니다. 가우디는 카사 밀라의 건물 정면 외벽에 4.5m 높이의 거대한 성모 마리아상을 올리고 싶어 했습니다. 하지만 밀라 부부는 건물에 종교적인 색채가 들어가는 것을 원치 않았습니다. 밀라 부부가 끝까지 반대하자 가우디는 조수들에게 공사 현장을 맡기고 손을 떼 버렸습니다. 그러자 화가 머리끝까지 난 밀라 부부는 가우디에게 잔금을 치르지 않았고, 이에 가우디는 돈을 내놓으라며 법정 다툼까지 벌였습니다. 7년이나 이어진 소송은 가우디의 승리로 끝났습니다. 애초에 밀라 부부가 건물에 성모 마리아 상을 넣는 것으로 계약했기 때문입니다. 이때 완전히 지친 가우디는 절대로 개인 주택을 짓지 않겠다고 결심했습니다.

이 시기 또 다른 고난이 가우디를 덮쳤습니다. 카사 밀라를 건축하는 동안 93세의 아버지가 노환으로 사망한 것입니다. 설상가상으로 가우디마저 불치병에 걸렸습니다. 자살 충동, 현기증, 염증, 오한, 관절염 등이 동시다발적으로 나타나는 '브루셀라병'이었죠. 이때 가우디는 유서까지 쓸 만큼 상태가 위독했다고 합니다. 고통스러운 가우디를 더욱 절망으로 밀어 넣는 비극은 좀처럼 끝나지 않았습니다. 자식처럼 여긴 조카를 병으로 잃은 것입니다. 몇 년 후인 1918년에는 평생의 후원자이자 자신을 이해해 주었던 친구 구엘마저 세상을 떠났습니다. 이때 슬픔에 잠긴 가우디가 남긴 말이 있습니다.

"나의 가장 가까운 친구들은 모두 죽었다. 나에게는 가족도, 건축주도,

재산도, 아무것도 남은 게 없다."

병과 슬픔으로 지친 가우디는 거지 같은 몰골로 다니기 시작했습니다. 날이 갈수록 수척해져 뼈만 앙상해진 모습이었습니다. 많은 사람이 이 시기의 가우디를 곰팡이 핀 더러운 옷과 다 해어진 주머니, 그리고 고무줄로 동여맨 신발로 기억할 정도였습니다.

세계에서 가장 높은 성당, 사그라다 파밀리아

삶의 의미를 잃은 가우디에게는 자신의 전부를 바칠 하나의 건축물, 사그라다 파밀리아 성당이 남아 있었습니다. 그는 신에게 기도하듯 간절하게 성당 건축에 매달렸습니다. 그리고 자신의 모든 건축 기술을 쏟아부어 최고의 걸작을 만들기로 했습니다.

사그라다 파밀리아 성당은 1882년부터 지금까지 무려 144년째 지어지고 있습니다. 근대부터 현대까지, 이렇게 오랫동안 건축 중인 성당은 사그라다 파밀리아 성당이 유일합니다. 바르셀로나는 사그라다 파밀리아 성당이 세워지기 전과 후로 나뉜다고 해도 과언이 아닌 도시입니다. 평범한 무역 도시였던 바르셀로나가 세계적인 관광도시로 명성을 얻은 것은 신비로운 모습의 사그라다 파밀리아 성당이 도시의 랜드마크로 주목받았기 때문입니다. 이 성당이 바르셀로나의 운명을 바꿨다고 생각하는 사람이 있을 정도로 존재감이 큰 건축물입니다.

사그라다 파밀리아는 완공과 동시에 2,000년에 이르는 성당 건축 역사를 갈아치우는 기록을 세울 것입니다. 현재 가장 높은 성당은 독일의 울름

사그라다 파밀리아

대성당으로 161.5m입니다. 그런데 파밀리아의 중앙탑인 예수의 탑이 완공되면 울름 대성당보다 11m 높은 172.5m가 됩니다. 가우디는 세계에서 가장 높은 건물을 짓되, 신이 만든 자연보다 더 높아서는 안 된다고 생각했습니다. 따라서 바르셀로나에서 가장 높은 몬주익 언덕의 높이인 173m보다 딱 50㎝ 낮은 172.5m로 성당의 높이를 정했습니다. 신에 대한 겸손을 표현한 것입니다.

사실 이 성당의 건축은 시작부터 만만치 않았습니다. 먼저 의뢰를 받고 건설을 시작한 것은 가우디의 스승이었던 건축가 프란시스코 데 파울라델 비야르Francisco de Paula del Villar였습니다. 하지만 갈등을 빚으면서 1년 만에 포기했고 제자였던 31세의 가우디가 대신 맡게 된 것입니다. 그런데 사그라다 파밀리아는 기부와 헌금으로만 지어졌기 때문에 돈이 모자라 걸핏하면 건축이 중단됐습니다. 건축을 시작한 지 약 30년 정도 된 아래의 사진을 보면 잦은 공사 중단으로 지하와 아랫부분의 일부만 겨우 건축한 것을 확인할 수 있습니다.

성당에 모든 것을 쏟아붓기로 한 가우디는 본격적으로 건축을 하기 위해 자신의 전 재산을 바쳤습니다. 여기에 카사 밀라 소송으로 받은 돈까지 성당 건축 자금으로 선뜻 내놓았습니다. 뿐만 아니라 직접 성당 건축 자금을 모으러 다니기도 했습니다.

그런데 가우디가 싸워야 할 것은 자금 문제만이 아니었습니다. 세계에서 가장 높은 성당을 짓겠다는 목표를 이루기 위해서는 사그라다 파밀리아 건

20세기 초 사그라다 파밀리아

축의 핵심인 '중력을 이기는 설계'를 완성해야 했습니다. 당시 기술로 높은 성당을 지으려면 반드시 필요한 게 있었습니다. 건물 벽 바깥쪽으로 뻗어 있는 얇은 구조물인 공중 부벽입니다. 건물이 높고 클수록 그 무게 때문에 무너지려는 힘이 작용합니다. 따라서 공중 부벽을 세워 건물을 바깥에서 지탱해 왔습니다. 사그라다 파밀리아 성당의 첨탑을 세우려면 수많은 공중 부벽을 건물 밖으로 펼쳐야 했는데, 가우디는 수백 년간 이어져 온 이 공중 부벽을 향해 성당이 목발을 짚은 것 같다며 신랄하게 비판했습니다.

그는 이 문제를 해결하기 위해 다양한 종교 건축물을 지으며 연구를 계속했습니다. 그러던 중 콜로니아 구엘 성당을 지으면서 부벽을 없앨 완벽한 방법을 찾았습니다. 자연의 곡선을 이용하는 것이었죠. 317쪽의 왼쪽 그림처럼 줄의 양 끝을 잡으면 아래로 자연스럽게 처진 곡선이 만들어지는데, 이를 현수선이라고 합니다. 현수선의 구조는 힘의 균형이 매우 안정적이므로 오랫동안 형태를 유지할 수 있습니다.

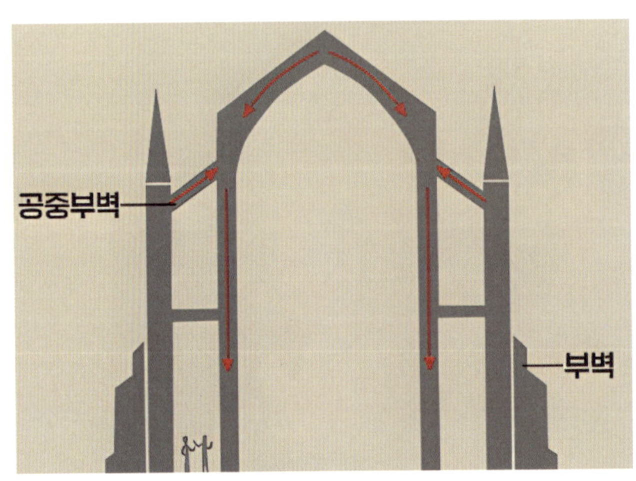

고층 성당의 기본 구조

쾰른 대성당의 공중 부벽

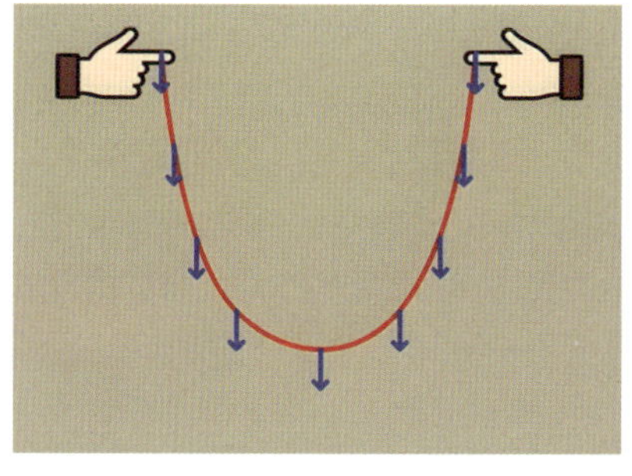

현수선

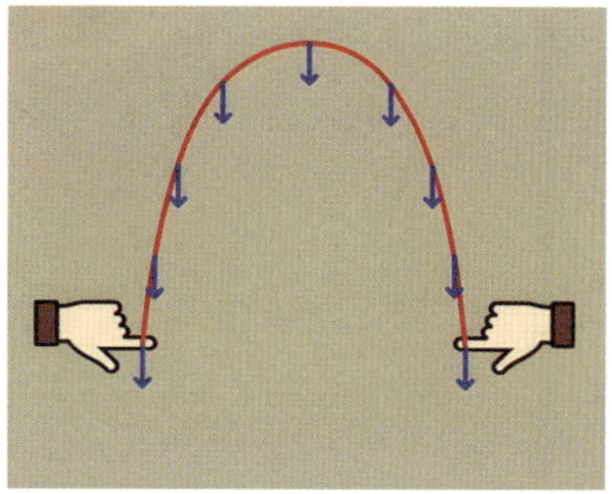

현수선 아치

　그렇다면 현수선을 그대로 뒤집으면 어떻게 될까요? 길쭉한 아치 모양이 되는데, 이 역시 현수선처럼 힘의 균형을 이루게 되면서 안정적인 구조를 유지할 수 있습니다. 이를 현수선 아치라고 합니다. 이 모양대로만 만들면 부벽이 필요 없게 됩니다. 가우디는 곧장 이 아이디어로 모형을 만들었습니다.

　컴퓨터도 없던 100년 전에 무게를 분산할 방법을 계산하는 것은 매우 어

실과 추를 이용한 현수선 모형

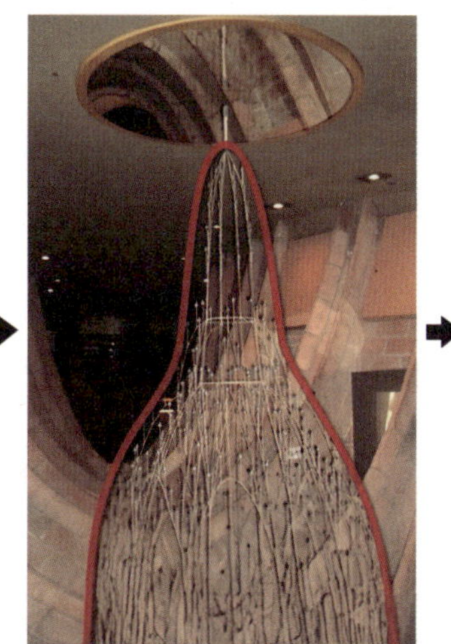

현수선 아치

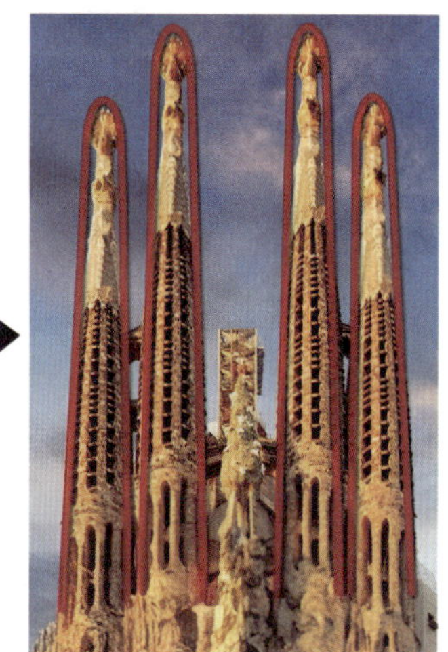

사그라다 파밀리아 첨탑

려운 일이었습니다. 가우디는 줄에 모래주머니를 수없이 매달아 위치를 일일이 조정해 가며 자신이 원하는 성당의 모습을 구현했습니다. 그리고 깨달음대로 그것을 뒤집어서 건축물에 적용했습니다.

현수선 아치 구조가 거대한 건물의 하중을 버티자 사그라다 파밀리아의 높은 첨탑을 안정적으로 만들 수 있게 됐습니다. 가우디는 현수선 아치를 첨탑의 모양뿐 아니라 성당 내부에도 넣어서 부벽을 완벽하게 없앴습니다. 아름다운 숲이 떠오르는 성당 내부에는 하늘 높이 뻗은 나무처럼 보이는 기둥과 가지 사이로 은은한 빛이 내리쬡니다. 사실 이 형태는 단순히 아름답기만 한 것이 아닙니다. 각각의 기둥이 나무의 가지처럼 여러 갈래로 뻗어나가면서 성당 내부에 현수선 아치를 구현한 것입니다. 이 구조 덕분에 부벽이 없어도 높은 천장의 무게를 안정적으로 지탱할 수 있습니다. 이렇듯

사그라다 파밀리아 내부의 현수선 아치

가우디는 세계 최초로 현수선 아치를 이용한 초고층 성당을 만들며 세계 건축사에 한 획을 그었습니다.

사그라다 파밀리아가 건축 중임에도 세계문화유산에 등재된 것도 이러한 방식이 20세기 현대 건설의 발전에 큰 영향을 미쳤다는 사실을 인정했기 때문입니다. 완공 전인 건축물이 세계문화유산으로 지정된 사례는 사그라다 파밀리아가 유일합니다.

놀라운 것은 건축 기술만이 아닙니다. 가우디는 이 성당에 예수의 일생을 담고 싶었습니다. 그래서 해가 떠오르는 동쪽에는 예수의 탄생을 담은 파사드를, 서쪽에는 예수의 수난을, 남쪽에는 부활한 예수의 영광을 담으려 했습니다. 탄생의 파사드는 예수의 탄생과 유년 시절을 담고 있는데 가운데에는 수태고지, 즉 예수의 잉태를 천사가 알려주는 장면과 아기 예수

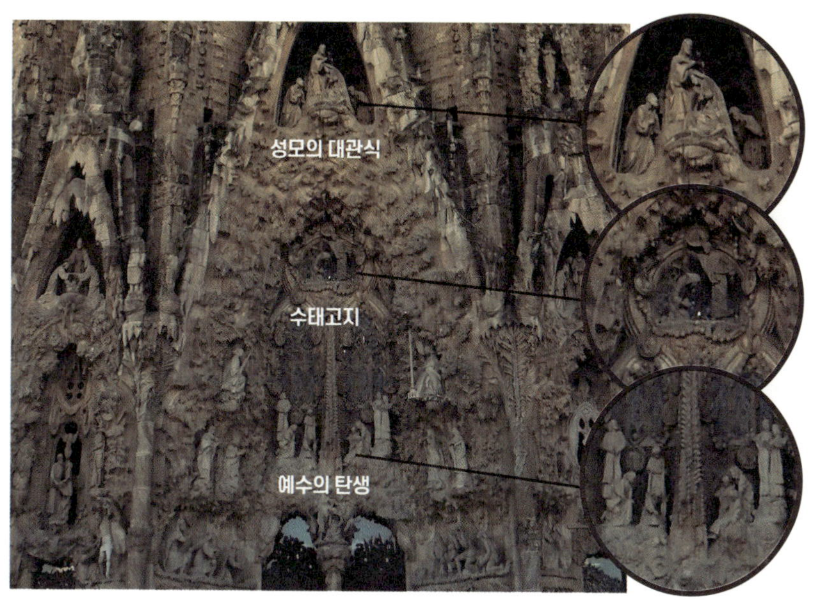

탄생의 파사드의 아름다운 조각들

가 탄생하고 동방박사들이 경배하는 모습을 조각해 넣었습니다.

가우디가 성당 전면에 다양한 장면을 조각한 것은 이 성당을 한 바퀴 돌기만 해도 《성경》을 읽는 것과 같은 효과를 주고 싶어서였습니다. 한마디로 성당을 돌로 만든 《성경》으로 기획한 것입니다. 그는 탄생의 파사드를 조각하는 것이 사람들을 신에게 이끌 《성경》을 쓰는 것과 같다고 생각했습니다. 때문에 작은 조각 하나하나에도 생명을 불어넣고자 사산된 아기 시체를 찾아 모형을 뜬 다음 조각을 만들었습니다. 또한 《성경》 속 수많은 인물이 등장하는 탄생의 파사드에 적합한 모델을 찾아서 몇 년이나 온 지역을 헤매기까지 했습니다. 병원에서 해골을 기증받아서 뼈를 세심하게 관찰하거나 시신을 해부하는 모습을 보며 직접 뼈와 근육들을 연구한 것도 모두 탄생의 파사드를 위한 일이었습니다.

이렇게 성당 건축에 남은 생을 쏟아붓던 가우디는 72세가 되던 해에 탄생의 파사드를 거의 완성했습니다. 하지만 성당은 아직 3분의 1도 지어지지 않은 상태였죠. 이 시기 가우디는 수도자처럼 지냈습니다. 성당 건축에 전 재산을 기부했기 때문에 돈을 아끼기 위해 머리와 수염도 몇 달에 한 번씩 밀어서 수염이 덥수룩했습니다. 아침부터 밤늦게까지 거의 먹지도 않고 하루 종일 일만 하는 가우디를 지켜보던 조수가 '저 사람은 위가 없는 게 아닐까'라고 생각했을 정도였다고 합니다. 소식하던 가우디가 늘 가지고 다니던 작은 주머니에는 교회에서 받은 빵이 들어 있었는데 그마저도 주변 사람들에게 나눠주곤 했습니다.

가우디는 왜 이렇게까지 성당 건축에 매달렸을까요? 그는 사그라다 파밀리아의 진척 상황을 보면서 고령인 자신이 성당의 완공을 보지 못할 것임을 알고 있었습니다. 하지만 조금이라도 더 완벽하게 건물을 만들고 싶었습니다. 그런데 가우디의 허름한 모습은 비극의 방아쇠가 되고 말았습니다. 매일 저녁 산책에 나섰던 그는 성당으로 돌아오던 중 전차에 치여 크게 다쳤습니다. 당장 병원으로 옮겨야 했지만, 가우디의 허름한 차림새를 본 사람들은 그를 부랑자로 착각했고 외면한 채 돌아섰습니다. 누군가가 치명상을 입은 가우디를 택시에 태우려 했으나 택시 기사들마저 여러 차례 승차를 거부했습니다.

겨우 병원으로 옮겨진 가우디는 이곳에서도 부랑자로 분류되었고, 제대로 된 치료도 받지 못한 채 병원 구석에 방치됐습니다. 제자들과 성당의 사제들은 돌아오지 않는 가우디를 찾아 거리를 헤맸고, 물어물어 겨우 가우디가 있는 병원을 찾았지만 이미 늦은 뒤였습니다. 3일 뒤 가우디는 병원에서 조용히 죽음을 맞았습니다. 74세의 나이에 늘 기도하던 신의 곁으로 떠난 것입니다.

가우디의 장례는 바르셀로나의 애도 속에 국장으로 치러졌습니다. 그의

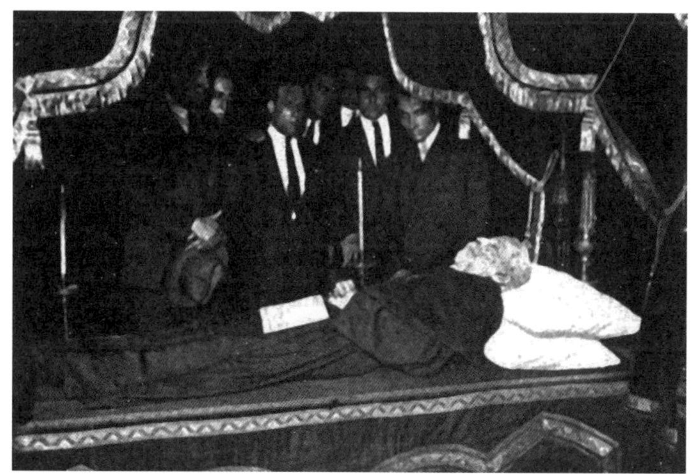

가우디의 죽음

시신은 마지막까지 매달렸던 사그라다 파밀리아 성당 지하에 안치되었습니다. 바르셀로나의 한 신문은 "바르셀로나의 한 '천재'가 우리 곁을 떠났다. 바르셀로나의 한 '성자'가 우리 곁을 떠났다. 돌마저도 그를 위해 울고 있다"라며 통탄했습니다.

사람들은 가우디의 뜻을 이어받아 사그라다 파밀리아 건축을 계속해 나가기로 했습니다. 그런데 가우디는 설계도면을 만들지 않고 현장에서 일일이 조율하며 성당을 지어나갔습니다. 대신 성당의 모형을 만들어 두었으나 스페인 내전을 거치면서 파괴되었습니다. 방법은 가우디가 지은 성당의 부분과 건축물들을 분석하면서 역으로 추리해 남은 부분을 짓는 것뿐이었습니다. 그래서 건축 속도가 더딜 수밖에 없죠. 가우디 이후로 7명의 건축가가 이어가며 2026년인 지금까지도 세대를 뛰어넘은 대공사가 이루어지고 있습니다.

바르셀로나시는 가우디 사후 100주년인 2026년을 완공 목표로 잡았지만, 코로나19로 한동안 공사가 중단되면서 기한을 맞추지 못할 것으로 예상합니다. 사실상 얼마나 더 오래 걸릴지는 아무도 모르는 상황입니다. 하지만 지금은 미완성 자체를 건축적 이벤트로 받아들인 사람들이 더 많은 관심을 보이고 있습니다.

사람들이 국적과 인종, 종교를 넘어 가우디의 건축을 보기 위해 바르셀로나를 찾는 이유는 전 세계 어디에서도 볼 수 없는 가우디만의 건축에 매료됐기 때문입니다. 기존의 양식이나 전통에 얽매이지 않고 창조적인 건축을 향해 나아간 가우디의 열정은 그의 건축물이 유일무이한 비법이자 우리가 그를 천재라고 부르는 이유이기도 합니다.

공간이 사람에게 주는 심리적 영향은 더할 수 없이 큽니다. 하지만 우리

나라의 주거 공간은 매우 단조롭고 획일화되어 있습니다. 그러다 보니 결국은 건축이 부동산으로만 연결되고 인식되는 것이 현실입니다. 가우디의 건축을 통해 우리가 사는 주거 공간이 보다 다양해져서 우리의 공간이 사는(buy) 것이 아니라, 행복하게 사는(live) 곳이 될 수 있기를 바랍니다.

벌거벗은 전쟁 영웅

맥아더 vs 아이젠하워

김봉중

● 더글러스 맥아더Douglas MacArthur와 드와이트 아이젠하워Dwight Eisen-hower는 미국 역사상 가장 위대한 장군으로 손꼽히는 인물입니다. 제2차 세계대전의 영웅인 이들은 미국뿐 아니라 세계사의 운명을 바꿨습니다. 맥아더는 태평양 전쟁에서 일본의 항복을 받아냈고, 아이젠하워는 유럽에서 독일의 항복을 받아내며 전쟁에 마침표를 찍었습니다. 그 공로를 인정받아 두 사람 모두 같은 시기에 군인으로서 최고 계급인 5성 장군이 되어 승승장구했습니다.

그런데 미국 최고의 장군이었던 두 사람의 운명은 6·25 전쟁으로 완전히 다른 길을 걷게 되었습니다. 1950년에 발생한 6·25 전쟁에서 맥아더는 UN군 총사령관을 맡아 인천 상륙작전을 지휘하며 작전을 극적으로 성공시켰습니다. 하지만 갑작스럽게 모든 직위에서 해임되며 군복을 벗었습니다. 반면 아이젠하워는 6·25 전쟁을 끝내겠다는 공약과 함께 세계 권력의 핵심이라고 할 수 있는 미국 대통령의 자리에 올랐습니다. 1953년에 미국의 제34대 대통령에 오른 아이젠하워는 약속대로 당선 직후 한국을 방문해 우리나라 역사상 최초이자 유일한 군사동맹인 한미상호방위조약을 체결했습니다.

전쟁 영웅이었던 맥아더와 아이젠하워가 6·25 전쟁을 기점으로 상반된 길을 가게 된 이유는 무엇일까요? 그리고 이들의 리더십은 세계사에 어떤 영향을 주었을까요? 지금부터 세계사를 바꾼 두 전쟁 영웅의 엇갈린 운명을 살펴보려 합니다. 그리고 두 사람의 행보를 통해 6·25 전쟁에 숨겨진 이야기를 벌거벗겨 보겠습니다.

군인 가문의 금수저 맥아더

미국 육군사관학교는 뛰어난 성적과 체력은 물론, 우리나라로 따지면 국회의원의 추천장까지 받아야만 입학이 가능한 인재들의 집합소입니다. 맥아더와 아이젠하워는 이곳에서 11년 차 선후배로 학창 시절을 보냈습니다.

두 사람의 사관학교 생활은 시작부터 완전히 달랐습니다. 먼저 맥아더는 육군사관학교 입학 필수 조건인 국회의원 추천 시험에서 1등을 차지하며 당당히 합격했습니다. 그는 명석할 뿐만 아니라 180㎝의 큰 키에 호감형 외모까지 갖춘 인재였습니다.

"의심의 여지 없이 사관학교에 들어온 생도 중에서 가장 잘생겼으며 큰 키에 날씬하고 멋진 체격과 반짝이는 검은 눈을 지니고 있었다. 웨스트포인트 입학을 위해 최종 신체검사를 받을 때 더글러스 맥아더의 몸 상태는 완벽했다. 맥아더보다 더 좋은 체격을 가진 미국 남자는 없었을 것이다."

이처럼 맥아더의 주변 사람들도 그의 체격과 외모에 대해 칭찬을 아끼지 않았습니다. 똑똑하고 잘생긴 사관생도였던 맥아더는 동시에 8명을 사귀었다는 소문까지 퍼질 만큼 여자들에게 인기가 많았다고 합니다. 맥아더가 남달랐던 것은 성적과 외모만이 아니었습니다. 그는 위스콘신주 주지사를 지낸 할아버지와 미국 육군 장성이었던 아버지를 둔, 정치·군사 엘리트 가문에서 태어났습니다. 어린 시절부터 아버지의 근무지를 따라다니던 맥아

미국 육군사관학교 시절의 맥아더

더는 군인이 되고 싶다는 꿈을 키우며 성장했습니다.

하지만 군인 집안에서 자란 맥아더도 학교생활은 순탄치 않았습니다. 당시 미국 육군사관학교는 신고식이 가혹하기로 유명했습니다. 상급생에게 구타당하는 일은 비일비재했고, 뜨겁게 데운 매운 소스를 목에 붓기도 했습니다. 급기야는 신고식을 치른 학생이 사망하는 사건까지 일어났습니다. 맥아더 역시 가혹한 신고식을 치러야 했는데, 상급생들이 그에게 내린 명령은 깨진 유리 위에서 무릎을 꿇고 버티는 것이었습니다. 생도들 대부분이 무릎을 꿇자마자 포기했지만 맥아더는 신음이 새어나가지 않게 이를 악물고 얼마간 버티다가 끝내 기절했다고 합니다.

맥아더는 이런 힘든 상황을 버티고 94명의 동급생 가운데 수석으로 졸업했습니다. 당시 그의 점수는 미국 육군사관학교가 창설된 이래 세 손가락 안에 꼽을 만큼 높았다고 합니다. 맥아더가 학창 시절 내내 우등생을 차지한 것은 그의 노력 외에도 특별한 비법인 어머니의 치맛바람 덕분입니다. 그의 어머니는 아들을 육군사관학교에 입학시키기 위해 친분이 있던 하원의원의 선거구로 주소를 옮기는가 하면, 추천 시험에 합격하도록 선발 감독관 중 한 명을 과외선생으로 붙이는 열의를 보였습니다.

맥아더가 육군사관학교에 입학한 뒤에는 아들을 감시하기 위해 학교 근처로 거주지를 옮겼습니다. 아들의 기숙사 방이 보이는 호텔에 묵으면서 잘 공부하는지 감시한 것입니다. 어머니의 감시는 맥아더가 졸업할 때까지 계속됐습니다. 아들이 남편을 뛰어넘는 군인이 되기를 바랐던 어머니는 여자관계까지 감시했습니다. 아들의 데이트에 따라가서 "아들은 이미 군인이라는 직업과 결혼했다"라며 직접 정리하곤 했죠. 놀랍게도 맥아더는 어머니에게 항의하거나 반항하지 않았다고 합니다.

제1차 세계대전과 전쟁 영웅의 탄생

우수한 성적으로 육군사관학교를 졸업한 맥아더는 군인이 됐고, 약 13년 간 소위-중위-대위-소령까지 순탄하게 진급했습니다. 이후에는 세계를 뒤흔든 잇따른 사건을 통해 미국을 넘어 세계가 주목하는 군인이 되었습니다. 시작은 1914년에 발발한 제1차 세계대전이었습니다. 당시 유럽에서는 제국주의 국가 간의 전쟁이 한창이었습니다. 미국은 전쟁에 참전하지 않고 중립을 지키던 상황이었죠.

이런 미국이 제1차 세계대전에 참전한 데는 여러 이유가 있지만, 결정적인 것은 '치머만 전보 사건'이었습니다. 1917년 2월, 독일과 전쟁 중이던 영국은 독일의 외무장관인 아르투어 치머만Arthur Zimmermann이 멕시코에 보낸 비밀 전보를 입수했습니다. 암호를 해독해 보니 독일이 미국의 뒤통수를 칠 것이라는 내용이었습니다.

'독일이 미국과 중립 관계를 유지하는 것이 불가능하다면 멕시코와 동맹을 맺고, 미국을 공격하자. 그 대가로 풍부한 재정적 지원과 더불어 멕시코가 미국에 뺏겼던 텍사스, 뉴멕시코, 애리조나를 돌려주겠다.'

미국의 참전을 우려한 독일이 멕시코와 동맹을 맺으려 한 계획이 드러나자 미국에는 반(反)독일 여론이 확산되기 시작했습니다. 뒤이어 미국의 참전을 재촉하는 또 다른 사건이 일어났습니다. 독일 잠수함이 중립국인 미국 상선을 공격하면서 1917년 3월에만 세 척의 미국 선박이 독일 해군에 격

침된 것입니다. 이후 미국 대도시에서는 참전을 요구하는 집회까지 열렸고, 결국 미국의 우드로 윌슨Woodrow Wilson 대통령은 독일과의 전쟁을 선포했습니다.

참전을 앞둔 미 육군은 어떤 주의 병력을 파병할지를 놓고 고민에 빠졌습니다. 미국은 주 단위로 병력을 관리했는데, 특정 주만 참전하면 왜 자신들이 먼저 희생당해야 하냐고 항의할 수 있었습니다. 반대로 선발되지 않은 다른 주들은 독일군을 최초로 격파할 기회를 주지 않았다고 불만을 제기할 수도 있었죠. 이는 단순히 군대만의 문제가 아니라 큰 논란이 예상되는 정치적 이슈이기도 했습니다.

어떤 선택을 해도 비난받을 수밖에 없을 때 미 육군을 구한 인물이 맥아더입니다. 당시 미국의 국방부라 할 수 있는 전쟁부 소속 소령이었던 맥아더는 전쟁부 장관에게 여러 주의 병력을 모아 부대를 편성하는 방식을 권유했습니다. 미국 역사상 최초의 혼합 부대를 만들자는 것이었죠. 미 육군은 맥아더의 제안에 따라 26개 주의 병력을 혼합해 편성한 1개 사단을 창설했습니다. 각기 다른 주에서 선정된 부대들이 모인 모습이 마치 미국 전체 대륙을 가로지르는 무지개 같다고 해서 '레인보우 사단'이라고 이름 붙였습니다.

미국은 제1차 세계대전에 최초로 참전하는 레인보우 사단에 약 2만 8,000명의 대규모 인력을 투입했습니다. 통제가 어려울 만큼 거대하고 참신한 군대 조직을 세운 맥아더는 1917년 37세의 젊은

레인보우 사단 휘장

나이에 레인보우 사단의 수석 참모로 임명돼 실질적인 지휘권을 손에 넣었습니다. 동시에 대령으로 승진해 군 권력의 핵심부에 입성했습니다.

미 육군 대령이 된 맥아더의 첫 번째 임무는 1918년 2월에 레인보우 사단을 이끌고 프랑스로 향하는 것이었습니다. 본격적으로 제1차 세계대전에 참전한 맥아더는 일반 병사들과 함께 적진에 뛰어들며 이름을 알리기 시작했습니다. 당시 미군은 전쟁 경험이 거의 없었습니다. 그는 자신이 먼저 병사들과 하나가 돼야 각 주에서 모여 제각각인 병사들도 하나가 될 수 있다고 판단했습니다. 그래서 직접 병사들을 이끌고 전장으로 나가 독일 진영을 야간 기습하는 작전을 벌였습니다.

보통 한 사단을 이끄는 참모는 전장에 나가지 않고 후방 진지에서 전쟁 계획을 세우는데, 직접 최전선에 뛰어드는 것은 다른 지휘관에게서는 볼 수 없는 매우 파격적인 행동이었습니다. 적진에 뛰어든 맥아더의 모습에 병사들의 사기는 끓어올랐고, 그 덕분인지 레인보우 사단은 승리를 거두며 독일 포로를 이끌고 귀환했습니다.

이 작전으로 맥아더는 38세의 나이에 군인들의 선망이자 하늘의 별 따기만큼 어렵다는 별 계급장을 달았습니다. 이른바 '원스타', 즉 준장으로 진급한 것입니다. 이때도 맥아더의 어머니는 미국 총사령관에게 아들을 승진시켜 달라는 편지를 계속 썼다고 합니다. '제 아들이 장군 승진 지명자 중 한 명이 될 수 있기를 간절히 바라고 있습니다. 그는 매우 유능한 장교이며 열심히 노력하는 사람입니다'라는 내용이었죠. 이 편지 때문에 승진했는지는 알 수 없지만, 자식을 위한 어머니의 노력은 지치지 않고 계속됐습니다.

제1차 세계대전에 참전한 맥아더는 독일 기습 작전 외에도 다양한 전투에 참여해 기습과 방어·반격을 하며 군대를 전략적으로 진두지휘했습니다.

그뿐 아니라 독일군에 대항해 직접 전투에 참전하면서 수많은 전투를 승리로 이끌었습니다. 그 결과 제1차 세계대전에서 많은 훈장을 받았습니다. 미국에서 수여하는 훈장 중 두 번째 높은 수훈십자훈장 두 개와 세 번째로 높은 은성무공훈장 7개 등 총 19개의 훈장을 받았죠. 1년 만에 이룬 성과였습니다.

당시 기밀문서에 따르면 독일 장교들이 꼽은 가장 두려운 적국의 최정예 부대 중 하나가 맥아더가 이끈 레인보우 사단이었다고 합니다. 레인보우 사단은 제1차 세계대전뿐 아니라, 이후에도 미국이 전쟁을 치를 때마다 활약했습니다. 제2차 세계대전에서는 독일군을 격파하고 나치의 한 유대인 수용소를 해체해 유대인들을 구출했습니다. 또 2001년에 조지 W. 부시 George W. Bush 대통령이 테러와의 전쟁을 신포했을 때도 참전했습니다. 이런 레인보우 사단을 만든 맥아더 장군이 미 육군 역사에서 중요한 인물로 평가받는 것은 당연한 결과입니다.

맥아더는 제1차 세계대전 참전 당시 군인으로서의 능력은 물론 전쟁 중

프랑스 전선에서 훈장을 받는 맥아더

인 군인이라고는 믿기 어려울 만큼 멋있는 모습으로도 주목받았습니다. 그는 자신을 돋보이게 만드는 독특한 스타일로 독보적인 이미지를 만들었습니다. 어머니가 만든 긴 머플러를 목에 두르고, 무기가 아닌 지팡이를 들었으며, 종아리까지 올라오는 부츠를 신었습니다. 심지어 전투에 나갈 때도 철모 대신 사진처럼 가벼운 전투모를 썼습니다. 이때 모자를 살짝 구겨서 비뚤게 썼다고 합니다. 규칙을 변형하며 격을 없애고, 자유분방한 미국인의 모습으로 자신의 이미지를 창조한 것입니다. 이후 그의 옷

준장 시절의 맥아더

차림은 '맥아더 룩'으로까지 불리며 널리 알려졌습니다.

남들에게 영웅처럼 보이고 싶어 했던 맥아더는 쇼맨십이 뛰어난 인물이었습니다. 그는 독가스 테러 위협이 있는 상황에서도 마스크 없이 맨얼굴로 나갔다가 두 번이나 가스 공격을 받아 병원에 입원했습니다. 모두 자신의 용감한 행동을 보고 부하들이 감동할 것이라고 계산한 행동이었죠. 이후 맥아더의 쇼맨십은 더 대담해졌습니다. 여기에 여러 가지 최연소 타이틀을 갈아치울 만큼 능력도 뛰어나 서서히 대중에게 이름을 알리기 시작했습니다.

제1차 세계대전 이후 능력을 인정받은 맥아더는 39세에 미국 육군사관학교 최연소 교장이 됐고, 44세에는 최연소 2성 장군(투스타)인 소장이 되었습니다. 심지어 2성 장군일 때 미 육군 최고 수장인 참모총장을 맡게 되면서 직급을 한 단계 뛰어넘어 4성 장군(포스타)인 대장으로 진급했습니다.

이 역시 미국 육군 역사상 최연소 참모총장의 탄생이었으며, 당시 그의 나이는 50세였습니다.

승승장구하던 맥아더는 남들과 대화할 때 자신을 독특하게 불렀다고 합니다. 유럽의 옛 군주들처럼 대화 중에 본인의 이름을 넣어서 말한 것입니다. 대표적으로 황제들이 "짐이 곧 국가다, 짐이 곧 법이다"라고 말하며 권력을 과시한 것처럼 자신을 3인칭으로 지칭하며 권력을 드러냈습니다. 예를 들어 "맥아더는 최전선에 나가 병사들을 직접 이끌겠다!"라고 말이죠. 스스로를 3인칭으로 부를 때는 자신의 가치가 높고 힘이 있다고 생각하는 경우가 많은데, 맥아더가 대표적인 인물이었던 것입니다. 심지어 점차 그 빈도가 잦아졌다고 합니다.

최악의 장군이라 불린 맥아더의 흑역사

4성 장군으로 미 육군 참모총장 자리에 올라선 맥아더는 '최악의 장군'이라는 오명을 쓰게 된 인생의 위기를 맞이했습니다. 혹자는 이 사건 때문에 그가 꿈이었던 대통령이 되지 못했다고도 말합니다. 대체 어떤 사건이 맥아더의 인생에 흑역사를 남겼을까요?

1932년, 워싱턴 D.C에는 2만 명에 달하는 제1차 세계대전 참전 용사들이 모였습니다. 이들은 훗날 정부가 지급하기로 약속한 참전 보너스를 앞당겨서 달라고 모인 일명 '보너스 군대'였습니다. 미국은 군인을 명예로운 직업으로 대우했지만, 제1차 세계대전에서 10만 명 이상의 전사자와 실종자, 그리고 그 몇 배에 달하는 부상자의 발생으로 정부가 보상금을 감당

못 하는 상황이 벌어졌습니다. 정부는 보상금 마련을 위해 참전 용사들의 보상금 지급일을 몇 년 후로 미뤄 놓았습니다. 그런데 미국에 경제 대공황이 터졌고 실업과 파업 등으로 참전 용사들은 극빈층으로 전락했습니다. 그러자 먹고살기 힘들어진 참전 용사들이 밀린 보상금을 하루빨리 지급하라며 시위를 벌인 것입니다.

허버트 후버Herbert Hoover 대통령은 참전 용사들을 회유했으나 시위가 계속되자 육군 참모총장인 맥아더에게 당장 시위대를 해산시킬 것을 명령했습니다. 맥아더는 "보너스 군대의 등뼈를 꺾어 버릴 것이다"라고 선언하고 잔혹하기로 악명 높은 조지 패튼George Patton 소령을 불러들였습니다. 그리고 나라를 위해 전쟁터에 나갔던 참전 용사들을 폭도들이라고 지칭하며, 부대를 출동시켜 이들의 진압을 명령했습니다. 전쟁에서 함께했던 부하들에게 총을 겨눈 것입니다.

조지 패튼은 적군의 병사들이 보기만 해도 오금이 저릴 정도로 잔인한 장교로 유명했습니다. 훗날 벌어진 제2차 세계대전에서는 '피에 굶주린 전장의 사자'라고까지 불렸죠. 그는 잔인한 방법으로 시위를 진압했습니다. 먼저 참전 용사들에게 최루가스를 뿌리면서 기병을 돌격시켰습니다. 그리고 전차부대를 동원해 시위대를 무자비하게 밀어냈는데, 이때 수많은 참전 용사가 공포에 질려서 도망갔습니다.

참전 용사들이 생활 터전인 판자촌으로 후퇴하자 후버 대통령은 진압을

조지 패튼

멈출 것을 명령했습니다. 그런데 맥아더는 명령을 무시하고 군대를 앞세워 참전 용사들과 가족들이 지내던 판자촌을 불태웠습니다. 이 사건으로 한 참전 용사의 아내가 유산했고, 판자촌에 살던 두 명의 아이가 최루가스에 질식사했습니다. 일곱 살 아이는 키우던 토끼를 구출하던 중 총검에 다리를 찔리기도 했죠. 과격한 진압의 결과로 참전 용사 55명이 부상당했고, 135명이 체포됐습니다. 조국을 위해 희생한 참전 용사들과 그의 가족들이 피를 흘린 사건의 중심에 맥아더가 있었던 것입니다.

맥아더가 제1차 세계대전에서 삶과 죽음의 경계를 넘나들며 함께 싸웠던 참전 용사들을 가혹한 방법으로 진압한 이유는 보너스 군대의 배후에 공산주의 세력이 있다고 판단했기 때문입니다. 이 시기 미국에서는 경제 대공황과 함께 공산주의 세력이 커지고 있었습니다. 경기 침체 때마다 노조와 실업자들이 시위를 일삼았는데, 미국은 이들을 공산주의자로 규정했습니다. 보너스 군대 시위대도 마찬가지였죠. 또 과거 러시아가 공산주의자들에게 무너진 것처럼 이들도 정부를 위협할 수 있다고 우려했습니다. 맥아더 역시 공산주의가 미국을 망친다고 생각했기에 이들을 척결하기 위해 강력하게 진압했습니다. 그러나 시위대 중 약 94%는 참전 용사일 뿐 공산주의 세력과 밀접한 관련이 없던 것으로 밝혀졌습니다.

그럼에도 맥아더는 이 사실을 믿지 않았고 본인이 결정한 일을 되돌리지 않았습니다. 참전 용사들이 공산주의자들의 꼭두각시라고 믿은 잘못된 판단을 끝까지 밀어붙였습니다. 심지어는 참전 용사들을 무력으로 진압한 이 사건을 자신의 홍보에 사용했습니다. 육군 참모총장은 본부에서 지휘만 해도 되는데 직접 시위 현장으로 가서 진두지휘하며 미디어에 자신을 노출시킨 것입니다. 그는 보너스 군대를 진압한 후 자처한 기자회견에서 자신의 명분을 피력했습니다. "만약 대통령이 24시간 안에 조치하지 않았다면 우리 정부는 매우 심각한 사태에 놓였을 것이다"라며 자신이 대통령의 명령을 받았다는 것과 진압의 타당성을 설명했습니다.

사건 이후 후버 대통령은 큰 질타를 받았고, 재선에 실패했습니다. 이때 맥아더는 간신히 자리는 지켰지만 장군 인생에 흑역사를 남겼습니다. 후버 대통령의 뒤를 이어 새롭게 당선된 프랭클린 D. 루스벨트Franklin D. Roosevelt 대통령은 보너스 군대에 조기 지급 대신 공공건설 일자리를 제안하며 사건을 무마했습니다. 그때 공공건설로 만들어진 곳 중 하나가 라스베이거스입니다.

대통령과 싸운 고집불통 맥아더

루스벨트 대통령은 육군 참모총장인 맥아더가 참전 용사들을 과잉 진압하는 것을 보면서, 그는 군인일 뿐 정치계에는 절대 발을 들여서는 안 될 인물이라고 판단했습니다. 공산주의자를 뿌리 뽑겠다는 신념이 지나쳤던 맥아더가 만약 대통령이 되면 '독재자가 될 수도 있다'라고 생각한 것입니다. 그래서 맥아더가 대통령이 되지 못했다는 설도 있습니다. 게다가 제1차 세계대전 이후 미국은 역사상 가장 강력하게 외국의 전쟁에 개입하지 않겠다는 정책을 펴고 있었기에 미국 내에서 군인들의 입지도 점차 줄어드는 분위기였습니다.

이때 맥아더의 입지에 더욱 찬물을 끼얹는 상황이 발생했습니다. 육군 참모총장 맥아더와 루스벨트 대통령 사이에 갈등이 폭발한 것입니다. 당시 미국은 약 5년간 이어진 경제 대공황으로 위기를 겪고 있었습니다. 이에 루스벨트 대통령은 경제 위기를 극복할 방안으로 정규군 예산 51%를 삭감하고 예비군 및 주 방위군의 예산도 삭감하려고 했습니다. 이 사실을 알게 된 맥아더는 강력하게 반발했습니다. 당시 국회의원들은 맥아더를 '전쟁광이자 무기 상인들의 앞잡이'라고 욕하며 아무도 그의 편에 서지 않았습니다. 맥아더는 군의 수장으로 국방 예산을 지키기 위해 외로운 싸움을 하는 중이었죠. 군 예산 삭감에 대한 분위기가 심상치 않게 돌아가자 분노한 맥아더는 백악관을 찾아 루스벨트 대통령을 직접 대면했습니다.

맥아더: 예산 삭감이라니요. 말도 안 됩니다!

루스벨트: 지금 상황이 어쩔 수 없습니다. 국방비를 줄일 수밖에 없는 상황이에요.

맥아더: 우리가 다음 전쟁에서 패전하여 미국 청년의 배에 적의 총검이 꽂히고 적의 군홧발이 그의 목을 짓누를 때, 그가 마지막으로 저주하며 내뱉는 이름은 맥아더가 아니라 루스벨트일 것입니다.

루스벨트: 대통령에게 감히 그따위 언사를 내뱉다니 제정신이요?

맥아더는 대통령에게 거침없이 말을 내뱉는 데 그치지 않고 육군 참모총장을 사임하겠다고 협박했습니다. 루스벨트 대통령은 바보 같은 짓은 그만하라며 군 예산 삭감을 보류했습니다. 원하는 대답을 얻은 맥아더는 백악관에서 비틀거리면서 나왔는데, 분을 삭이지 못해 계단에서 구토까지 했다고 합니다.

맥아더는 군 예산은 지켰을지 몰라도 대통령에게는 제대로 찍혔습니다. 맥아더와 대면한 루스벨트 대통령은 통상 4년인 육군 참모총장을 재임하지 못하도록 조치했습니다. 이제 맥아더는 임기가 끝나면 육군 참모총장 자리에서 내려와야 했습니다. 한마디로 퇴직할 날만 기다리는 이빨 없는 사자가 된 것입니다. 미군은 참모총장 재임에 실패하면 원래 계급으로 돌아가는 것이 원칙입니다. 그러니 2성 장군에서 참모총장이 돼 4성 장군이 된 맥아더는 재임에 실패하면 다시 2성 장군으로 내려가야 했습니다. 맥아더의 성격상 군인이라면 누구나 피하고 싶은 지금의 상황이 죽기보다 싫었을 것입니다.

권력이 사라질 위기에 놓인 맥아더에게 일생일대의 기회가 찾아왔습니다. 필리핀 대통령이 그에게 필리핀의 군대를 맡아달라고 파격 제안을 해온 것입니다. 미국은 1898년부터 필리핀을 식민 지배하고 있었습니다. 당시 필리핀 대통령이었던 마누엘 케손Manuel Quezon은 독립 전에 필리핀 정규군을 만들 필요성을 느꼈습니다. 그는 군대를 창설할 적임자로 맥아더를 선택했습니다.

육군 참모총장 임기가 끝나면 2성 장군으로 돌아가야 했던 맥아더는 제안을 수락했습니다. 때마침 루스벨트 대통령도 자신의 정책에 노골적인 반감을 드러내는 눈엣가시였던 맥아더의 필리핀 복무를 흔쾌히 허락했습니다. 맥아더는 육군 참모총장 임기가 끝나자마자 미 육군 2성 장군인 소장직과 동시에 '필리핀 연방공화국 자치정부 군사고문'이라는 직함을 갖게 되었습니다.

그 결과 맥아더 장군은 당시 세계에서 가장 높은 급료를 받는 군인이 됐습니다. 그는 필리핀 정부와 연봉 1만 8,000달러에 매년 1만 5,000달러의 수당을 받는 계약을 체결했습니다. 이 돈은 현재 시세로 약 70만 달러, 한국 돈으로 약 10억 원에 해당하는 금액입니다. 그리고 여전히 미군 현역 신분을 유지했으므로 미국 육군 소장 급료도 함께 받았습니다.

그런데 기꺼이 필리핀행을 준비하는 맥아더에게 고민이 하나 생겼습니다. 필리핀에 함께 갈 믿을 만한 부하가 필요했던 것입니다. 그는 수족처럼 부릴 유능한 적임자를 물색하던 중 참모총장 시절 전쟁부에서 만났던 아이젠하워를 떠올렸습니다.

우리가 알고 있는 명성과 달리 아이젠하워는 독특한 이력의 소유자입니다. 그는 출생부터 진급 과정까지 맥아더와 모든 면에서 다른 인생을 살았습니다. 승승장구하며 50세에 4성 장급이 된 맥아더와 달리 아이젠하워는 약 15년간 진급을 못 해 만년 소령이라는 굴욕적인 타이틀을 갖고 있었습니다. 맥아더가 전쟁터에 나가 부대를 이끌 때 아이젠하워는 전장에 한 번도 나가지 못해 승진 대상에서 제외되었기 때문입니다. 맥아더가 군인 가문에서 태어난 금수저라면 아이젠하워는 가난한 이민자 집안에서 태어난 흙수저였습니다. 육군사관학교에서도 줄곧 우수한 성적에 늘 인기 많던 맥아더와는 사뭇 다르게 그다지 주목받지 못한 생도였죠.

이렇게 특출난 것 없어 보이는 아이젠하워였지만 맥아더는 그의 남다른 능력을 눈여겨보고 있었습니다. 과거 아이젠하워는 예산을 삭감하지 않고 미 육군을 끌어나갈 방향에 관한 보고서

소령 시절의 아이젠하워

를 작성했는데, 이를 본 맥아더가 그의 보고서 작성 능력을 높이 평가한 것입니다. 필리핀에 가서 군대를 만들려면 필리핀과 미국 양쪽에 많은 양의 보고서를 이중으로 작성해서 보내야 했는데, 맥아더는 이 업무에 아이젠하워가 적격이라 생각했습니다.

그렇다면 아이젠하워는 맥아더의 제안을 받아들였을까요? 사실 아이젠하워는 미국에서 전투부대 지휘관을 하고 싶었습니다. 하지만 한참 상관이었던 맥아더의 요청을 거절하지 못했고, 필리핀행을 자기계발의 기회로 삼기로 하며 제안을 수락했습니다.

살아온 이력이 전혀 다른 맥아더와 아이젠하워는 필리핀에서 공식 행사뿐 아니라 사적인 모임까지 함께할 만큼 사이가 돈독했습니다. 하지만 필리핀에서의 업무가 쌓여갈수록 두 사람의 관계에 균열이 생기기 시작했습니다. 아이젠하워가 맥아더의 독단적인 행동의 뒤처리를 도맡았기 때문입니다.

필리핀에서 아이젠하워의 역할은 군대 창설에 필요한 전문 지식을 발휘하는 것이었습니다. 하지만 그의 실질적인 업무는 맥아더를 보좌하는 것이었죠. 특히 신경 써야 했던 부분이 맥아더와 필리핀 대통령의 관계였습니다. 인간관계보다 자신이 하고 싶은 일이 우선이었던 맥아더는 필리핀 대통령을 존중하기는커녕 마음대

필리핀 궁전에서 맥아더와 아이젠하워

로 권력을 휘둘렀습니다. 필리핀 대통령은 이런 맥아더의 태도가 점점 거슬렸습니다. 필리핀 군대를 창설하는 공통의 목적은 변함없었지만 그 방법을 두고 맥아더와 필리핀 대통령은 자주 마찰을 겪었습니다. 이런 불편한 관계를 조율하는 것이 아이젠하워의 일이었습니다. 평소 소통을 중요하게 생각한 아이젠하워는 맥아더 대신 자신의 친화력을 이용해 필리핀 대통령과 낚시를 즐기고, 많은 대화를 통해 우호적인 관계를 맺으려고 노력했습니다. 덕분에 필리핀 대통령은 아이젠하워를 믿고 그가 계획하는 일을 적극적으로 도왔다고 합니다.

1936년 7월 1일, 맥아더의 뒤처리로 동분서주하던 아이젠하워는 드디어 만년 소령에서 벗어나 16년 만에 중령으로 진급했습니다. 맥아더가 승진 가도를 달리던 것과는 확연히 비교되는 모습이었지만, 대기만성형인 아이젠하워의 면모가 점차 드러나는 순간이었습니다.

맥아더 vs 아이젠하워, 본격적인 갈등의 시작

얼마 후 맥아더와 아이젠하워의 관계는 완전히 깨지고 말았습니다. 필리핀 대통령이 맥아더에게 육군 최고 권위자인 필리핀 육군 원수 자리를 제안했기 때문입니다. 무려 5성 장군의 직책이었죠. 다만 필리핀의 국방을 책임지는 육군의 원수가 되려면 맥아더는 미군의 현역 자리를 내놔야 했습니다. 이때 맥아더는 미국 육군에서 퇴역하고 필리핀의 5성 장군이 되기로 했습니다.

아이젠하워는 맥아더가 필리핀 육군 원수가 되는 상황을 두고 매우 황당하다는 반응을 보였습니다. 필리핀의 전투부대 창설은 아직 미완성된 상태였기 때문에 사실상 존재조차 없는 군대의 원수가 된다는 것이 우스꽝스럽다고 생각한 것입니다. 그래서 맥아더가 원수 제안을 거절하도록 설득했습니다. 아이젠하워는 이 과정에서 더욱 황당한 이야기를 들었습니다. 맥아더에게 육군 원수 자리를 제안한 것이 필리핀 대통령의 아이디어가 아니라, 맥아더의 발상이었다는 것입니다. 이때 아이젠하워는 맥아더가 자리와 명예에 집착한다는 사실을 깨닫고 크게 실망했습니다.

맥아더가 필리핀 육군 원수가 되고 싶었던 이유는 미 육군의 소장이라는 더 낮은 직책을 수행하면서 퇴역을 기다리고 싶지 않아서였습니다. 또 그는 미국에서 자신의 입지가 사라지고 있다고 생각했습니다. 그리고 무엇보다 세계에서 가장 유능한 군인이자 1인자를 상징하는 '원수'라는 칭호가 그의 마음을 사로잡았습니다. 즉 과시하기 좋아하는 맥아더는 필리핀 육군 원수가 되고 싶었고, 상대적으로 겸손한 아이젠하워는 이런 맥아더가 상관으로서 마음에 들지 않았던 것입니다. 아이젠하워는 맥아더에게 "도대체 왜 이렇게 하찮은 바나나 공화국이 주는 육군 원수 지위를 원하십니까?"라고 말했지만, 맥아더는 끝내 필리핀 육군 원수가 되었습니다.

이후 아슬아슬하게 줄타기를 하던 두 사람의 관계가 폭발하고 말았습니다. 이번에도 과시하기 좋아하는 맥아더의 욕심 때문이었습니다. 맥아더는 마닐라 시내에서 멋진 군사 퍼레이드를 펼치며 필리핀 군사력 정비 성과를 보여주고 싶었습니다. 그래서 아이젠하워에게 군사 퍼레이드 행사를 준비하라고 지시했습니다. 필리핀 육군의 원수지만 오랜 시간 자신의 상사이기도 했던 맥아더의 명령을 거부할 수 없던 아이젠하워는 군사 퍼레이드를 준비했습니다. 그런데 이 사실을 알게 된 필리핀 대통령이 불같이 화를 냈

습니다. 군 예산이 부족해 신식 무기도 못 사는 판국에 사치스러운 행사로
자금을 허비한다고 생각했던 것입니다. 그는 이 행사를 주도한 책임자가
누군지 물었습니다. 아이젠하워는 당연히 군사 퍼레이드를 명령한 맥아더
에게 연락해 보라고 대답했습니다.

필리핀 대통령이 군사 퍼레이드에 불만이 많다는 소식을 들은 맥아더는
"자신은 아무것도 몰랐다"라며 거짓말을 했습니다. 자기가 벌인 일을 아이
젠하워에게 덮어씌운 것입니다. 맥아더에게 배신감을 느낀 아이젠하워는
본국으로 보내 달라고 요청했습니다. 그러자 맥아더는 능청스러운 표정으
로 그 사건은 잊어버리라며 아이젠하워를 달랬습니다. 훗날 아이젠하워는
이때의 심정을 다음과 같이 밝히기도 했습니다.

"이 갈등은 상당한 분노의 원인이 되었다. 그리고 우리 사이에 따뜻하고
진심 어린 대화는 다시는 없었다."

"나는 워싱턴에서 5년, 필리핀에서 4년 동안 그의 아래에서 연극과 같은
과장된 행동을 배웠다."

이후에도 맥아더는 과시욕을 참지 못하며 스스로 돋보이려는 행동을 일
삼았고, 아이젠하워는 맥아더에게서 완전히 마음이 떠났습니다. 이때 아이
젠하워는 어떻게든 미국으로 돌아가려고 했습니다. 그래서 계속 전출을 요
청했으나 보고서를 잘 쓰고 비서 역할도 잘하는 아이젠하워를 보내기 싫
은 맥아더가 붙잡아두었다고 합니다.

필리핀에서 탈출하고 싶은 아이젠하워를 미국으로 돌아가게 한 인물은
맥아더가 아닌 독재자 아돌프 히틀러였습니다. 아이젠하워는 제1차 세계대
전 이후 독일에서 히틀러가 나치 정당으로 권력을 쟁취하는 과정을 유심히
지켜보고 있었습니다. 그리고 군사력을 바탕으로 유럽을 점령해 독일 제국

을 건설하려는 그를 제거해야 한다는 결론에 도달했습니다. 히틀러 때문에 전쟁이 시작된다면 미국 또한 전쟁을 피할 수 없다고 생각한 아이젠하워는 히틀러가 정권을 잡자 맥아더에게 본국으로 돌아가 참전 준비를 하고 싶다고 말했습니다. 맥아더는 이에 동의했고 미국에서도 아이젠하워를 불러들이며 두 사람의 긴 인연이 끝났습니다.

아돌프 히틀러

아이젠하워의 미국행이 결정된 지 얼마 지나지 않은 1939년 9월, 그의 예상대로 인류 역사상 가장 많은 인명 피해를 남긴 제2차 세계대전이 발발했습니다. 당시 미국으로 돌아온 아이젠하워는 워싱턴에서 야전부대를 훈련시켰고, 그 공을 인정받아 1941년 10월에 드디어 별을 달았습니다. 군인들의 꿈인 원스타, 즉 준장에 진급한 것입니다. 그의 나이 50세 때의 일이었습니다.

아이젠하워의 노르망디 상륙작전

전쟁에 나가지 못해서 '만년 소령' 타이틀을 달았던 아이젠하워는 드디어 군인 인생 처음으로 전쟁에 나섰습니다. 그리고 2성 장군에서 4성 장군까지 빠르게 진급하며 연합군 최고 사령관의 자리에 올라갔습니다. 이후 그는 1944년에 제2차 세계대전 최대의 분수령이자 세계사의 흐름을 뒤바꾼 '노르망디 상륙작전'을 지휘했습니다.

당시 독일은 제2차 세계대전의 각축전이 벌어지는 북아프리카와 지중해에서 힘을 잃어가고 있었습니다. 하지만 서유럽 본토에서만은 그 기세가 사그라들지 않았습니다. 아이젠하워를 필두로 한 연합군은 서유럽에서 독일군을 마지막까지 몰아붙일 강력한 한 방이 필요했습니다. 그리고 독일군에게 치명상을 입힌 일명 '기만 작전'을 준비했습니다. 아이젠하워가 총괄하고, 영국 비밀정보부가 계획한 이 작전은 노르망디 상륙작전 중 가장 기발한 방법으로 손꼽힙니다.

우선 연합군은 프랑스 노르망디 지역에 상륙할 계획을 세웠습니다. 이때 작전을 노출하지 않기 위해 히틀러와 독일군에게는 또 다른 항구도시인 칼레에 상륙하는 것처럼 속이기로 했습니다. 작전명 그대로 독일군을 기만하는 것이 핵심이었죠. 연합군은 이 작전을 성공시키기 위해 먼저 소문을 냈습니다. 연합군이 영국 동남쪽 연해에서 칼레를 공격하려 대기 중이라는

노르망디와 칼레 위치

정보를 독일 스파이가 입수하도록 퍼트린 것입니다. 그리고 독일군을 속이기 위해 칼레 건너편의 영국 도버 항구에 가짜 본부를 짓고 나무로 만든 가짜 수송기와 상륙정, 고무풍선으로 만든 가짜 탱크까지 배치했습니다. 그리고 가짜 상륙부대의 지휘관으로 피에 굶주린 전장의 사자로 유명한 패튼 장군을 임명한 뒤 그가 직접 부대를 시찰하는 쇼까지 벌였습니다. 패튼 장군은 독일에서도 유명한 연합군의 최고 장군이었기에 그들을 속이기에는 완벽한 인물이었습니다.

이를 염탐한 독일군은 도버 항구 주변에 연합군의 부대가 있다고 믿었습니다. 기만 작전은 여기서 그치지 않았습니다. 연합군은 주변 지역에 엄청난 무선 소음을 만들어서 연합군이 노르망디에 상륙한다는 가짜 교신을 독일에 보냈습니다. 그런데 왜 칼레가 아닌 진짜 목표 지점인 노르망디에 상륙한다고 교신한 것일까요? 연합군은 이 교신을 가로챈 독일이 오히려 칼레 상륙을 확신할 것이라고 예상했습니다. 실제로 독일군은 이 교신을 칼레 상륙을 숨기기 위한 연합군의 속임수로 생각했습니다.

이 황당하고 재미있는 발상은 놀랍게도 독일군을 완전히 속였고, 결국 히틀러는 칼레 방면에 독일 최정예 부대를 집결했습니다. 그리고 연합군이 그곳에 상륙하지 못하도록 수비를 강화했습니다. 독일의 히틀러가 연합군 사령관 아이젠하워에게 완전히 속아 넘어간 순간이었죠.

만반의 준비를 마친 아이젠하워와 연합군은 이제 노르망디에 상륙할 디데이를 앞두고 있었습니다. 이때 아이젠하워는 노르망디 상륙작전의 성공률을 높이는 또 한 번의 기지를 발휘했습니다. 상륙을 24시간 앞둔 시점에서 긴급회의를 소집해 6월 5일로 결정된 작전 날짜를 하루 늦추자고 제안한 것입니다. 연안에 상륙할 때는 파도의 영향을 받아 날씨가 매우 중요한

데 6월 5일은 기상 조건이 좋지 않다는 소식을 들었기 때문입니다. 하지만 하루 늦춰 작전을 진행하자는 아이젠하워의 급작스러운 제안에 일부 장군들은 계획해 놓은 작전이 틀어질 수 있다며 반대했습니다. 또 6월 6일에는 날씨가 좋아진다는 보장이 없었기 때문에 작전을 강행하길 원했습니다. 이때 아이젠하워는 자신의 결정을 밀어붙이기보다 이들을 끝까지 설득한 다음에서야 작전 날짜를 하루 늦췄습니다.

1944년 6월 6일, 아이젠하워 휘하의 연합군은 총 300만 명의 병력을 투입한 사상 최대 작전인 노르망디 상륙작전을 시작했습니다. 과연 날씨는 어땠을까요? 거짓말처럼 해가 나더니 날씨가 좋아졌습니다. 서유럽을 탈환하기 위해 미국군과 영국군이 주력이 된 연합군은 그렇게 독일이 점령 중이던 프랑스 노르망디 해안에 상륙전을 감행했습니다. 이날 하루에만 약 16만 명의 병력이 상륙했고 1,200여 대의 항공기와 5,000여 척의 선박이 동원됐습니다.

이때 독일군은 칼레 지역에 집중했지만 혹시 모를 상황 때문에 노르망디 해안가에도 경계 태세를 갖추고 있었습니다. 그런데 5일에 날씨가 안 좋았기 때문에 6일에도 상륙이 불가하다고 판단했습니다. 그래서 최전선에서 활약하던 독일군 원수는 아내의 생일을 축하하러 휴가를 떠났고, 다른 참모는 파티를 열었습니다. 해안가 경계를 소홀히 한 독일 수비군은 연합군의 상륙에 눈 뜨고 당할 수밖에 없었습니다. 이 사건을 계기로 아이젠하워는 날씨의 변화를 잘 이용한 장군이라는 평가를 받았습니다.

사실 노르망디 상륙작전의 가장 큰 문제는 절벽으로 둘러싸인 노르망디에 항구가 없다는 것이었습니다. 전쟁 중 서유럽으로 진입하는 관문에 군수물자를 공급할 항구가 없다는 것은 치명적인 약점입니다. 이때 아이젠하위가 이끈 연합군은 항구가 없는 노르망디에 조립식 임시 항구를 설치했습니다. 덕분에 많은 군수물자를 프랑스에 공급하면서 연합군 승리의 초석을 마련했습니다. 기만 작전과 임시 항구 설치라는 연합군의 기발한 아이디어 덕분에 노르망디 상륙작전은 성공했고, 연합군은 점차 프랑스 본토로 침투했습니다. 독일군은 뒤늦게 속았다는 사실을 깨달았지만 이미 손을 쓰기에는 늦은 상황이었습니다.

지도에 표시한 빨간 부분은 연합군의 통제 지역을 나타낸 것입니다. 노르망디에 상륙한 당일인 1944년 6월 6일에는 해안가 주변만 통제하던 것이 10주가 지난 8월 21일에는 독일이 점령하고 있던 프랑스가 거의 연합군에게 넘어온 것을 알 수 있습니다. 연합군은 8월 25일에는 파리를 점령했고, 승리의 여세를 몰아 독일 내로 진격해 들어갔습니다. 상륙 이후 약 두 달 동안 연합군은 독일군의 완강한 방어에 상당한 피해를 감수해야만 했지만, 서부 전선을 담당하던 독일의 정예군을 상당수 격퇴했습니다. 결국 연합군은 베를린을 점령하고 제2차 세계대전을 끝냈습니다.

그리고 이때 아이젠하워는 전쟁 영웅으로 주목받으며 급부상했습니다.

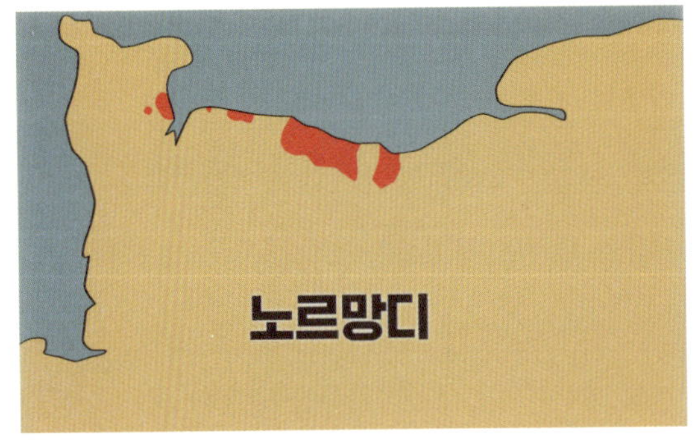

노르망디 상륙작전 당일

연합군 침공 10주 후

노르망디 상륙작전을 성공시킨 연합군 총사령관으로서 전 세계가 그의 리더십을 인정한 것입니다. 당시 연합군에는 기라성 같은 장군들이 포진해 있었습니다. 특히 '스파르타 장군'으로 유명한 영국군 총사령관 버나드 몽고메리Bernard Law Montgomery와 '피에 굶주린 전장의 사자'로 불리는 미국군 야전 사령관 조지 패튼은 전장에서 잔뼈가 굵은 장군들로, 전쟁터에서 이들을 말릴 자는 아무도 없었습니다. 이런 장군들을 조율하고 최선의 작전을 지휘한 인물이 아이젠하워입니다.

무엇보다 그는 조지 패튼 장군에게 많은 재량권을 부여해 지속적인 작전을 펼 수 있도록 지원했습니다. 자신이 큰 그림을 그리고 목표를 결정한 뒤에는 전쟁 경험이 많은 지휘관들이 세부 사항을 채우도록 한 것입니다. 하지만 몽고메리와 패튼이 보급품과 보충 병력을 놓고 경쟁할 때는 서로의 요청에 더 동의하는 척하며 보급품을 공평하게 조율하는 등 총사령관으로서 뛰어난 모습을 보였습니다. 당시 영국군 통수권자였던 윈스턴 처칠Winston Churchill의 보좌관은 아이젠하워를 보며 감동했고 다음과 같이 평가했습니다.

"그는 외견상 뛰어나 보이는 미군 장군과 영국군 장군들을 잘 다룰 수 있는 두 가지 큰 장점을 지녔다. 첫째, 그는 항상 잘 듣고 핵심을 파악하려 노력했다. 둘째, 그는 절대적으로 공평했다. 만약 편견을 갖고 있더라도 최종 결정이 절대로 그것에 의해 흔들리지 않았다. 마음이 메마른 우둔한 영국군 장교들과 비교하면 그는 보석처럼 빛나는 포용력과 지혜를 지녔다."

이처럼 아이젠하워는 연합군의 리더로서 장군들의 의견을 존중하고 조율하면서 적극적으로 나섰습니다. '중재와 소통'을 통해 연합군을 한 팀으로 만들고자 끊임없이 노력한 것입니다. 그리고 마침내 아이젠하워는 이 모

든 공로를 인정받아 1944년 12월에 5성
장군이 되었습니다. 이때 그의 나이는
54세였습니다.

5성 장군 시절의 아이젠하워

사실 당시 미군에서는 5성 장군이 존
재하지 않았습니다. 그런데 각 나라의
4성 장군을 지휘하는 연합군 최고 사령
관에게 국가적 예우가 필요하다는 미국
내 여론이 형성되었고, 아이젠하워는
육군 원수인 5성 장군이 될 수 있었습
니다. 이렇게 아이젠하워는 그만의 리더십으로 미국 최고의 장군이자, 세
계의 전쟁 영웅으로 인정받았습니다.

일본에게 필리핀을 뺏긴 맥아더

한편 오랜 필리핀 생활로 미국에서 입지가 약해진 맥아더 역시 제2차 세
계대전을 피해 갈 수는 없었습니다. 전쟁 중 일본은 동남아시아의 지배권
을 확대하기 위해 총공세에 나섰는데, 이때 필리핀이 일본의 타깃이 된 것
입니다. 일본은 해상으로 자원을 수송하는 길목에 자리한 필리핀을 장악
하기 위해 그곳에 주둔한 미군과의 전쟁도 불사했습니다. 아시아와 태평양
의 주도권을 일본에 빼앗길 수도 있는 위기 상황에서 미국이 의지할 수 있
는 사람은 필리핀의 상황을 꿰고 있는 맥아더뿐이었습니다.

1941년 6월, 미국 정부는 맥아더 휘하에 '극동 미 육군'을 창설하고 그를 퇴임 당시 직급이었던 2성 장군으로 복귀시켰습니다. 그리고 곧바로 3성 장군으로 진급시킨 뒤 극동군 사령관에 임명했습니다. 극동 미 육군은 필리핀의 루손섬에서 일본과 전쟁을 벌였습니다.

맥아더는 복귀에는 성공했으나 일본의 침공에 속수무책으로 당했습니다. 그는 일본을 공격하기 위해 일본의 예상 상륙 지점인 루손섬에 전략폭격기와 전투기 등을 결집했습니다. 그런데 일본 해군 소속 항공기 195대가 날아와 대부분을 파괴해 버렸습니다. 전쟁 무기를 한데 모아놓은 맥아더의 잘못된 작전과 미국의 늦은 지원, 그리고 당시 맹렬한 일본의 기세 등으로 맥아더는 일본군에게 완벽하게 패배하고 말았습니다. 결국 루스벨트 대통령은 맥아더에게 호주로 탈출할 것을 명령했습니다. 이후 기세가 오른 일본은 1942년 1월에 필리핀을 점령하며 승승장구했습니다.

루스벨트 대통령이 맥아더를 호주로 보낸 것은 미국의 전임 참모총장이 일본군의 포로가 된다는 것을 절대로 허용할 수 없었기 때문입니다. 이때 독일 나치당의 선전가 요제프 괴벨스Joseph Goebbels와 이탈리아의 지도자 베니토 무솔리니Benito Mussolini 등이 맥아더를 가리켜 "도망친 장군, 비겁자"라고 조롱하자, 당시 미 육군 참모총장인 조지 마셜George Marshall과 루스벨트 대통령은 그런 여론을 잠재우고자 일부러 맥아더에게 명예훈장을 수여했습니다. 당시 전쟁 영웅이 필요했던 미국으로서는 맥아더가 무너지면 안 되는 상황이었기 때문입니다. 그런 맥아더를 두고 일본은 "근무지에서 도망친 이탈자"라고 조롱하는 영자 신문을 발간하기도 했습니다. 게다가 일본과의 전쟁에서 패배한 맥아더는 급박한 와중에도 필리핀 대통령으로부터 전쟁 전의 성과금 50만 달러를 챙겨 호주로 달아나 엄청난 비난을 받았습니다.

호주로 탈출한 맥아더는 그곳에서 필리핀 수복을 약속하는 연설을 했습니다. 이때 그는 루스벨트 대통령이 자신을 호주로 보낸 이유에 대해 다시 필리핀을 구하기 위한 준비 단계라고 밝혔습니다. 그리고 필리핀 국민을 향해 "나는 돌아갈 것이다"라고 약속했습니다. 2년 후인 1944년에도 그는 연설을 통해 "나는 필리핀 사람들에게 돌아가겠다고 말했고, 그래서 나는 돌아갈 것입니다!"라며 필리핀과의 약속을 한 번 더 강조했습니다.

약속을 지키러 돌아온 맥아더

1944년 7월, 루스벨트 대통령은 일본 공세 순서를 결정하기 위해 맥아더와 몇몇 장군들을 불러들였습니다. 이때 가장 먼저 점령해야 할 지역에 관해 여러 의견이 오갔는데, 대부분 대만을 먼저 점령해서 일본 본토 침공의 발판으로 삼아야 한다고 말했습니다. 하지만 맥아더는 강력하게 필리핀으로 가야 한다고 주장했습니다. 평소 필리핀을 해방시켜 미국의 도덕적 의무를 완수해야 한다고 말했던 그가 당장 필리핀을 수복하지 않으면 극동에서 미국의 명예와 이미지가 실추될 것이라고 강하게 경고한 것입니다. 그는 필리핀이 미국과 일본 대결의 중심지고 전략적, 군사적으로도 일본군이 가장 많이 주둔하고 있으므로 필리핀에 가야 한다고 주장했습니다. 그러나 자신이 돌아가겠다고 한 약속을 지키면 영웅처럼 보일 것이라는 계산 때문이라는 말도 있습니다.

결국 루스벨트 대통령은 극동 지역을 꿰고 있는 맥아더의 강력한 주장을 받아들였고, 맥아더는 일본군에 점령당한 필리핀을 되찾기 위한 작전

필리핀 위치

에 돌입했습니다. 맥아더의 목표는 과거 일본에 빼앗겼던 필리핀의 루손섬이었습니다. 그는 먼저 루손섬으로 진격하기 위한 중간 지점인 레이테섬을 점령하기로 했습니다. 그곳에 안전하게 상륙하려면 일본의 공격을 막아야 했기에, 맥아더는 필리핀 주변에 있는 일본군 기지들을 무너뜨리기로 했습니다. 그래야 레이테섬에 상륙할 때 일본군의 지원을 막을 수 있기 때문입니다.

이때 맥아더가 실시한 것이 '아일랜드 호핑 작전'입니다. 섬을 메뚜기처럼 껑충껑충 뛴다는 뜻으로, 일본군의 전력이 강한 섬은 건너뛰고 준비가 안 된 약한 섬은 점령하는 작전이었죠. 작은 병력으로 신속하게 일본군을 무너뜨린 맥아더는 이후 레이테섬 상륙을 위해 주변 섬에 있는 일본군과 전투를 치렀습니다. 미군 함대를 이용해 일본군 기지가 있는 인도네시아 모로타이섬과 팔라우제도의 펠렐리우섬을 먼저 격파했고, 미 항공 기동부대를 움직여 오키나와와 대만 남쪽의 일본군 항공기지까지 차례차례 함락했

필리핀 레이테섬에 상륙한 맥아더

습니다. 맥아더의 작전은 완벽하게 적중했고, 그는 1944년 10월 20일에 대규모 부대와 함께 레이테섬에 상륙했습니다. 맥아더로서는 탈출한 지 2년 7개월 만에 다시 찾은 감격적인 필리핀 귀환이었습니다.

사실 일본과의 전투가 계속되는 위험한 상황이었지만 맥아더는 필리핀 상륙을 강행했습니다. 이때 사진처럼 바닷물 속을 걸어가는 영웅적인 이미지를 연출했다는 이야기가 있습니다. 또 언론을 동원해서 "약속대로 내가 필리핀에 돌아왔노라"라는 선전을 하며 이번에도 이미지 메이킹을 놓치지 않았죠. 바다를 가로질러 걸어가는 맥아더의 모습이 방송과 신문에 보도되면서 미국에서는 그가 쓴 선글라스가 주목받았습니다. 맥아더가 착용한 선글라스는 공군 조종사들이 주로 사용하는 레이밴Rayban이라는 브랜드로, 선글라스에 맥아더의 영웅적 이미지가 더해져 미국 전역에서 유행했습니다.

　과거에도 자신의 용맹함을 이미지 메이킹했던 맥아더는 서민적인 이미지를 위해 쇼맨십을 발휘하기도 했습니다. 맥아더의 트레이드 마크로는 선글라스 외에도 구겨진 모자와 파이프가 있는데, 이 파이프는 재미있게도 옥수수자루로 만든 것입니다. 사실 옥수수 파이프는 처음부터 의도한 것은 아니었습니다. 평소 나무로 만든 고급 수제 파이프를 애용했던 맥아더는 어느 날 파이프를 챙기지 못해 급한 대로 옥수수 파이프를 물었는데, 마침 이때 사진이 찍히면서 소탈한 이미지로 인기를 얻었습니다. 맥아더는 이 파이프가 자신의 아이콘이 되자 직접 옥수수자루 파이프를 제작해서 물고 다니기 시작했습니다. 그가 얼마나 이미지 메이킹을 중요하게 생각했는지 알 수 있습니다.

　다시 레이테섬 상륙으로 돌아가서, 이때 필리핀 국민은 자신들을 구하러 온 맥아더에게 환호성을 질렀습니다. 비록 그가 일본군에 패해 필리핀을 탈출하긴 했지만 "반드시 돌아온다"라는 말을 지켰기 때문입니다. 레이

맥아더의 트레이드 마크인 구겨진 모자와 옥수수 파이프

테섬에 상륙하며 첫 단추를 잘 끼운 맥아더는 1944년 12월에 64세의 나이로 미 육군 최고 계급인 5성 장군으로 진급했습니다. 이후 필리핀 루손섬과 마닐라까지 되찾고, 1945년 7월 5일에 필리핀이 해방되자 맥아더는 작전이 끝났다고 선언했습니다.

그리고 1945년 8월 15일, 일본이 무조건 항복을 선언하며 태평양에서도 제2차 세계대전이 마무리되었습니다. 이때 맥아더는 연합군 최고 사령관으로 항복문서 조인식에 참석했습니다. 일본에서는 히로히토裕仁 천황을 대신해 외무대신과 일본군 대표가 참석했습니다. 맥아더는 짧은 연설을 했고 직접 일본 항복문서에 서명했습니다. 이렇게 제2차 세계대전은 막을 내렸습니다.

레이테섬의 맥아더 동상

일본에 등장한 외국인 쇼군, 그의 이름은 맥아더

제2차 세계대전의 공을 인정받아 미군 최고의 계급에 오른 맥아더의 다음 행선지는 일본이었습니다. 1945년 8월 29일, 맥아더는 미국 정부로부터 일본 천황인 히로히토를 포함해 일본 정부 기관에 권력을 행사하도록 명받았습니다. 이로써 맥아더는 도쿄에 연합군 총사령부를 두고 일본을 실질적으로 통치했습니다. 이때 그는 일본 국민에게 자신의 존재를 알리고자 천황과 함께 찍은 사진을 신문에 실었습니다.

사진을 보면 맥아더가 정복을 입지 않은 채 짝다리를 짚고 주머니에 손을 넣은 데 반해 천황은 양복을 차려입고 긴장된 모습으로 서 있습니다. 이 사진을 찍은 맥아더의 의도는 자신의 존재를 알리는 것 외에도 천황의 신성성을 깎아내리는 것이었습니다. 그래서 일본이 다시는 천황을 내세워 전쟁을 벌이겠다는 생각을 품지 못하도록 만들려 한 것입니다.

맥아더와 천황의 사진을 본 일본인들은 분노하기보다 맥아더를 천황보다 높은 사람으로 인식했고, 그를 신처럼 숭배하기 시작했습니다. 그리고 점차 맥아더를 외국인 쇼군(장군)으로 받아들여 일본 내에서는 맥아더 숭배 현상까지 일어났습니다. 그에게는 편지와 선물이 쏟아졌는데, 연합국 번역통역반에 따르면 맥아더 총사령부는 1946년 9월부터 1951년 5월까지

맥아더와 천황 히로히토

약 44만 통의 편지와 엽서를 읽고 처리했다고 합니다. 실질적으로는 더 많은 수의 팬레터가 맥아더에게 보내졌을 것으로 예상합니다. 실제로 총사령부 본부에는 맥아더의 모습을 보려는 군중들이 매일 몰려들었습니다. 당시 도쿄의 한 신문(『時事新報』)에서는 일본인의 영웅 숭배 경향으로 맥아더가 신격화되는 점을 경고할 정도로 그의 인기는 하늘을 찔렀다고 합니다.

맥아더는 왜 일본인에게 인기가 많았던 것일까요? 그가 일본을 무장해제 시키면서 일본군 640만여 명이 민간인이 됐고, 일본 제국의 무기도 모두 가져갔습니다. 한마디로 일본을 전쟁과 멀어지게 만든 것입니다. 일본인들은 더는 전쟁을 하지 않아도 된다며 안도했다고 합니다.

하지만 이때 맥아더는 세계사에 엄청난 오점을 남겼습니다. 제2차 세계대전 당시 인체 실험을 비롯해 각종 생화학 무기 개발을 주도한 '일본 육군 731부대'의 만행을 눈감아 준 것입니다. 그는 1만 2,000여 명을 잔혹하게 생체 실험한 731부대를 군사재판에 넘기지 않았습니다. 731부대가 모은 자료가 향후 미군에 필요할 것으로 보고, 그 연구 결과들을 넘겨받는 대신 부대원들의 사면을 허락한 것입니다. 자국의 이익을 위해 잔혹한 전쟁 범죄를 눈감아준 이 사건은 맥아더라는 이름과 함께 반드시 기억해야 할 세계사의 한 부분입니다.

6·25 전쟁으로 완전히 엇갈린 두 장군

이렇게 맥아더와 아이젠하워는 제2차 세계대전을 계기로 각각 태평양과 유럽에서 승승장구하며 세계사 전면에 이름을 알렸습니다. 미국에서도 전쟁 영웅으로 엄청난 인기를 얻었습니다. 그런데 두 사람의 운명은 우리나라의 한 사건을 기점으로 극명하게 엇갈렸습니다. 두 사람에게 무슨 일이 일어난 것일까요?

1950년 6월 25일 북한의 기습적인 남침으로 한국전쟁이 발발했습니다. 서울은 순식간에 함락됐고, 한반도의 상황을 파악한 UN은 한국군 지원을 결정한 다음 미국 정부에 지휘관을 선임할 권한을 주었습니다. 이때 UN군 사령관에 오른 인물이 맥아더 장군입니다. 그는 아시아에 정통한 인물이었고 전쟁 경험이 많은 장군이었기 때문에 미국 정부는 맥아더가 한국전쟁을 지휘할 적임자라고 판단했습니다. 1950년 6월 29일, 일본에 있던 맥아더는 한국으로 건너가 직접 전시 상황을 시찰했습니다.

북한군이 빠르게 남하하면서 남한은 거의 한 달 만에 낙동강 지역을 제외한 대부분을 빼앗겼습니다. 맥아더는 전쟁 초기에 한강 방어선이 붕괴될 위험에 처하자, 북한군이 남하를 계속하면 전세를 뒤집기 위해 인천에서의 상륙작전이 필요할 것으로 판단했습니다. 그래서 일본에 주둔한 미군 사단이 7월 하순에 인천에 상륙할 수 있도록 훈련을 지시했는데, 이게 바로 '인천 상륙작전'입니다.

하지만 맥아더의 계획은 강력한 반대에 부딪혔습니다. 미 육군 참모총장과 해군 참모총장 등은 상륙 계획에는 전적으로 동의했으나, 상륙 지역이 인천이라는 의견에는 완강히 반대했습니다. 조수, 수로, 광대한 갯벌 같은 해안 조건을 가진 인천 지역이 상륙에 적합하지 않다는 이유였습니다. 이들은 인천 상륙작전의 성공 확률이 5,000분의 1도 되지 않을 거라 단언했습니다. 그러면서 인천보다는 군산에 상륙할 것을 주장했습니다. 강력한 반대에 부딪혀 작전 진행을 미루고 있는 사이, 남한은 부산 코앞까지 밀

전쟁 초기 부산까지 밀린 남한

러났습니다. 이제 작전을 미루면 남한은 완전히 북한군에게 점령당하는 일촉즉발의 상황에 놓이게 되었습니다. 이때 맥아더는 인천 상륙작전의 필요성을 강조하며 수뇌부들을 설득했습니다.

"나는 인천이 5,000분의 1의 도박이라는 점을 인식하고 있다. 하지만 그 정도의 확률을 감당하는데 이미 익숙하다. 우리는 인천에 상륙할 것이고 나는 적을 분쇄할 것이다!"

맥아더는 두 가지 이유로 인천 상륙작전을 고집했습니다. 첫째, 적군은 까다로운 인천의 지형 때문에 UN군과 한국군이 상륙하지 못한다고 예상해 방심할 것이다. 둘째, 서울로 들어가는 가장 빠른 길은 인천이기 때문에 반드시 인천 상륙작전을 실행해야 한다. 하지만 성공 여부에 대한 미국 내부의 의견 차이로 작전 개시는 신속히 이루어지지 않았습니다.

그러던 중 9월 15일 새벽 2시, 인천 상륙작전의 공식 회의가 소집된 지 약 두 달 반 만에 맥아더가 작전을 개시했습니다. 그리고 인천 상륙작전은 두 시간 만에 월미도를 점령해 지상에 남은 인민군을 소탕하며 성공했습니다. 하루 만에 인천 해안 교두보를 확보한 국군과 UN군은 순식간에 서울을 수복했습니다. 무엇보다도 인천 상륙작전에 이은 수도 탈환의 성공은 심리적으로 국군과 UN군의 사기를 높였고 반대로 북한군의 사기를 떨어뜨렸습니다.

인천 상륙작전 이후 UN군과 국군은 압록강을 향해 거침없이 북진했지만, 북한군을 돕기 위해 투입된 중공군의 함정에 빠지고 말았습니다. 맥아더의 오판이 일으킨 실패였죠. 이후 중공군의 대공세에 밀려 1951년 1월 4일에 남한 정부는 다시 부산으로 후퇴했습니다. 서울 주민의 40% 이상이 피난을 떠났던 이 사건이 바로 1·4 후퇴입니다. 시간이 흘러 3월에 미군이 다시 중공군을 밀어내며 서울을 탈환했는데, 이 작전을 지휘한 것도 UN군 사령관 맥아더였습니다.

그런데 서울을 재탈환했다는 기쁨도 잠시, 맥아더는 충격적인 소식을 들었습니다. 미국의 해리 트루먼Harry Truman 대통령이 맥아더를 UN군 사령관과 연합군사령관, 극동 미 육군사령관 등의 모든 직책에서 해임한다고 발표한 것입니다. 전쟁 영웅이었던 맥아더가 6·25 전쟁 도중 해임당한 이유는 그가 중국 본토를 침투해야 한다며 확전을 주장했기 때문입니다. 당시 그는 제3차 세계대전을 각오한 전면전을 벌여 지구상에서 공산주의를 말살해야 한다는 굳은 철학을 가지고 있었습니다. 하지만 트루먼 대통령의 생각은 달랐습니다. 그는 미군의 한국전쟁 참전에 대한 미국 내 불만 여론을 반영해 한국전쟁의 확전을 우려했습니다. 빨리 전쟁을 종결지어야 정치적으로 안전하다고 판단했던 것입니다. 그런데 이런 트루먼의 우려에도 맥아더가 계속 중국으로의 확전을 주장하자, 제3차 세계대전의 위험을 걱정한 트루먼 대통령이 '맥아더 해임'이라는 초강수를 둔 것입니다.

결국 맥아더는 미국으로 돌아간 뒤 퇴임 연설에서 "노병은 죽지 않는다. 다만 사라질 뿐이다"라는 명언을 남겼습니다. 승승장구했던 그의 운명은 한국전쟁을 기점으로 완전히 꺾였고, 53년에 걸친 군인의 생애를 해임이라는 불명예로 마감했습니다.

트루먼 대통령이 맥아더 장군을 해임하자 미국 여론은 전쟁 영웅이 해임으로 군 생활을 마감했다는 사실에는 놀랐으나, 더 큰 전쟁을 막기 위해서는 어쩔 수 없다고 생각했습니다. 비록 불명예 제대였으나 맥아더가 미국으로 귀환했을 때 수많은 사람이 그를 환대했습니다. 퇴임한 맥아더를 위해 벌인 퍼레이드에 무려 700만 명이 모였는데, 이 기록은 지금까지도 깨지지 않고 있습니다.

전쟁을 마무리한 사람은 트루먼 대통령이 아닌 아이젠하워였습니다. 당시 미국은 제34대 대통령 선거 운동이 한창이었습니다. 대통령 선거 운동의 주요 이슈도 단연 한국전쟁이었죠. 이때 공화당 대통령 후보 아이젠하워는 자신이 대통령이 되면 한국전쟁을 끝내겠다는 공약을 내걸었습니다. 그는 대선 출마 연설을 통해 자신이 당선된다면 전쟁을 끝내기 위해 한국으로 갈 것이라고 말했습니다. 사실 맥아더는 아이젠하워와 함께 공화당 예비 선거에 이름을 올렸지만, 아이젠하워가 급부상하면서 경선에서 탈락하고 말았습니다. 퇴임 이후 대통령을 꿈꾼 맥아더는 과거 자신의 부하였던 아이젠하워에게 밀려 좌절을 맛보아야 했습니다. 이렇게 엇갈린 두 사람의 운명은 1952년 11월에 아이젠하워가 대통령에 당선되면서 완전히 다른 길을 걷게 되었습니다.

미국의 제34대 대통령이 된 아이젠하워는 자신이 내건 공약을 지키기 위해 신속하게 움직였습니다. 그는 취임도 하기 전에 한국으로 가 이승만 대통령을 만나 휴전 의지를 전달했습니다. 하지만 당시 이승만 대통령은 북한과 끝까지 싸워야 한다고 생각해 정전 협정에 반대했습니다. 그럼에도 아이젠하워는 한국에 있는 협상단에게 최대한 빠르게 적과의 합의점을 찾을 것을 지시했습니다. 그리고 1953년 7월 27일, 판문점에서 정전 협정이 체결됐습니다. 당시 세계정세로 볼 때 휴전이 최선의 해결책이었다는 의견도 있지만, 맥아더의 뜻대로 북진했다면 한반도의 분단을 막을 수 있었을 거라고 보는 의견도 있습니다. 역사에 만약은 존재하지 않습니다. 하지만 확실한 것은 아이젠하워의 선택은 자국인 미국의 상황을 우선시한 결정이었고 한반도의 평화는 여전히 우리의 숙제로 남아 있습니다.

이때 한반도에서 북한의 전쟁 재발을 억제하기 위해 미국과 한국은 '한미상호방위조약'을 체결하며 특별한 동맹 관계를 맺었습니다. 이 조약은 한국이 자국의 방위를 위해 외국과 맺은 최초의 군사동맹으로, 이에 따라 미군을 한국 영토와 그 부근에 배치할 수 있게 되었습니다. 쉽게 말해 만약 한국이 외부로부터 무력 공격의 위협을 받으면 미국이 군사적으로 지원하겠다는 약속입니다.

맥아더와 아이젠하워, 같은 시대를 살았던 두 전쟁 영웅은 서로 다른 성격과 리더십을 가지고 있었습니다. 맥아더는 독단적이었지만 앞에서 이끄는 리더십으로 카리스마와 신념을 가진 리더였습니다. 한편 아이젠하워는 뒤를 든든히 받쳐주는 리더십으로 소통과 화합을 중요하게 여긴 리더였죠. 시대에 따라 또 사람에 따라 리더십을 선택하는 것은 각자의 몫이지만, 맥아더와 아이젠하워의 리더십은 오랜 시간이 흐른 지금까지도 회자되면서 많은 사람에게 영향을 미치고 있습니다.

벌거벗은 중동

이란 vs 이스라엘

박현도

● 2024년 4월 1일, 이스라엘이 시리아 수도 다마스쿠스에 주재하는 이란 영사관을 공습하며 최소 13명이 사망하는 사건이 발생했습니다. 이에 이란은 드론과 미사일 300여 기를 발사해 이스라엘의 본토를 보복 공격했습니다. 이후 두 나라 사이에서는 크고 작은 충돌이 이어지며 극도의 긴장감이 감돌았습니다.

그런데 이스라엘이 표적으로 삼은 국가는 이란인데 왜 시리아에 있는 영사관을 공격한 것일까요? 이란과 이스라엘은 오랜 시간 직접 전쟁이 아닌 여러 국가의 무장 세력을 앞세운 대리전을 치러왔습니다. 때문에 이스라엘은 이란의 군 지휘부가 시리아의 이란 영사관에 있다고 판단해 공격한 것입니다. 이는 두 나라의 첫 전면전이었습니다. 영사관 공격은 그 나라의 영토를 공격한 것과 마찬가지기 때문입니다. 국제사회는 이 분쟁이 본격적인 전쟁으로 이어질 것을 우려했는데, 결국 현실이 되었습니다. 2025년 6월 13일에 이스라엘은 이란의 핵심 군사 및 핵시설에 대대적인 공격을 개시했고, 이란이 반격함으로써 양국 간에 무력 충돌이 일어났습니다.

전 세계가 두 나라의 분쟁을 심각하게 보는 이유는 중동 내 군사 강국인 이란과 이스라엘이 전면전을 벌이면 제5차 중동전쟁뿐만 아니라 제3차 세계대전으로 번질 위험이 있기 때문입니다. 게다가 중동이라는 지역적 특성 때문에 세계 경제에도 엄청난 타격을 줄 수 있습니다. 중동이 불안해지면 기름값이 오르고, 국제 정세가 위태로워지면서 달러가 폭등합니다.

국제사회와 경제에 큰 불안 요소로 작용하며 격렬하게 대립하고 있는 이란과 이스라엘. 그런데 이 두 나라는 불과 50년 전만 해도 사이가 좋았습니다. 이스라엘이 1948년에 나라를 세운 뒤 중동 국가들과 전쟁을 치르며 배척받을 때 이스라엘의 손을 잡아준 나라가 이란이었죠. 두 나라는 외교,

경제, 군사적으로 교류하며 돈독한 관계를 이어나갔습니다. 그러던 중 두 나라의 관계가 급격하게 흔들리는 사건이 발생했습니다. 이란은 이를 계기로 이스라엘을 배척하는 선봉장이 되어 주변의 무장 세력을 적극적으로 지원했고, 이스라엘을 전쟁의 소용돌이에 빠뜨렸습니다. 이스라엘도 가만히 있지만은 않았습니다. 이란의 핵시설을 파괴하거나 핵 개발자들을 잔혹하게 살해하며 이란의 무력을 약하게 만들었습니다.

사이가 좋았던 이란과 이스라엘의 관계는 어떤 이유로 급변한 것일까요? 그리고 두 나라의 관계는 중동 정세에 어떤 영향을 끼쳐왔을까요? 지금부터 친구에서 앙숙이 된 이란과 이스라엘에 얽힌 뿌리 깊은 역사를 벌거벗겨 보겠습니다.

이스라엘의 건국과 이란의 도움

지금은 중동 최대의 앙숙으로 중동 내 긴장감을 고조시키고 있는 이란과 이스라엘이지만 두 나라는 1950년에 처음으로 외교 관계를 맺었습니다. 이후 우호의 상징으로 1970년대에는 이란의 수도인 테헤란에 이스라엘 대사관을 세우기도 했습니다.

두 나라가 긴밀한 관계를 맺은 계기는 1948년 5월 14일 이스라엘의 건국 선포였습니다. 당시 중동 내에서 이스라엘의 입지는 상당히 불안한 상태였습니다. 세계 여러 나라의 이권이 개입한 데다 아랍계인 팔레스타인 사람들을 몰아내고 나라를 세웠다는 이유로 주변 아랍 국가들의 격렬한 반대에 부딪혔죠. 이런 긴장감은 이스라엘이 건국을 선포한 다음 날 폭발했습니다. 팔레스타인을 비롯해 이집트와 레바논, 시리아, 요르단 등 총 7개국의 아랍 연합국이 이스라엘을 공격하면서 제1차 중동전쟁이 발발한 것입니다.

이렇게 전쟁을 겪으며 위기에 몰린 이스라엘에 손을 내밀어준 중동 국가가 이란입니다. 이란은 1950년에 무슬림이 다수인 국가로는 튀르키예에 이어 두 번째로 이스라엘의 독립을 인정했습니다. 이후 테헤란에 설치한 이스라엘 대사관을 통해 두 나라는 조심스럽게 왕래하며 외교의 기틀을 마련해 나갔습니다.

대부분의 아랍 국가들이 이스라엘에 적대적일 때 이란이 손을 내밀었던 데는 미국의 영향도 있었습니다. 당시 미국과 교류했던 이란의 분위기는 지금과는 완전히 달랐습니다. 이란은 미국의 지원을 받아 강력한 서구식 근대화를 추진하는 백색 혁명을 전개했습니다. 여성의 히잡 착용을 자율화하고, 미니스커트를 허용하는 등 자유로운 사회로 개혁을 시도했죠. 그러니 미국과 우호 관계였던 이란으로서는 미국의 지원을 받는 이스라엘과 친하

1970년대 이란 여성들의 자유로운 옷차림

게 지낼 필요가 있었습니다. 이렇게 이란과 이스라엘은 미국을 사이에 두고 중동 내에서 막역한 외교 관계를 쌓아나갔습니다.

이 시기 미국이 이란, 이스라엘과 교류한 이유는 석유였습니다. 당시는 냉전 시대로, 공산주의 진영과 대립했던 미국은 자유 진영 국가들에 안정적으로 에너지를 공급해 안보를 강화하고 경제를 활성화하려 했습니다. 이를 위해 중동의 거대 산유국인 이란을 우방으로 둘 필요가 있었습니다. 또 중동 내에서 친미 정부의 세력을 키우기 위해서도 두 나라와 친밀한 관계를 맺었습니다. 그래서 혹자는 그 시절의 이란과 이스라엘을 미국의 사냥개 두 마리에 비유하기도 합니다.

1976년에 미국은 우호의 상징으로 이란에 전투기 'F-14 톰캣'을 선물하기도 했습니다. 이는 전 세계에서 미국만 사용하던 전투기로 1970년대 미국의 최첨단 기술이 녹아든 최강의 무기였습니다. 영화 〈탑건〉에도 등장하는 이 전투기는 장거리 교전 능력이 뛰어나고, 대형기임에도 뛰어난 기동성을 자랑합니다. 이러한 전략 무기는 동맹국에도 수출하지 않는 것이 기본 방침인데, 유일하게 이란에만 80기를 판매했습니다. F-14 톰캣은 현재 미국에서

영화 〈탑건〉 속 F-14 톰캣

는 퇴역했으나 이란에서는 여전히 사용 중입니다.

외교로 시작된 이란과 이스라엘의 관계는 경제적으로도 손잡으며 긴밀하게 발전했습니다. 특히 1956년에 수에즈 운하를 둘러싸고 제2차 중동전쟁이 발발하면서 더욱 가까워졌습니다. 수에즈 운하를 국유화하려는 이집트의 가말 압델 나세르Gamal Abdel Nasser 대통령을 막기 위해 영국, 프랑스, 이스라엘이 힘을 합쳐 벌인 전쟁입니다. 당시 이스라엘과 유럽은 이집트가 수에즈 운하를 막을 가능성에 대비해 안정적으로 석유를 공급받을 수 있

는 대규모 국가 건설 프로젝트를 계획했습니다. 하지만 이스라엘이 중동 지역에서 완전히 고립되어 있다 보니 산유국들로부터 석유를 공급받는 일이 쉽지 않았습니다. 이때 이스라엘이 유일하게 기댈 수 있는 곳이 이란이었습니다.

그러나 이란도 이스라엘을 도와주기는 어려웠습니다. 두 나라는 약 2,000km 이상 떨어져 있는 데다 이스라엘은 이라크, 시리아, 요르단 등 적대국으로 둘러싸여 있어 이란이 직접 석유를 공급하기 힘든 상황이었습니다. 이스라엘은 이 문제를 해결하기 위해 석유를 공급받을 수 있는 파이프라인을 만들기로 했습니

이스라엘과 이란 위치

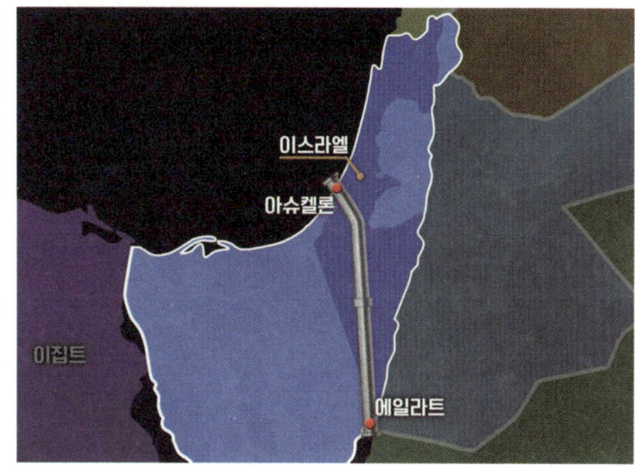

트랜스 이스라엘 파이프라인

다. 이때부터 이란에서 생산한 석유를 수에즈 운하를 거치지 않고 이스라엘과 유럽으로 공급하는 프로젝트 '트랜스 이스라엘 파이프라인'이 시작됐습니다.

이는 지중해와 홍해가 모두 닿아 있는 이스라엘의 지정학적 위치를 살려 최남단 에일라트 항구에서 지중해의 아슈켈론 항구까지 254km의 파이프라인을 건설하는 것입니다. 초기에는 이스라엘의 비밀 국가전략 사업으로 관리하다가 1968년에 이란과 합작해 공동 건설을 시작했습니다. 파이프라인을 완성한 뒤 이란은 안정적으로 이스라엘에 석유를 공급했고 두 나라는 더욱 단단한 경제 공동체를 이뤘습니다. 이때 이란도 이 파이프라인을 통해 유럽으로 통하는 바닷길을 확보하면서 그동안 이집트에 지급했던 막대한 수에즈 운하 이용료를 절감할 수 있었습니다. 한마디로 트랜스 이스라엘 파이프라인은 양쪽 모두 경제적 이득을 얻을 수 있는 프로젝트였던 것입니다.

이란과 이스라엘의 협력은 여기서 그치지 않았습니다. 두 나라는 경제·외교적 우호 관계를 넘어 군사적으로도 손을 잡았습니다. 지금은 상상조차 할 수 없는 일입니다. 이 시기 이스라엘은 4차례에 걸친 중동전쟁을 겪으며 미국의 지원으로 중동 내에서 압도적인 군사력을 자랑했습니다. 공식적으로 선언하지는 않았지만, 1960년대부터 핵 기술을 개발해 당시 중동의 유일한 핵보유국이기도 했습니다.

이스라엘이 실질적으로 투발 가능한 핵무기를 완성한 것은 1967년으로 알려져 있습니다. 이때 프랑스의 지원이 있었습니다. 제2차 세계대전 이후 강대국들이 핵 개발에 나서자 프랑스도 1950년대에 핵무기 개발에 착수했습니다. 이때 이스라엘은 프랑스의 핵시설로 과학자를 파견했습니다.

1960년에 핵실험에 성공한 프랑스는 이스라엘에 원자로와 핵폭탄 제조 기술을 제공했습니다. 이렇게 이스라엘은 핵 기술을 습득했습니다. 미국은 이를 막으려고 했으나 결국에는 묵인했습니다.

이렇게 이스라엘이 군사력을 강화하고 있을 때, 중동의 맹주였으나 상대적으로 군사력은 약했던 이란은 고민 끝에 이스라엘과 비밀리에 군사 협정을 맺었습니다. 1977년 7월, 이란과 이스라엘이 함께 첨단 미사일 시스템을 개발하는 '프로젝트 플라워'를 체결한 것입니다. 지금은 서로를 향해 미사일을 쏘아대는 두 나라가 한때는 함께 미사일을 개발했다는 사실이 아이러니합니다.

당시 두 나라는 더욱 강력한 미사일을 개발하기 위해 은밀하게 거래했습니다. 석유가 풍부한 이란은 이스라엘에 2억 6,000만 달러 상당의 석유와 군사 연구를 위한 자금을 지원했습니다. 현재 가치로 환산하면 약 1조 8,000억 원에 이릅니다. 이스라엘은 미사일 연구 개발에 집중하며 이란에 기술을 전수했습니다. 이후 이란은 중남부 시르잔 인근에 미사일 조립 시설을, 라프산잔 인근에 미사일 시험장을 건설했습니다. 이렇듯 프로젝트 플라워는 이스라엘이 미사일 연구를 진행하고, 이란에서는 생산부터 조립, 테스트까지 하는 방식으로 진행됐습니다.

두 나라는 미사일 공동 프로젝트를 미국에 들키지 않도록 비밀리에 추진했습니다. 이란과 이스라엘이 우호국인 미국에 프로젝트를 숨기려고 한 정황은 훗날 『뉴욕타임스』 기사로 세상에 드러났습니다. 다음은 당시 기사의 일부입니다.

「이스라엘이 미사일을 이란의 왕과 거래한 상세한 기록」 문서에 따르면 이란의 장군이 참석한 가운데 이스라엘에서 미사일이 시험 발사되었다. 이 프로젝트의 목적은 1970년대 초에 개발한 이스라엘 미사일의 사거리를 늘리고 미국이 공급한 부품을 대체하여 이스라엘이 미국의 승인 없이 합법적으로 수출할 수 있도록 하는 것이었다."

기록에서 이란과 이스라엘이 이미 미국 몰래 미사일을 개발하기 위한 합동 군사 활동까지 펼친 것을 알 수 있습니다. 미국의 지원을 받는 두 나라가 비밀리에 프로젝트를 진행한 이유는 이스라엘의 미사일 개발 기술이 발전하는 것을 미국이 경계했기 때문입니다. 이스라엘의 미사일 기술이 업그레이드되면 핵탄두 장착도 가능하기에 미국은 이스라엘의 미사일 개발을 반대할 수밖에 없었습니다. 실제로 1969년에 이스라엘과 미국은 1972년까지 핵탄두를 장착한 전략 미사일을 사용하지 않기로 합의하기도 했습니다.

당시 이스라엘이 보유한 미사일은 '예리코'라는 탄도 미사일이었습니다. 탄도 미사일은 자체의 힘이 아니라, 고체나 기체 연료로 탄도를 그리면서 날아가는 미사일입니다. 이란과 이스라엘은 예리코를 업그레이드한 '예리코 미사일-2'의 공동 개발을 논의했습니다. 이스라엘이 보유한 무기의 핵심 기술은 대부분 미국이 전수해준 것이었기 때문에 반드시 미국의 부품이 필요했는데, 이스라엘은 프로젝트 플라워를 통해 미국의 부품 없이 무

예리코 미사일-2

기를 개발할 계획을 세운 것입니다.

이렇게 이란과 이스라엘은 미국을 따돌리고 군사 협정을 맺을 정도로 돈독한 관계를 맺었습니다. 당시 이란과의 협상을 조율했던 이스라엘의 국방부 관리자는 두 나라 관계에 관해 다음과 같은 기록을 남겼습니다.

> "우리는 이란에서 왕처럼 대접받았고 놀라운 규모의 거래를 했다. 이런 관계가 없었다면 우리는 오늘날 이스라엘 국가 방어의 최전선에 있는 무기를 개발할 돈을 갖지 못했을 것이다."

무기 기술을 받고 싶었던 이란은 이스라엘을 극진히 대접했습니다. 필요한 자금도 충분히 지원했죠. 덕분에 이스라엘은 이란의 군사력 강화를 도우며 자국의 군사력 역시 키워갈 수 있었습니다. 이처럼 두 나라는 석유와 미사일 개발 기술 교류하며 위태로웠던 중동 내에서 군사 강국의 입지를 다졌습니다.

이란과 이스라엘은 왜 앙숙이 되었나?

지금까지 순탄했던 이란과 이스라엘의 관계가 달라진 것은 1979년에 이란은 물론 중동 전역을 뒤흔든 '이란 혁명' 때문이었습니다. 이란 혁명은 보수적인 이슬람 종교 지도자들이 팔라비Pahlavi 왕조가 지배하던 세속 왕정을 무너뜨리고 이슬람 원리주의 국가를 세운 사건입니다. 당시 팔라비 왕조는 부패와 극심한 빈부격차로 민심을 잃고 있었습니다. 여기에 서구식 문화가 이슬람 정신을 파괴한다는 이슬람주의자들의 주장이 더해지면서 혁명이 일어난 것입니다. 마지막 왕 모하마드 레자Mohammad Reza는 혁명 세력을 피해 미국으로 망명했고, 혁명 지도자인 루홀라 호메이니Ruhollah Khomeini가 이란을 장악했습니다.

루홀라 호메이니

호메이니가 추구한 이슬람 국가는 과거와 180도 달랐습니다. 정치와 종교가 일치하는 '이란 이슬람 공화국'으로, 호메이니는 친미 정책이나 외세에 정권이 흔들리는 것을 막고자 서구화 이전의 이슬람 국가로 이란을 돌리는 데 온 힘을 쏟았습니다. 이때 히잡 착용을 의무화하고, 방송은 물론 길거리에서조차 클래식과 팝송을 금지했습니다. 이렇게 이란은 이슬람적 삶의 방식을 사회 질서의 중요한 축으로 삼는 '이슬람 원리주의 국가'로 재탄생했습니다. 그 과정에서 중동 최대의 친미 국가였던 이란은 최대 반미 국가로 돌아섰습니다.

그렇다면 이란과 이스라엘의 관계는 어떻게 됐을까요? 혁명 이후 이스라엘을 대하는 이란의 태도는 완전히 바뀌었습니다. 이슬람 원리주의 국가가 된 이란은 친미 국가이자 팔레스타인 사람들을 내쫓은 이스라엘을 이슬람의 적으로 규정하고, 미국이라는 '거대한 사탄' 옆에 있는 '작은 사탄'이라고 부르며 적대시하기 시작했습니다. 또 테헤란에 있던 이스라엘 대사관을 팔레스타인 해방기구 대표부로 변경하고 이란과 이스라엘의 경제 협력 수단이었던 트랜스 이스라엘 파이프라인도 중단했습니다. 그동안 맺어왔던 군사적 협력마저도 완전히 끊어버렸죠. 이처럼 이란 혁명은 중동 최고의 우호 관계였던 이스라엘과 이란을 최악의 앙숙으로 바꿔 놓았습니다. 그 여파는 현재까지도 중동의 질서를 뒤흔들고 있습니다.

그런데 두 나라 사이에는 해결되지 않은 문제가 하나 있었습니다. 이란 혁명 이후 적대 관계가 된 이스라엘이 이란에 돈을 갚지 않은 것입니다. 1968년에 함께 트랜스 이스라엘 파이프라인을 건설하면서 이스라엘은 이란으로부터 석유를 구매했습니다. 구매 대금은 1979년 기준으로 무려 11억 달러였죠. 이란은 유럽에서 수차례 채무를 지급하라는 소송을 내고 승소했지만, 이스라엘은 돈을 갚지 않았습니다. 이스라엘은 2018년에 협상에는 동의했으나 돈은 여전히 지급하지 않고 있습니다.

두 나라의 관계가 더욱 극단적으로 치닫게 된 것은 2002년 8월이었습니다. 이란의 반체제 인사가 이란이 국제사회 몰래 핵시설을 건설하고 있다는 내용을 폭로한 것입니다. 그 증거로 핵시설을 개발 중인 지역의 위성사

이란의 핵시설 위성사진

진까지 공개했습니다. 문제가 된 것은 이란의 나탄즈에 지은 우라늄 농축 시설과 아라크에 건설한 플로토늄 생산 가능 중수로 시설로, 국제원자력기구(IAEA)에 신고하지 않은 핵시설이었습니다. 당시 이란이 핵 개발을 어느 정도 추진했는지에 대한 구체적인 정황은 밝혀지지 않았으나, 이 사건으로 이란의 핵 개발 의혹이 명백히 드러났습니다. 그리고 이란은 국제사회에서 엄청난 비난을 받았습니다.

이때 이란은 핵시설 건설을 공식적으로 인정하며 핵 개발 유예를 선언했습니다. 하지만 3년 뒤인 2005년에 마무드 아마디네자드Mahmoud Ahmadinejad가 이란의 대통령으로 당선되면서 핵 개발 재개를 선언했습니다.

아마디네자드 대통령은 이슬람 원리주의에 입각한 전통 가치를 신봉하는 대표적인 반서방, 반이스라엘의 보수 강경파 인물입니다. 취임 후에는 "이스라엘을 지도에서 지워버려야 한다"라는 발언으로 국제적인 비판을 받기도 했습니다. 그는 핵 개발에 대해서도 강경했습니다. 이란의 핵 개발은 평화가 목적이라고 강조하고, 강대국의 제재는 불법임을 주장하며 핵 개발을 추진한 것입니다.

그렇다면 이란의 핵 개발 재개에 가장 위협을 느낀 나라는 어디였을까요? 과거 이란과 우호 관계를 맺었던 이스라엘과 미국이었습니다. 두 나라는 이란의 핵 개발을 막기 위해 목소리를 높였습니다. 하지만 이란은 여기에 응하지 않고 핵 개발을 강행했습니다.

이때 핵 개발을 두고 이스라엘과 이란의 갈등에 불을 지핀 인물이 있었습니다. 이란에 보수 강경파인 아마디네자드 대통령이 있었다면, 이스라엘에도 강경한 우파 인물이 있었습니다. 당시 이스라엘의 총리이자 오늘날까지 17년 이상 장기 집권 중인 베냐민 네타냐후Benjamin Netanyahu입니다.

네타냐후는 오래전부터 이란을 이스라엘의 안보를 위협하는 주적으로 꼽아왔습니다. 이렇게 한 치의 양보도 없이 강경한 두 지도자의 충돌과 함께 핵 개발을 하려는 이란과 이를 저지하려는 이스라엘의 대립은 더욱 치열해졌습니다.

이란의 핵 개발을 막기 위한 이스라엘의 비밀공작

시간이 흘러 2010년, 두 나라의 갈등이 폭발하는 사건이 벌어졌습니다. 이란의 주요 핵시설이 원인을 알 수 없는 사고로 심각한 피해를 보고 작동을 멈춘 것입니다. 해시설 가동이 중단된 것은 악성 비이러스 때문이었습니다. 당시 뉴스에 따르면 스턱스넷(Stuxnet)이라는 해킹 바이러스는 이란의 핵시설에 심각한 물리적 피해를 발생시키는 것이 주목적이었다고 합니다. 이 사건으로 전 세계는 충격에 휩싸였습니다. 세계 최초로 악성 바이러스가 공격 무기로 등장하며 사이버 전쟁의 서막을 알렸기 때문입니다.

현대의 사이버 전자전을 이야기할 때 빼놓을 수 없는 스턱스넷은 일반적인 악성 프로그램이 불특정 다수의 시스템을 망가뜨리는 것과 달리 목표 지향적인 바이러스로, 공격할 목표만 정밀하게 타격했습니다. 목표물이 아닌 경우에는 손상이 미미했죠. 이 악성 코드는 '사이버 저격수'처럼 이란의 핵시설만 집중적으로 공격하도록 설계되었고, 기계를 끄려고 해도 꺼지지 않았습니다. 그리고 손상이 발생하면 자폭하도록 설계해 추적도 어려웠다고 합니다.

스턱스넷은 핵무기를 만드는 핵심 기계인 원심분리기의 속도를 조작해서 시스템을 무력화했습니다. 예를 들면 평소 1,000Hz 속도로 돌아가던 원심분리기가 이 악성 바이러스에 감염되면 1,400Hz의 속도로 빠르게 회전하거나, 2Hz의 속도로 아주 느리게 돌아갔습니다. 스턱스넷 바이러스는 이런 방법으로 이란 핵시설의 원심분리기를 물리적으로 파괴했습니다. 이란이 구체적인 피해 상황을 공개하지 않았으나, 약 1,000개의 원심분리기가 망가지면서 이란의 핵 개발이 3년 정도 지연됐다고 합니다.

그런데 바이러스는 어떻게 이란의 핵시설에 침투한 것일까요? 대개 바이러스는 인터넷을 통해 감염되는데, 핵시설 같은 민감한 곳에는 인터넷을 연결하지 않습니다. 게다가 첨단 보안설비를 뚫고 직접 공격하는 것도 불가능합니다. 밝혀진 바에 따르면 스턱스넷의 최초 침입 루트는 USB라고 합니다. 놀라운 사실은 USB에 침입하게 된 루트입니다. 먼저 이란의 핵시설 연구원을 찾아낸 다음 그들의 집에 깔린 인터넷망을 이용해 컴퓨터에 악성 바이러스를 심어두었습니다. 그리고 그들 중 누군가가 집에서 사용한 USB를 핵시설 컴퓨터에 꽂는 순간을 기다렸습니다. 이처럼 스턱스넷은 긴 시간이 걸리는 치밀한 작업이었지만, 핵시설을 무력화할 만큼 큰 피해를 주는 무서운 무기였습니다.

이란의 아마디네자드 대통령은 이 사건을 두고 이스라엘과 미국의 합작품이라 지목했습니다. 수많은 전문가가 엄청난 비용과 자본을 투자해야만 가능한 일이었기 때문입니다. 사이버 초강대국이 아니면 스턱스넷 같은 악성 바이러스를 만들 수 없다고 생각했지만, 이는 어디까지나 추정일 뿐 아직 명백한 증거는 밝혀지지 않았습니다.

비록 스턱스넷의 배후는 드러나지 않았으나 이스라엘이 확실한 범인으로 밝혀진 사건이 있습니다. 이란의 핵 개발에 관한 수만 개의 기밀문서가 도난당한 것입니다. 사건은 2018년 1월 31일 밤 10시 30분 이란의 수도 테헤란 남서부에 있는 쇼라바드 지역에서 일어났습니다.

허름해 보이는 사진 속 건물은 창고로 위장한 이란의 비밀 시설입니다. 이곳에는 핵 개발 관련 기밀 문서를 보관하는 금고가 빼곡히 들어서 있었습니다. 사건이 벌어진 날 밤, 이스라엘의 스파이들은 이곳을 급습해 금고 안에 있던 5만 쪽의 문서와 183개의 CD 등을 재빨리 차에 싣고는 유유히 사라졌습니다.

이란의 핵 개발 비밀 시설과 내부 금고

창고 경비원의 출근 시간인 오전 7시보다 두 시간이나 이른 새벽 4시 59분에 모든 임무를 끝마쳤죠.

이란은 이곳이 국가 기밀시설이라는 표시가 나지 않도록 일부러 건물을 버려뒀습니다. 일반 창고처럼 보이려고 경비원도 24시간 근무를 서지 않았습니다. 덕분에 이웃 주민들도 비밀 창고인 줄 몰랐다고 합니다. 그러니 이스라엘의 요원들이 자료를 털어가는 동안에도 이상한 눈치를 챌 수 없었습니다. 그런데 주민들도 몰랐던 기밀시설을 이스라엘은 어떻게 알아냈을까요? 이스라엘의 정보기관은 이란의 핵 개발 자료를 추적하던 중 이 창고를 발견했다고 합니다. 그리고 1년간 경비원들의 근무 형태를 감시하며 치밀한 작전계획을 세웠습니다. 그 과정에서 창고 내부자의 도움도 받아 32개의 금고에 중요한 정보를 보관 중이라는 사실도 알게 됐습니다.

수개월 후 이란의 핵 개발 기밀문서 도난 사건이 이스라엘의 소행으로 드러났습니다. 놀랍게도 이스라엘이 직접 훔쳤다고 밝힌 것입니다. 2018년 4월 30일, 이스라엘의 네타냐후 총리는 생방송으로 기자회견을 열고 이스라엘이 이란의 비밀 창고에서 자료를 훔쳤다고 발표했습니다. 그리고 입수한 자료를 전 세계에 대대적으로 공개했습니다. 이스라엘이 훔친 자료의 원본을 통째로 공개한 것은 훗날 이란이 자료가 위조됐다는 주장을 펼칠 것에 대비한 행동이었습니다. 이런 극단적인 방법을 통해서라도 이란의 핵 개발을 저지하려 한 것입니다.

이렇게 이스라엘이 공개적으로 이란의 핵 개발을 막으려는 움직임을 보인 가운데 이란에서는 의문스러운 사건이 연이어 발생했습니다. 가장 큰 관심을 끈 것은 2007년부터 2012년까지 5명의 이란 핵 과학자와 정보요원들이 테러 공격을 받고 잇따라 사망한 사건이었습니다. 2020년에는 이란

네타냐후 총리의 긴급 기자회견

모센 파흐리자데 암살 현장

의 오펜하이머Oppenheimer라고 불리는 최고의 핵 과학자 모센 파흐리자데 Mohsen Fakhrizadeh마저 테러로 사망했습니다.

이란 최고의 핵 과학자에게 대체 무슨 일이 벌어진 것일까요? 2020년 11월 27일, 파흐리자데는 부인과 함께 테헤란 동부 소도시인 아브사르다의 시골집으로 향하는 중이었습니다. 파흐리자데는 방탄 처리한 자신의 승용차를 직접 몰았고 앞뒤로 경호 차량의 호위를 받으며 이동했습니다. 나중에 알려진 바에 따르면, 오랜 시간 암살 위협에 시달려왔던 파흐리자데는 이란 정보국의 암살 가능성 경고에도 불구하고 경호원들의 무장차량 대신 자신의 차량을 끌고 나갔다고 합니다. 오후 3시 30분, 파흐리자데의 자동차가 테헤란 외곽에 있는 회전교차로를 지나기 위해 속도를 줄이는 순간 고요했던 도로가 순식간에 아수라장으로 변했습니다. 엄청난 굉음과 함께 빗발치듯 총탄이 날아든 것입니다. 갑작스러운 총격에 놀란 파흐리자데는 자동차에서 나와 피신했으나 그 과정에서 세 발 이상의 총알을 맞았습니다. 이 모든 공격이 채 1분도 걸리지 않았다고 합니다. 파흐리자데의 부인은 목숨을 건졌으나 총에 맞은 파흐리자데는 끝내 사망했습니다.

당시 사건 현장에는 전쟁터를 방불케 할 만큼 많은 총알이 발사됐지만, 현장에서 목격된 사람은 아무도 없었습니다. 피격당한 사람은 있는데 저격한 사람은 없는 기이한 사건이었죠. 게다가 주변의 CCTV도 모두 작동을 멈췄고 구조 요청을 하지 못하도록 통신 시설도 끊겨 있었습니다. 결국, 파흐리자데 암살 사건은 범인이나 살해 배후 등이 밝혀지지 않은 채 미궁에 빠지고 말았습니다.

약 1년 후 이란 정부는 파흐리자데 사망 사건 수사 결과를 발표했습니다. 범인은 놀랍게도 AI 로봇이었습니다. 정확히는 AI 원격조종 기관총이었죠. 사건 현장 주변의 골목을 지키고 있던 픽업트럭에는 AI 기관총이 방수포에 덮인 채 숨겨져 있었습니다. 이 기관총은 파흐리자데를 자동으로 확대 조준한 뒤 살해했습니다. 그래서 불과 25㎝ 떨어진 옆 좌석에 앉아 있던 아내는 단 한 발의 총알도 맞지 않았습니다. 파흐리자데에게 집중 총격을 퍼부은 기관총이 설치된 픽업트럭은 3분 후 자폭하며 증거를 인멸했습니다. 이 사건으로 살상용 로봇의 실체를 확인한 전 세계가 발칵 뒤집혔습니다.

파흐리자데 암살 사건에 쓰인 기능 중 하나는 안면 인식으로, 목표물을 확인한 AI 기관총은 거의 99%의 확률로 표적을 판단합니다. 여기에 탄도 보정 기능은 표적이 움직여도 표적의 얼굴을 총구와 연동해 움직임을 따라 총구 조준이 가능합니다. 게다가 AI가 멀리서 원격조종으로 쏘는 것이 사람이 가까이에서 쏘는 것보다 명중률이 높습니다. 이렇게 사람이 없어도 목표물 확인부터 원격 조준, 그리고 총격까지 가능한 살인 로봇이 탄생한 것입니다.

파흐리자데 암살을 계획한 범인은 아직도 드러나지 않았습니다. 이란은 이 또한 이스라엘과 미국의 소행이라고 주장했습니다. 네타냐후 총리가 "파흐리자데라는 이름을 기억하라"라고 강조할 만큼 그를 경계했기 때문입니다. 게다가 사건 발생 이후 이스라엘의 에너지부 장관은 "누가 사건을 일으켰던 간에 이는 이스라엘뿐만 아니라 전 세계에 득이 된다"라고 발언하며 또다시 이란과 이스라엘 간 갈등에 불을 지폈습니다.

핵 개발을 저지하기 위한 의문의 사건들이 계속 이어지는 상황에도 불구하고 이란은 핵 개발을 멈추지 않았습니다. 그 결과 오늘날 이란은 원자폭탄을 제조할 수 있는 60% 이상 농축된 우라늄을 보유한 것으로 추정됩니다. 핵 개발에 따른 대립과 이후 벌어진 첨예한 사건들로 이란과 이스라엘 사이의 균열은 더욱 깊어졌습니다.

이란의 반이스라엘 세력 건설

이란 혁명과 핵 개발, 여러 의문의 사건 때문에 원수지간이 된 이란과 이스라엘은 완전히 적으로 갈라섰습니다. 그리고 이란은 이스라엘을 철저히 견제하기 위해 중동의 반이스라엘 세력을 건설하며 구심점으로 떠오르기 시작했습니다. 이란은 인구 약 9,300만 명에 석유 매장량 세계 3위, 가스 매장량 세계 2위에 달하는 자원 부국입니다. 게다가 막강한 군사력까지 갖췄습니다. 이란 혁명 이후에는 이슬람 원리주의 국가로 자리매김하면

서 중동 지역을 이끌만한 나라로
떠올랐습니다. 이란이 중동 내 반
미, 반이스라엘의 핵심 국가로 주
목받자 이란을 주축으로 반이스
라엘 세력이 연합하기 시작했습니
다. 이들은 중동 내에서 이스라엘
을 철저히 고립시켰습니다.

그리고 이란과 이스라엘은 이
제 본격적으로 무장 세력들을 앞

이슬람 혁명 수비대 심볼

세워 대리전을 시작했습니다. 이때 이란의 '이슬람 혁명 수비대'는 반이스라
엘 세력을 물심양면으로 지원하며 중동에서 이란의 영향력을 키워나갔습
니다. 혁명 수비대는 이란 혁명 이후 이란의 최고지도자 호메이니가 팔라
비 정권에 충성을 바치던 군부 세력을 믿지 못해 만든 혁명 친위대입니다.
약 21만 명으로 육·해·공군, 민병대와 특수부대까지 갖췄으며 38만 명인 이
란의 정규군보다 병력은 적어도 훨씬 강력한 군사력을 보유하고 있습니다.

또 장거리 탄도 미사일 지휘 통제권까지 가졌습니다. 이는 이스라엘을
비롯한 중동 지역 국가들을 목표로 타격할 수 있다는 것입니다. 이란의 정
규군은 단거리 미사일과 연안 방어를 위한 지대공 미사일 지휘권을 가지고
있습니다. 게다가 혁명 수비대는 군부뿐 아니라 은행, 건설회사, 공항, 호
텔, 병원 등 이란 경제의 모든 부문을 장악했습니다. 세금을 내지 않고, 회
계장부도 제출하지 않아 이란 내에서 '정부 위의 정부'로 통합니다.

이슬람 혁명 수비대의 위상이 이토록 높은 이유는 현재 이란의 최고지
도자를 포함해 대통령 대부분이 혁명 수비대 출신이기 때문입니다. 그래

서 최신 무기를 비롯한 주요 임무들이
혁명 수비대에 우선 배정됩니다. "그들
이 얼마나 센지 보려면 배당 예산이 얼
마인지 보면 된다"라는 말이 있는데,
2024년 이란 국방예산의 70%가 혁명
수비대에 배당되었다고 합니다.

고드스군 심볼

　이렇게 강력한 권력을 자랑하는 이
슬람 혁명 수비대에는 이스라엘에 저항
하기 위한 정예 특수부대가 있습니다.
페르시아어로 '예루살렘군'이라는 뜻의 '고드스군'으로 혁명 수비대의 해외
공작부대입니다. 고드스군은 해외의 친이란 정부군이나 무장 단체에 자금
이나 무기를 지원하고, 군대 파병과 군사 지휘를 담당합니다. 고드스군의
지원을 받은 조직은 이스라엘을 상대로 대리전쟁을 벌이며 중동 지역 내
반이스라엘 세력 구축에 힘을 실어주고 있습니다.

　이란 혁명 수비대가 지원하는 세력 가운데 가장 강력한 존재는 레바논
남쪽에 자리한 반이스라엘 무장 세력 '헤즈볼라'입니다. '알라의 당(신의 당)'
이라는 뜻의 헤즈볼라는 1982년 이스라엘의 레바논 침략을 계기로 이란
의 재정적 지원을 받아 조직됐습니다. 레바논 정규군보다 많은 10만 명 이
상의 병력을 보유한 헤즈볼라는 이슬람 강경파 종교조직이자 군대이며, 레
바논에서 가장 큰 영향력을 행사하는 합법적인 정당입니다. 그러나 EU, 미
국, 이스라엘 등에서는 테러 단체로 규정하고 있습니다. 헤즈볼라는 '작은
이란'이라고도 불리는데, 이스라엘과 가장 가까운 지리적 요충지이자 지중
해까지 이란의 영향력을 전파하는, 이란에는 절대 없어서는 안 될 세력이

기 때문입니다.

헤즈볼라가 국제적으로 이름을 알리게 된 계기는 2006년 헤즈볼라와 이스라엘 사이에서 벌어진 레바논 전쟁입니다. 헤즈볼라는 남부 레바논과 이스라엘이 맞닿는 국경 지역에서 이스라엘 군인 두 명을 죽이고 두 명을 인질로 잡으면서 34일간

헤즈볼라 심볼

전쟁을 벌였습니다. 이때 헤즈볼라가 쏜 로켓 3,970기가 이스라엘 영토에 떨어졌고, 이로 인해 이스라엘은 16억 달러의 경제 손실을 보았습니다. 또 이스라엘 민간인 약 40명과 군인 약 120명이 목숨을 잃었습니다. 레바논의 사망자는 이스라엘의 사망자보다 8배가량 많았습니다.

그런데 국제 언론사들이 이 전쟁을 중계하면서 이스라엘은 큰 비난을 받았습니다. 이스라엘은 사망자 상당수가 군인이었던 반면, 레바논의 사망자는 대부분 민간인이었기 때문입니다. 결국, 이스라엘군은 납치된 군인도 구하지 못한 채 헤즈볼라 소탕에 실패했습니다. 또 민간인 학살이라는 국제적 오명까지 쓰고 레바논에서 철수해야 했습니다. 이에 한낱 게릴라군에 불과했던 헤즈볼라가 레바논 전쟁에서 이스라엘의 정규군을 상대로 승리를 거둔 모양새가 됐습니다. 그렇게 헤즈볼라는 이슬람 저항운동의 구심점으로 자리 잡았고, 그 기세에 힘입어 레바논의 선거에서 승리하면서 국내 정치에서도 중요한 축이 됐습니다.

알려진 바에 따르면, 헤즈볼라는 실전 전투 경험을 갖춘 6만여 명의 병력과 미사일 15만 발을 갖췄다고 합니다. 실력 면에서는 레바논 정규군보

다 우월하며 이란으로부터 매년 수억 달러의 지원도 전폭적으로 받고 있습니다. 또 헤즈볼라는 하루 3,000개의 로켓을 이스라엘 영토에 발사할 수 있고, 2,000개의 드론(무인기)을 보유 중이라고 주장합니다. 세계 최강의 대전차 미사일로 불리는 러시아제 코르넷 미사일도 갖췄는데, 이는 이스라엘의 주력 무기 중 하나인 메르카바 전차를 손쉽게 격파할 수 있는 강력한 무기입니다.

반이스라엘 세력의 축, 시아 초승달

이슬람 혁명 수비대의 지원을 받은 무장 세력들은 사방에서 대리전을 벌이며 이스라엘을 압박했습니다. 친이란 반이스라엘 세력인 팔레스타인의 하마스, 시리아의 이슬람 저항군, 레바논의 헤즈볼라 등이 이스라엘의 주변에서 활동 중입니다. 팔레스타인의 이슬람 원리주의 정당인 하마스는 이스라엘의 팔레스타인 영토 점령에 테러와 무장투쟁으로 응수하며 이스라엘을 압박하고 있습니다. 또 시리아의 아사드 정권은 강경한 반이스라엘, 반미 정부로 이란과 긴밀한 협력 관계를 맺었습니다. 이란이 지원하는 시리아의 이슬람 저항군도 시리아 친정부 무장 단체입니다.

이렇게 이란이 중동 내에서 반이스라엘 세력을 넓혀가고 있을 때 강하게 반기를 드는 국가가 있었습니다. 1980년대에 이란과 전쟁을 벌인 이라크입니다. 두 나라의 사이가 나쁜 것은 같은 이슬람을 믿지만, 두 집권 세력의 종파가 다르기 때문입니다. 이슬람은 창시자인 무함마드Muhammad가 세상을 떠난 뒤 후계자 선정 방식을 두고 예언자가 지명했다고 생각하는 '시아

이스라엘 주변 무장 세력

파'와 지명하지 않았다고 생각하는 '수니파'로 종파가 분리됐습니다.

여러 아랍 국가 중 이란은 시아파 국가였고, 이라크는 소수의 수니파가 다수의 시아파를 지배하던 수니파 국가였습니다. 이란은 특히 다른 아랍 국가와 달리 종교 지도자가 정부를 이끌어가는, 즉 종교가 정치를 압도하는 국가였습니다. 이라크는 이란의 혁명 정신이 아랍 내에 퍼지는 것을 경계했습니다. 그래서 이란의 세력을 저지하는 아랍 세계의 동쪽 수호자를 자처하면서 이란이 중동 내에 세력을 넓히는 것을 방해한 것입니다.

그런데 이때 이란과 이스라엘의 양강 구도에 긴장감을 주는 사건이 터졌습니다. 2003년 이라크의 통치자였던 사담 후세인Saddam Hussein을 미국이 제거한 것입니다. 사담 후세인이 사라지면서 이라크 권력에는 공백이 생겼고, 친이란 세력인 시아파가 권력을 잡았습니다. 이로써 중동 세력에 변화

이슬람 종파	
종파	국가
시아파	이란
수니파	사우디아라비아, 이라크, 요르단, 이집트, 아랍에미리트, 카타르, 쿠웨이트, 바레인 등

가 찾아왔습니다. 이란은 이스라엘을 압박하는 남부 레바논의 헤즈볼라부터 반미·반이스라엘 정부로 이란과 긴밀한 협력 관계를 구축한 시리아의 아사드 정권, 이스라엘의 영토 점령에 무력 저항하는 팔레스타인의 하마스, 그리고 이라크까지 친선 세력으로 만들었습니다. 이들 세력을 묶어 '시아 초승달 벨트'라고 부릅니다.

중동 지역의 시아 초승달 벨트

이란은 시아 초승달 지역 세력과 긴밀한 관계를 유지하며 언제든 원하는 때에 군사적 지원을 받을 수 있게 되었습니다. 이란은 이들 국가를 시아 초승달이 아니라 비공식 군사·정치 동맹인 '저항의 축'이라고 주장했지만, 사우디아라비아 등 이웃 아랍 국가들은 경계의 눈빛을 세울 수밖에 없었습니다. 특히 요르단 국왕은 친이란 정치세력을 보고 "중동 지역 전체를 매우 불안정하게 만드는 새로운 초승달이 드러난다"라고 말하기까지 했습니다. 이스라엘 역시 시아 초승달 벨트를 경계하고 적대시했습니다.

시아 초승달과 시리아 내전

중동 내에 막강한 세력을 키워가던 시아 초승달이 거대한 축을 완성해나가던 2011년, 시아 초승달의 존폐를 가르는 큰 위기가 찾아왔습니다. 시리아에서 내전이 발생한 것입니다. 내전을 촉발한 것은 10대 소년들의 낙서였습니다. "다음은 네 차례다"라는 이 낙서는 어떻게 전쟁까지 불러일으킨

시리아 내전을 불러온 낙서

것일까요?

당시 시리아는 독재자 하페즈 알아사드Hafez al-Asad 대통령이 세상을 떠나고 그의 아들인 바샤르 알아사드Bashar al-Asad가 권력을 물려받아 통치 중인 상황이었습니다. 이 시기 아랍 지역 독재자들은 2010년 12월에 일어난 아랍의 민주화 운동인 '아랍의 봄'으로 권좌에서 밀려나고 있었는데, 이 낙서의 뜻이 다음으로 물러날 사람이 바샤르 알아사드라고 경고했던 것입니다. 그러자 아사드 독재 정권은 정권을 비판했다는 이유로 낙서한 소년들을 체포하고 감옥에 가뒀습니다.

시아파인 아사드 정권은 약 80%의 수니파 국민을 기반으로 권력을 잡고 있었는데, 폭력적인 철권 통치로 국민의 자유를 억압하는 등 독재 정치를 펼쳤습니다. 이런 상황에서 튀니지와 이집드, 예멘 등에서 시작된 반정부 혁명인 아랍의 봄이 중동을 휩쓸면서 튀니지와 이집트 대통령이 물러났습니다. 혁명의 영향을 받은 시리아 시민들은 낙서 사건을 계기로 독재 정권인 아사드의 퇴진을 요구하며 시위를 벌였습니다.

이때 시리아 정부가 무력으로 대응하면서 내전이 일어났습니다. 시리아의 시민들이 정부에 맞서자 이란은 위협을 느꼈습니다. 친이란 세력이자 시아파인 아사드 정권이 무너지고 시리아에 수니파인 새 정권이 들어서면 시아 초승달을 잃을 수 있기 때문이었죠. 자신의 지지 세력이 줄어드는 것을 보고만 있을 수 없었던 이란은 시리아의 아사드 정권을 돕겠다는 명분으로 시리아에 고드스군을 파병했습니다. 여기에 헤즈볼라 세력까지 더해 아사드 정권을 지원하는 시아파 민병대 조직을 만들었습니다. 이들 병력은 시리아의 주요 거점을 탈환하면서 아사드 정권의 초기 진압에 큰 도움을 주었습니다.

그런데 미국이 시리아 내전에 개입하면서 상황은 점차 복잡하게 흘러갔습니다. 미국은 2014년에 반미 세력인 이란을 견제하기 위해서 시리아를 공습했습니다. 그러자 영국과 프랑스를 비롯해 사우디아라비아와 아랍에미리트, 요르단, 카타르 등 친미 세력인 아랍 국가들도 중동 내 이란의 영향력을 차단하고 시리아 정부를 아랍연맹에 호의적인 세력으로 바꾸기 위해 내전에 개입했습니다. 그러면서 이란과 아사드 정권은 점차 수세에 몰렸습니다.

그러던 중 러시아가 참전을 알리면서 전쟁은 새로운 양상으로 전개됐습니다. 2015년 9월, 러시아는 시리아에 군수물자를 지원하고 군사 고문들을 파견해 시리아 정부군을 재무장하며 공습을 지원했습니다. 러시아가 시리아 내전에 참전한 것은 아사드 정권과 우호적인 관계이기도 했지만, 무엇보다 시리아의 지리적 영향력을 무시할 수 없었기 때문이었습니다. 시리아가 위치한 지중해는 아시아와 유럽을 잇는 곳으로, 러시아는 우호국인 시리아에 해군과 공군기지를 운영하면서 군사 거점을 두고 있었습니다.

그뿐 아니라 시리아는 러시아가 유럽 내 영향력을 유지하는 데 절대로 놓쳐서는 안 될 요충지이기도 했습니다. 러시아와 이란은 각각 천연가스 매장량 1위, 2위 국가로 두 나라는 협력하에 유럽으로 천연가스를 수출해 왔습니다. 지도에 표시한 붉은 선은 러시아에서 생산한 천연가스를 이란과 이라크, 시리아를 거쳐 유럽까지 운송하는 가스관의 위치입니다. 러시아는 전기 생산부터 가정 난방에 이르기까지 꼭 필요한 천연가스를 유럽 외교에서 무기로 삼았습니다.

문제는 유럽은 러시아 외에도 천연가스를 공급받을 대안이 있었다는 것입니다. 지도 속 파란 선은 또 다른 천연가스 매장지인 카타르가 제안한 천

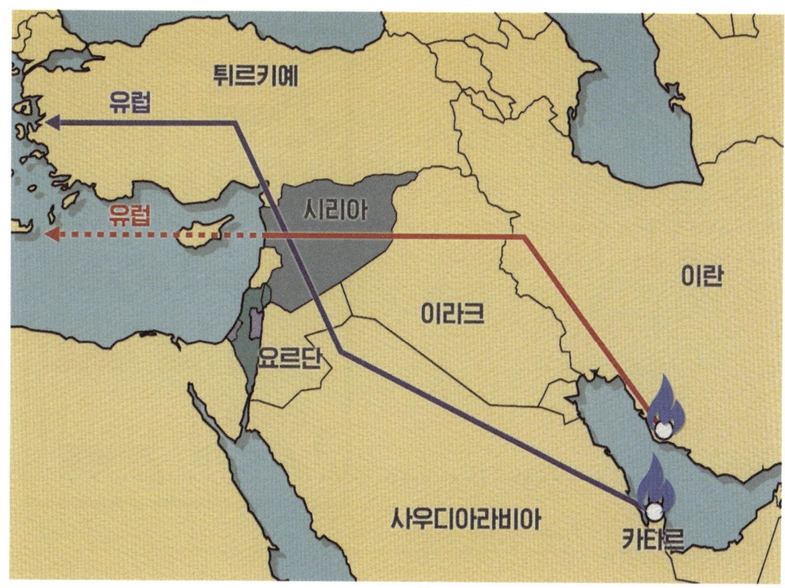

이란-유럽 가스관(빨간색)과 카타르-유럽 가스관(파란색)

연가스관 예상도입니다. 카타르는 사우디아라비아와 시리아를 거쳐 유럽까지 잇는 천연가스 운송관 건설 계획을 세웠습니다. 이때 카타르가 유럽에 천연가스를 공급하기 위해서는 반드시 시리아를 거쳐야 합니다. 만약 시리아에 친미 성향의 정부가 들어서면 카타르에서 시작해 유럽으로 연결되는 천연가스 파이프라인을 만들 수 있습니다. 그럼 유럽은 이란과 러시아의 천연가스 수입을 줄이는 동시에 러시아의 국제적 영향력도 차단할 수 있게 됩니다.

천연가스가 안겨주는 이익을 포기할 수 없었던 러시아가 카타르의 천연가스 파이프라인 건설을 막기 위해 시리아 내전에 적극적으로 개입했다고도 볼 수 있는 것입니다. 러시아군은 시리아의 아사드 정부군을 도와 미사일 공습을 지원했고, 이란도 시리아에 지상군 전투 병력을 보냈습니다. 그러자 승리의 기운이 시리아 정부군으로 옮겨가기 시작했습니다. 이때부터 이란과 러시아는 본격적으로 아사드 정권 수호라는 공동의 목표를 계기로 손을 잡았습니다. 그러면서 '이스라엘, 미국 vs 이란'의 양강 구도가 '이스라엘, 미국 vs 이란, 러시아'로 확대되었습니다.

시리아 내전이 벌어지는 사이, 이란의 지원을 받는 시아 초승달 세력은 더욱 커졌습니다. 이슬람 원리주

후티 반군 슬로건

의인 예멘의 후티 반군이 새롭게 시아 초승달 세력으로 편입한 것입니다. 후티 반군은 예멘 북부에서 활동하는 친이란 무장 투쟁단체입니다. 이들은 "미국에 죽음을, 이스라엘에 죽음을, 유대인에게 저주를, 이슬람에 승리를"을 슬로건으로 내걸었습니다.

후티 반군은 해운업체들의 선박이 지나는 무역의 중심 항로인 홍해에서 주로 활동합니다. 이들은 홍해의 길목에서 이스라엘과 연관 있는 선박을 30여 차례나 공격했습니다. 결국, 해운업체들은 운항을 중단하거나 홍해를 피해 더 먼 항로인 희망봉으로 돌아가야만 했습니다. 이런 사건들은 물류난으로 이어져 전 세계 경제에 큰 타격을 주고 있습니다.

후티 반군이 친이란 세력이 된 것은 이슬람 시아파인 이란의 지원을 받았기 때문입니다. 2004년, 후티 반군은 예멘 정부의 정책에 반대하며 항거했습니다. 세속 정권이었던 예멘 정부는 친이란 세력이 아니었고, 이란은

후티 반군 지도층을 교육하는 등 적극적으로 지원했습니다. 2014년, 마침내 후티 반군이 예멘의 수도를 점령하면서 예멘의 실권을 쥐게 되었고 시아 초승달 벨트는 시아 반달 벨트로 확대되었습니다.

이렇게 이란은 레바논 남부의 헤즈볼라부터 시리아의 아사드 정권, 이라크의 친이란 민병대, 북예멘의 후티 반군까지 영향력을 넓히며 중동 패권 국가로 자리매김했습니다. 반면 이스라엘은 사방이 적에 둘러싸인 채 더욱 고립되었죠. 특히 2023년 10월 7일 하마스는 제4차 중동전쟁 이후 역대 최대 규모로 이스라엘을 침공했습니다. 하마스는 이란으로부터 지원받은 드론과 북한의 로켓 발사기를 사용해 이스라엘을 공격했습니다. 이란의 지원

예멘이 합류한 시아 반달 벨트

을 받은 헤즈볼라는 이스라엘 북부의 골란고원을 로켓과 박격포로 포격하면서 하마스를 거들었습니다.

이렇듯 이란이 공개적으로 대리전쟁을 펼치는 사이 이스라엘은 은밀하게 대리전쟁을 이어나갔습니다. 이란의 약점은 다민족국가라는 사실입니다. 그래서 이란 북부의 아제르바이잔 독립 세력은 이란으로부터 독립 투쟁을 벌이고 있습니다. 이스라엘은 이들을 은밀히 도왔습니다. 그 외에도 이란에 속한 소수 쿠르드족, 발로치족 등을 지원하면서 이란을 분열시키고자 노력하고 있습니다. 또 이슬람주의에 반대하는 좌파 반정부 세력을 부추겨 이란의 핵 개발 사실을 국제사회에 알리기도 했습니다.

그렇다면 서로 다른 국가들이 참전하며 국제적 대리전이 된 시리아 내전은 어떻게 끝났을까요? 시리아는 13년이 넘는 전쟁을 이어온 끝에 2024년 12월 8일에 시리아 반군이 내전 승리를 선언하며 전쟁을 끝냈습니다. 50년 이상 이어졌던 아사드 일가의 독재도 끝났죠. 이란은 러시아 덕분에 전쟁이 이어질 동안 시아 초승달 벨트를 지켜냈으나, 아사드 일가의 패배로 시아 초승달은 무너지고 말았습니다. 이란으로서는 저항의 축에서 가장 중요한 통로인 시리아를 잃은 것입니다.

제5차 중동전쟁의 위기

이렇게 이란과 이스라엘은 무장 단체를 이용해 대리전을 펼쳤습니다. 다만 이들은 대리 세력 뒤에 누가 있는지 알면서도 절대로 직접 맞붙지는 않았습니다. 그런데 2024년 4월 1일에 이스라엘이 헤즈볼라를 지원하는 이슬람 혁명 수비대를 공격하기 위해 시리아의 다마스쿠스에 있는 이란 영사관을 기습 공격했습니다. 이 공습으로 이슬람 혁명 수비대 고드스군에서 시리아와 레바논 작전을 담당하는 지휘관 모하마드 레자 자헤디Mohammad Reza Zahedi 준장과 그의 부지휘관인 모하마드 하디 하지 라히미Mohammad Hadi Haji Rahimi를 포함한 13명이 사망했습니다. 이스라엘 최초의 영사관 공격이었죠.

영사관은 외교 공관에 의한 빈 협약의 보호를 받는 장소입니다. 따라서 외교 공관을 공격하는 것은 주권 국가의 영토를 침공하는 것과 같습니다. 그런데 이스라엘이 이란 영사관을 공격한 것입니다. 당시 이스라엘군 대변인은 폭격받은 건물을 가리켜 "영사관도, 대사관도 아닌 민간 건물로 위장한 군사 건물"이라며 자위권 차원에서 공격했다고 주장했습니다. 그런데 한

이스라엘의 시리아 내 이란 영사관 폭격 현장

가지 이상한 점이 있습니다. 이스라엘은 2023년부터 하마스와 전쟁 중입니다. 게다가 레바논 남부의 헤즈볼라와 제2 전선까지 구축한 상태에서 또 다른 전선을 만드는 것은 부담스러울 수밖에 없습니다. 그런데 이스라엘은 이란을 상대로 제3 전선을 추가했습니다. 대체 왜 그런 것일까요?

이스라엘이 확전을 원했기 때문입니다. 그 이유는 이스라엘의 총리 네타냐후와 관련이 있습니다. 네타냐후는 이스라엘 역사상 최장기 집권 기록을 가진 총리입니다. 하지만 임기 도중 뇌물수수, 배임, 사기 등 부패 스캔들에 휘말렸습니다. 그래도 총리직을 놓지 않기 위해 2019년 4월부터 2022년 11월까지 약 3년간 무려 5번의 총선을 치르면서 권력을 유지했습니다. 하지만 중동전쟁 이후 그의 지지율은 계속해서 하락했고, 2023년에 하마스와 전쟁을 시작하면서 총리의 입지마저 흔들리기 시작했습니다. 2023년 10월 7일, 팔레스타인 무장 정파 하마스는 이스라엘 민간인을 납치 및 살해했고 이스라엘이 즉시 반격하며 전쟁이 시작됐습니다.

네타냐후는 지금껏 스스로 '미스터 시큐리티(Mr. Security)'라고 칭하며 이스라엘의 안전을 수호하는 이미지로 총리직을 지켜왔습니다. 그런데 이스라엘 국민은 그가 하마스의 기습공격을 막지 못했고 자국민 인질 석방에도 실패했다며 책임지고 총리에서 물러나라고 요구했습니다. 이스라엘이 시리아의 이란 영사관을 공습하기 전날에도 예루살렘에서 10만 명의 시위대가 네타냐후의 퇴진을 요구하는 시위를 열었습니다. 아마도 네타냐후 총리는 외부로 시선을 돌려 본인의 정치생명을 연장하고 싶었을 것입니다. 실제로 이스라엘이 시리아의 이란 영사관을 습격하자 20%에 머물던 네타냐후의 지지율은 37%까지 상승했습니다. 물론 그의 지지율은 여전히 야당보다 낮지만, 공습으로 정치적 이득을 챙긴 것은 확실해 보입니다.

이스라엘의 영사관 공격 이후 이란은 보복을 예고했습니다. 하마스와 이스라엘의 전쟁이 이란과 이스라엘의 전쟁으로 확대될 위기에 처한 것입니다. 그러자 이스라엘의 네타냐후 총리는 이란의 보복에 재보복하겠다고 선언했습니다. 이제껏 이란은 단 한 번도 이스라엘의 영토를 직접 공격한 적이 없었고 앞으로도 그럴 것이라고 예상했습니다. 그런데 이란은 2024년 4월 13일 밤에 역사상 최초로 이스라엘 본토를 직접 공격했습니다. 이때 드론 170대, 탄도 미사일 110기, 순항 미사일 45기가 이스라엘 본토를 공격했습니다. 이란의 언론 보도에 따르면 골란고원에 위치한 모사드 정보기지, 네게브 사막에 자리한 라몬 공군기지, 모사드의 정찰기 부대가 있는 이스라엘 중부의 네바팀 공군기지 등 이스라엘의 주요 군사시설들을 목표 타격했다고 합니다.

그런데 이란이 이스라엘을 향해 미사일을 쏜다면 이스라엘을 사이에 둔 다른 국가들의 영공을 지나가야 하는데 어떻게 된 것일까요? 이란이 사용한 무기 체계는 크게 세 가지입니다. 드론(무인기), 순항 미사일, 탄도 미사일이죠. 이들 무기는 속도가 모두 다릅니다. 이란에서 출발한 미사일과 드론이 이스라엘까지 도달하는 데는 약 4시간이 소요됩니다. 그래서 이란은 공격 72시간 전에 주변국에 미리 알렸습니다. 자칫 타국의 비행기와 충돌하기라도 하면 국제전으로 번질 수 있으니 영공을 비워달라고 한 것입니다. 미리 정보를 들은 요르단, 레바논, 시리아 등은 이란의 공격 당일 항공기 운항을 중지했습니다. 또 이란은 공격 전에 미국에도 미리 알렸다고 밝혔는데, 미국은 정확한 공격 시기나 표적, 방식 같은 정보를 받지는 못했다며 선을 그었습니다.

이란이 주변국에 공습 일정을 미리 알렸다는 것은 이스라엘도 이 소식을 들고 대비할 시간을 벌었다는 것을 뜻하기도 합니다. 이때 이스라엘은 다중 방공 시스템을 이용해 대부분의 공격을 막았다고 밝혔습니다. '아이언 돔'은 포탄이나 단거리 로켓의 공격을, '다윗의 돌팔매'는 중장거리 미사일과 드론 공격을 막아줍니다. 방공 시스템의 최상단에는 '애로우-2'와 '애로우-3'이 있는데 탄도 미사일 같은 장거리 미사일을 막는 역할을 합니다. 이스라엘은 이 같은 다중 방공 시스템으로 이란의 미사일과 드론 300여 기의 공격을 99% 이상 막아냈다고 주장했습니다.

이날 이스라엘이 이란의 폭격을 막는 데 든 돈은 무려 2조 원입니다. 이스라엘의 전 재정 고문에 따르면, 2023년 이스라엘군에 배정된 예산은 약 22조 원이라고 합니다. 하룻밤 사이 국방예산의 약 10%를 쓴 것이죠. 그렇다면 300여 대의 미사일과 드론을 보낸 이란은 이날의 공습에 얼마를 사용

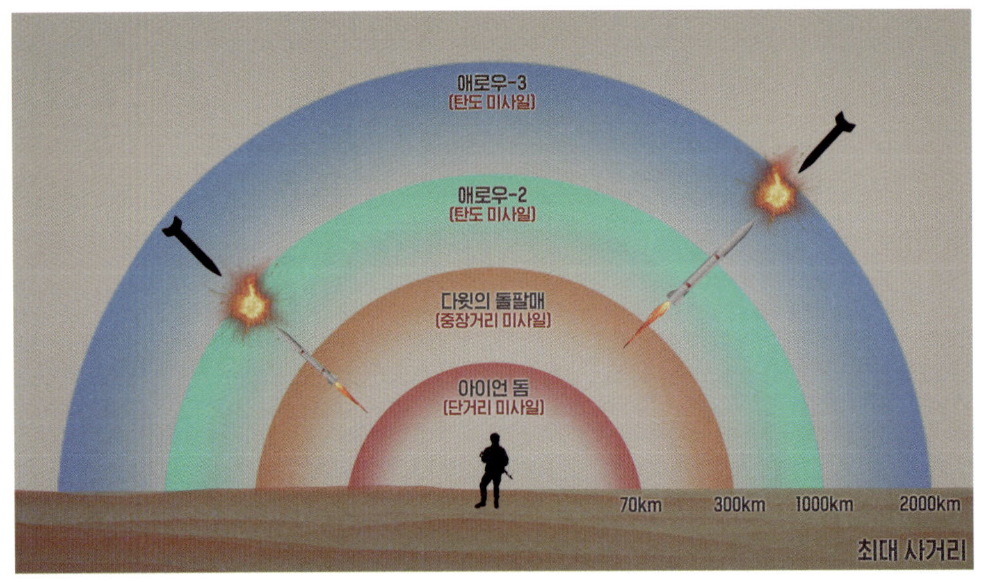

이스라엘 방공 시스템

했을까요? 약 330억 원이 들었다고 합니다. 즉 이란은 이스라엘 공격 비용의 약 60배에 달하는 이스라엘의 국방비를 날려버린 것입니다.

이스라엘은 비록 2조 원이라는 비용을 사용했으나 다행히 인명 피해는 없었습니다. 그런데 이번 공습이 유독 전 세계의 이목을 집중시켰던 것은 '국가 대 국가'로 붙은 전쟁이 2003년 미국의 이라크 침공 이후 처음이었기 때문입니다. 중동은 늘 전쟁 중인 것처럼 보이지만 국가와 국가가 직접 무력 충돌을 일으킨 것은 1970년대 중동전쟁 이후 50여 년 만에 처음이었습니다. 게다가 중동 지역에서 군사력 1위와 2위를 다투는 이란과 이스라엘의 전쟁은 더욱 화제가 될 수밖에 없었습니다. 두 나라는 이제껏 금기시해온 '직접 공격'을 시작했습니다. 이스라엘은 비공식 핵 보유국이며, 이란은 현재 핵 보유 의지를 보이고 있지는 않으나 핵 보유가 임박했다는 평가를 받는 국가입니다. 이런 두 나라가 전쟁에서 붙는다면 핵전쟁으로 번질 가능성이 있습니다.

그리고 국제사회가 이란과 이스라엘의 공습을 심각하게 바라본 데는 또 다른 문제가 있습니다. 두 나라 사이에 전쟁이 일어난다는 것은 그들만의 싸움으로 그치지 않을 확률이 높기 때문입니다. 이란과 이스라엘의 뒤에는 강대국인 러시아와 미국이 존재합니다. 이는 제5차 중동전쟁이 아닌 제3차 세계대전이 될 수도 있다는 뜻입니다. 시리아 내전 이후 반미 감정으로 뭉친 이란과 러시아의 국방 파트너십은 전 세계 안보를 위협할 만큼 강력합니다. 이란은 러시아-우크라이나 전쟁에서 쓸 드론을 러시아에 제공했고, 그 대가로 러시아에서 최신식 전투기 등 군사와 기술을 지원받았다고 합니다. 이런 배경 때문에 이란이 이스라엘과의 전면전에 나설 자신감을 얻은 것으로 추정하고 있죠. 또 이란이 군사 강국인 이스라엘을 공습한 것은 전 세계 어느 국가든 이란과 적대할 경우 공격 대상이 될 수 있다는 경고를 보낸 것이기도 합니다.

이런 가운데 미국은 확전을 피하고자 이란과 이스라엘을 압박했습니다. 미국은 이스라엘의 핵심 우호국으로 과거 이스라엘-팔레스타인 분쟁에서 이스라엘에 불리한 UN 결의안을 번번이 부결시키곤 했습니다. 그런데 이번에는 이례적으로 UN에서 기권 형식으로 가자 전쟁 휴전 결의안 통과에 거부권을 쓰지 않았습니다.

미국이 이전과 다른 행보를 보인 것은 2025년에 대통령 선거를 앞뒀기 때문입니다. 이란과 이스라엘의 충돌이 제5차 중동전쟁으로 확전되면 당시 미국 대통령인 조 바이든Joe Biden의 재선에 브레이크가 걸릴 가능성이 컸습니다. 바이든 대통령은 이스라엘을 일방적으로 지원해 팔레스타인 민간인 학살을 도왔다는 국제사회의 비난을 받았습니다. 또 미국 내에서는 여당인 민주당 지지자들을 중심으로 이스라엘에 무기 지원을 중단해야 한다는 압박도 받았죠. 하지만 대선을 목전에 둔 바이든 대통령은 유대계 표를 의식하지 않을 수도 없는 상황이었습니다. 이후 바이든 대통령은 제47대 대통령 선거에서 낙선하고 제45대 대통령이었던 도널드 트럼프가 다시 대통령이 되었습니다. 바이든의 낙선에 이란과 이스라엘의 전쟁도 어느 정도 영향을 미친 것 같습니다.

미국은 그동안 확전을 막기 위해 노력해 왔습니다. 이는 미국과 이란 사이의 관계를 살펴보면 알 수 있습니다. 제44대 미국 대통령인 버락 오바마Barack Obama 정부 시절 미국은 이란과의 핵 문제를 풀려고 노력했습니다. 하지만 트럼프 시절에 다시 관계가 틀어졌고, 이를 바이든 정부가 풀어보려 했지만 잘되지 않았습니다. 이런 상황에서 중동이 무력을 사용하자 미국은 이러지도 저러지도 못하는 진퇴양난에 빠졌습니다.

확전을 문 앞에 두고 이스라엘, 이란, 미국의 대응은 크게 갈렸습니다. 이를 풍자한 만평 속에서 이스라엘의 네타냐후 총리와 이란의 최고지도자 알리 하메네이Ali Khamenei는 지구본 위에서 곧 무너질 것 같은 위험한 게임을 하고 있습니다. 그리고 이 장면을 미국의 바이든 대통령이 불안하게 지켜보고 있죠. 이란은 이스라엘이 재보복 시 대응하겠다고 밝혔고, 미국과 영국 등 국제사회는 이스라엘의 재보복 공격에 반대한다고 표명했습니다. 그러자 이스라엘은 알아서 대응하겠다고 응수했습니다.

그리고 2024년 4월 19일 밤, 이스라엘은 국제사회의 만류에도 불구하고 이란의 에스파한, 시리아의 이슬람 혁명 수비대 기지, 이라크의 바그다드 인근 이슬람 저항군 기지를 드론과 미사일로 공습했습니다. 이때 이란 언론은 에스파한과 전국의 모든 핵시설과 군 기지가 완전한 보안 상태에 있으며 어떠한 사고도 발생하지 않았다고 강조했습니다. 이란은 이스라엘의

확전을 목전에 둔 이스라엘과 이란, 그리고 미국

공습을 두고 "공격도 아니며, 장난감 같은 것"이라고 표현했습니다. 공습했다고 주장하는 이스라엘과 공격도 아니라고 반박하는 이란의 주장 중 과연 어느 쪽의 말이 맞는 것일까요?

두 나라의 이번 갈등도 다행히 확전으로 번지지는 않았습니다. 다만 이스라엘은 이번 공습으로 마음만 먹으면 언제든 이란의 핵시설을 파괴할 수 있음을 시사했습니다. 앞선 이란의 공습과 마찬가지로 두 나라 모두 각자의 명분과 자존심을 채울 수 있는 적당한 공습을 주고받은 것이죠. 하지만 싸움은 끝나지 않았습니다. 이란과 이스라엘의 관계를 시사하는 만평을 보면 두 나라는 서로에게 직접 총칼을 겨누면서도 그림자 밖으로 나오지 않고 있습니다. 결국, 이란과 이스라엘이 이제껏 해왔던 것처럼 그림자 뒤에 숨어 대리전 형태로 갈등을 이어갈 것으로 전망하는 것입니다.

이란과 이스라엘의 그림자 전쟁

이란-이스라엘의 종말 카운트다운

　이란과 이스라엘의 직접 공습은 끝났지만, 서로의 종말을 기원하는 두 나라의 갈등은 아직 끝나지 않았습니다. 2015년, 이란의 최고지도자 하메네이가 25년 내로 이스라엘이 사라질 것이라 말한 이후 이란의 시내 곳곳에는 특이한 전광판들이 생겨났습니다. 전광판 속 빨간 글씨는 각각 8411, 8305입니다. 이는 이스라엘의 멸망일까지 남은 날짜를 의미합니다.

　이에 대항해 최근 이스라엘에서도 옥외광고와 포스터를 배포했습니다. 여기에는 2028년 10월 28일이라는 구체적인 날짜가 적혀 있습니다. 이는 이스라엘이 예고하는 이란 정권의 멸망일입니다. 이렇게 이란과 이스라엘은 지금도 서로의 멸망을 기다리며 숫자를 세고 있습니다.

이스라엘의 멸망을 암시하는 이란의 전광판

이란의 멸망을 암시하는 이스라엘의 옥외광고와 포스터

2025년 6월 13일, 이스라엘은 이란을 기습 공격했습니다. 이후 미국은 이란의 핵시설을 타격해 파괴했습니다. 그러자 이란도 이스라엘에 탄도 미사일을 쏟아부었고, 카타르에 있는 미군 기지도 공격했습니다. 6월 24일, 트럼프 대통령의 일방적인 선언으로 전쟁은 멈췄습니다. 그러나 두 나라의 싸움이 완전히 끝난 것은 아닙니다. 이란과 이스라엘은 둘 중 하나가 죽어야만 끝나는 싸움을 이어가고 있습니다. 또한 두 나라의 갈등 뒤로 미국, 러시아, 주변 아랍 국가들까지 각자의 이권을 걸고 두 나라의 대립을 지켜보고 있습니다.

지금까지 우호 관계였던 이란과 이스라엘이 어떻게 앙숙으로 변해갔는지 살펴봤습니다. 이란과 이스라엘의 갈등은 더는 두 나라만의 일이 아닙니다. 두 나라의 관계는 오래된 역사이며 앞으로도 이어질 세계사의 중요

한 퍼즐 조각이기도 합니다. 또 중동 지역뿐 아니라 전 세계의 평화와 안정
을 위해서도 모두가 알아야 할 이야기이기도 하죠. 2023년부터 시작된 이
스라엘-하마스 전쟁부터 잠시 휴전 중인 이란-이스라엘 전쟁까지, 전 세계
를 불안에 떨게 한 두 나라의 관계가 어떻게 변화할지 관심을 가지고 지켜
봐야 하겠습니다.

이미지 출처

2. 벌거벗은 영국의 왕좌

RAECO(www.cronistasoficiales.com), Cryptosec(www.cryptosec.org), TCS(www.intensecrypto.org)

3. 벌거벗은 피의 결혼식

WordPress(www.victorianparis.wordpress.com)

4. 벌거벗은 낭만의 도시

ParisBouge(www.parisbouge.com), KOCW(www.contents.kocw.or.kr)

5. 벌거벗은 천재 조각가

로댕 미술관(www.musee-rodin.fr), 메트로폴리탄 미술관(www.metmuseum.org), TheHistoryOfArt(www.thehistoryofart.org), 노스캐롤라이나 미술관(www.ncartmuseum.org), 오르세 미술관(www.musee-orsay.fr), Arthive(www.arthive.com), 카미유 클로델 미술관(www.museecamilleclaudel.fr), artnet(www.artnet.fr)

6. 벌거벗은 백인 우월주의

필라델피아 도서관 협회(www.librarycompany.org), 듀크대학교 도서관(www.library.duke.edu), 요기 베라 박물관(www.yogiberramuseum.org), 워싱턴 포스트(www.washingtonpost.com), 뉴욕타임스(www.nytimes.com), The Comics Journal(www.tcj.com), 더 가디언(www.theguardian.com)

7. 벌거벗은 건축의 비밀

Spain.info(www.spain.info), 바르셀로나 관광 가이드(www.barcelona-tourist-guide.com), 카사 비센스(www.casavicens.org), Barcelona-attractions(www.barcelona-attractions.com), Aleteia(www.es.aleteia.org)

8. 벌거벗은 전쟁 영웅

아이젠하워 재단(www.eisenhowerfoundation.net), 전쟁기념사업회(www.warmemo.or.kr), Behold Philippines(www.beholdphilippines.com)

9. 벌거벗은 중동

Military Watch Magazine(www.militarywatchmagazine.com), ISIS(www.isis-online.org), The Times of Israel(www.timesofisrael.com), 더 가디언(www.theguardian.com)